재난은 평등하지 않다

'포스트'가 아닌 '지금' 코로나 시대의 교육

재난은 평등하지 않다
'포스트'가 아닌 '지금' 코로나 시대의 교육

ⓒ 정용주 외, 2020

2020년 12월 31일 처음 펴냄

글쓴이 | 정용주, 조영선, 김진우, 정형철, 이하나, 조진희, 김중미, 천성호, 이윤승, 이현애, 채효정,
        강석남, 서상희, 양서영, 박노해, 김석규, 정수연, 정명옥, 김인순, 안정선, 윤규식, 최영미
기획·편집 | 이진주, 이경은, 공현
출판자문위원 | 이상대, 박진환
디자인 | 이수정, 박대성
제작 | 세종 PNP

펴낸이 | 김기언
펴낸곳 | 교육공동체 벗
이사장 | 심수환
사무국 | 최승훈, 이진주, 이경은, 설원민, 김기언, 공현
출판등록 | 제2011-000022호(2011년 1월 14일)
주소 | (03971) 서울시 마포구 성미산로1길 30 2층
전화 | 02-332-0712
전송 | 0505-115-0712
홈페이지 | commune but.com
카페 | cafe.daum.net/communebut

ISBN 978-89-6880-144-0 03370

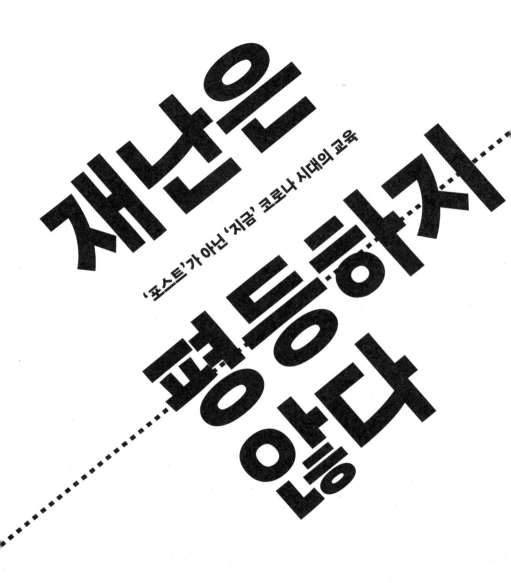

재난은 평등하지 않다

'포스트'가 아닌 '지금' 코로나 시대의 교육

정용주 조영선 김진우 정형철 이하나 조진희 김중미
천성호 이윤승 이현애 채효정 강석남 서상희 양서영
박노해 김석규 정수연 정명옥 김인순 안정선 윤규식 최영미

교육공동체벗

[차 례]

코로나19와 쌍방향의
풍요로운 해체

우리가 똑같은 실수를 반복하지 않으려면 각자가 알아서, 그리고 함께 성찰해야 한다. 나는 어떻게 해야 괴물 같은 자본주의에 지혜롭게 저항할 수 있는지, 경제 체제를 어떻게 개혁해야 하는지, 환경과의 협정을 어떻게 다시 맺어야 하는지 모른다. 심지어 나의 행동을 어떻게 바꿔야 하는지도 정확히 모르겠다. 하지만 분명한 것은 생각하는 용기를 내지 않는다면 아무것도 할 수 없다는 것이다.

- 파올로 조르다노, 《전염의 시대를 생각한다》, 은행나무, 94쪽

재난의 사전적 정의는 '뜻하지 않게 생긴 불행한 변고', 또는 '천재지변으로 생긴 불행한 사고'이다. 재난이 어떤 식으로 사람들에게 작용하며 우리 삶을 어떻게 바꾸어 놓을 것인지에 대해 성찰하는 다양한 노력이 있어 왔다. 그럼에도 지금까지 대다수의 사

람들에게 재난은 주로 소설이나 영화를 통해 만나는 초현실적, 은유적 상황으로 여겨졌다. 하지만 코로나19가 만들어 낸 장기 비상 상황은 재난을 은유적 상황이 아니라 일상으로 가져왔다.

재난 상황을 두고 교육계에서도 다양한 해석과 성찰이 이루어지고 있다. 코로나19를 통해 기후 위기 시대를 전면화하고 교육의 생태적 전환을 이야기하는 목소리도 있고, 중앙 집권적이고 위계적인 관료 체계에 의해 통제되는 교육 체제를 지역공동체와 학교가 효과적으로 관리할 수 있는 분산적 체제로 전환해야 한다는 목소리도 있다. 재난 상황에서 긴급 조치로 활용되던 원격 수업을 확대하여 대면 수업과 원격 수업을 융합하는 수업 방식을 적극적으로 도입해야 한다는 주장도 있는가 하면 온라인 수업으로 인해 발생하는 학습 격차를 줄이기 위한 다양한 정책들도 제시되고 있다.

재난이 일상화된 시대, '포스트'라는 접두어를 통해 재난 이후의 교육을 사유하는 것이 적절할까? 우리는 그보다는 '지금' 코로나19 상황에서 진행되는 교육 문제를 다양한 결에서 성찰하는 시간을 가져야 한다고 생각한다.

일상의 재난화, 재난의 일상화

해방 이후 4.3항쟁으로부터 이어진 한국전쟁은 우리에게 재난의 원형으로 내면화되어 있다. 무엇보다 한국전쟁은 전쟁이 끝난 후에도 계속해서 일상을 지배하며 우리의 일상을 재난화하였다.

일반적인 전후 상황은 전쟁의 종결을 의미하지만 한국의 경우에는 잠정적 휴전이라는 현실적 대치 국면이 이어졌다. 언제든 전쟁이 다시 일어날 수 있다는 불안이 계속되었고, 이런 상황을 이용한 남북 정부의 이데올로기 대립은 사람들을 공포에 사로잡히게 만들었다. 민주주의와 인권은 언제든 회수되거나 쉽게 제한될 수 있는 위치에 남아야 했고, 우리는 전시 상황을 가정한 명령과 통제에 익숙해졌다.

코로나19는 1년 가까이 사실상 학교를 멈추게 했다는 점에서 어떠한 재난보다 교육에 압도적인 영향을 끼치고 있다. 방역이 비교적 성공적으로 이루어져서 잘 드러나지 않았지만 한 개인이 맞이하게 된 고립과 몰락은 매우 심각한 수준이었다. 이미 일상이 재난이었던 사람들에게 코로나19는 자본의 논리에 따라 맺어진 관계들이 구조화되어 일상의 재난을 더욱 굳어지게 하는 악순환을 초래하였다. 그런데 정부는 방역 대책에만 힘쓰고 있고, 사회 전반적으로 더불어 사는 든든한 연대의 공동체를 만들기 위해 노력하는 흐름은 잘 보이지 않는다. 우리는 여전히 인간만이 생태계에 존재하는 양 돌아가는 시스템을 유지하면서 모든 것을 상품화하고 있고, 그 속에서 개인들은 서로를 불신하며 일상이 언제 무너져 내릴지 모른다는 공포에 휩싸여 있을 뿐이다.

출구 없는 재난의 불평등한 편재 그리고 공포와 불안의 교육 서사

코로나19로 인해 사회적 거리 두기가 강화될 때마다 대한민국 전체는 공포에 '나포'되었다. 그러나 정작 코로나19가 확인시켜 준 것은 바이러스의 위험이 아니라 대한민국이 무한 경쟁의 위험에 가장 크게 노출되어 있다는 사실이다. 코로나19로 인해 모든 것이 멈출 때에도 사교육 시장은 활성화되었으며, 각종 입시는 예정대로 시행되었다. 언제나처럼 수능을 어떻게 안전하게 치를 것인가에 온 나라의 관심이 집중되었다. 교육부는 '대국민 호소문'까지 발표하며 수능을 무사히 마칠 수 있게 도와달라고 국민들에게 당부했다.

이러한 모습은 일상이 재난화된 우리의 모습을 그대로 드러낸다. 개체의 고립과 분리에 의한 공동체의 파편화가 지속되면서 우리는 일상을 재난 상황 속에 살고 있는 것이다. 일상이 재난화된 개개인에게 교육은 생존을 위한 마지막 몸부림이 되었다. 경쟁에서 승리해서 무시와 조롱, 멸시와 모멸감을 벗어나기 위해 어떤 상황에서도 입시 준비는 멈추어서는 안 되었다.

하지만 재난의 피해는 개개인의 민감성과 적응 능력에 의해 차등화된다는 데 문제의 핵심이 있다. 그리고 적응 능력은 다시 부모의 소득이나 지식과 같은 대비 능력, 사회적 네트워크나 공공 공간 이용 가능성과 같은 재난 발생 시 즉각적인 대응 능력, 그리고 재난 이후의 복구 능력으로 구분된다. 이렇게 보면 재난에 의

한 피해 격차는 단순히 재난에 대한 노출 수준의 차이가 아니라 개인적 차원과 사회적 차원을 아우르는 회복 탄력성의 격차로 이해될 수 있다. 이는 재난의 취약성을 유발하는 사회 불평등을 사전에 해소하지 않을 경우 재난이 불평등을 재생산하는 역할을 하게 된다는 것을 의미한다. 사회적 개입이 없다면 학생들의 재난에 대비하는 능력, 대응하는 능력, 복구하는 능력은 오로지 부모에게 전가되고 이런 상황은 어떤 개인에게는 비극일 수밖에 없다. 그래서 우리는 재난의 불평등한 편재를 소수자나 빈곤층 학생, 그리고 특별한 교육을 받아야 하는 학생들이 겪는 어려움을 통해 성찰해야 하는 것이다. 더 나아가 코로나19 이전의 학교가 과연 얼마나 포용적이었는지에 대한 반성도 이어져야 한다. 그래야만 코로나19를 계기로 지향해야 할 것이 코로나 이전의 교육으로의 복귀가 아니라 일상이 재난이 된 교육 체제의 전환이 될 수 있다.

원격 수업 그리고 기술의 민주적 추구

코로나19가 던진 질문 중 하나는 교육에서 기술을 어떻게 대해야 할 것인가 하는 점이다. 교육은 기술을 빠르게 적용하면서도 적절히 통제하는 이중적 역할을 해야 한다. 그런 면에서 온라인 개학과 원격 수업의 전면화는 '교육에서 기술을 어떻게 활용할 것인가' 하는 근본적 논의를 촉발시켰다. 특히 기존의 교실에서 이루어지던 종이와 활자 중심의 교육과 하이퍼텍스트 환경에서 이루어지는 수업의 근본적 차이에 직면해야 했고, 코로나19 상황에서 어떠한 방법으로 얼마만큼 디지털 기술로 수업을 구현해야 하는지를 놓고 많은 토론이 있었다. 디지털 플랫폼은 사실상 등교 수업이 제한된 상황에서 유일하게 지속되는 수업 공간이 되었다. 많은 한계는 있지만 지금의 코로나19 상황에서 보다 질 높은 수업을 위해 무엇을 해야 하는지 논의를 활성화시킬 필요가 있었다. 하지만 교육청은 다양한 프로그램이나 플랫폼의 라이선스를 보급하는 데 그쳤다. 이런저런 원격 수업의 방향을 발표하긴 했지만 새로운 교사 성장 체제를 만들어 내거나 학생들이 디지털 공간에서 만날 수 있는 다양한 방법이나 비전을 제시하지는 못했다. 원격 수업에 대한 논의는 실시간 화상 수업을 하느냐의 여부로 축소되었다.

보다 근본적인 성찰의 지점은 기술에 대한 태도이다. 디지털 기술의 네트워크적 특성은 양가적이다. 자크 아탈리의 지적처럼 오늘날 등장한 인터넷과 모바일 기기는 개방성과 유동성을 증대시켜 인간이 생물학적 한계를 뛰어넘을 수 있는 기회를 제공하기도 하지만, 바우만의 해석처럼 전통적 가치와 안정적 삶의 공동체적 양식이 녹아내리는 '액체 근대' 시대에 고정된 정체성을 가질 수 없는 파편화된 개체들의 소외를 가속화하는 것이 바로 스마트폰과 같은 디지털 기기들이기도 하다.

코로나19 이후, 우리는 어떤 교육 체제를 지향해야 할까? 그리고 어떤 기술 시스템이 우리가 원하는 교육 체제와 양립 가능한 것일까?

교육의 생태적 전환을 위한 노력

코로나19의 원인을 환경 파괴 및 기후 위기에서 찾으려는 적극적인 사고를 하게 되었다는 점 역시 코로나 시대의 선물이라면 선물이다. 메르스, 에볼라와 같은 감염병이 주기적으로 반복되는 것은 인간이 동물의 서식지를 파괴하는 데서 비롯되었다는 인식은 코로나19를 돌발형 위기가 아닌 구조적 위기로 보게 하였다.

코로나19를 통해 교육의 생태적 전환에 대한 논의를 활성화시켜야 하는 이유는 문명사적 전환을 통해 새로운 발전 모델을 만들지 않고는 코로나19와 같은 감염병은 계속될 것이기 때문이다. 야마모토 타로는 《사피엔스와 바이러스의 공생》이라는 책에서 1980년대 이후 세계화가 급속도로 진행되면서 사람과 물자의 대규모 이동이 그 어느 때보다 신속하게 이루어진 것과 코로나19와 같은 새로운 감염병의 등장을 연결한다.

과학의 눈부신 발전으로 각종 새로운 기술과 의약품으로 지구의 환경을 지배하게 되었지만 동시에 예상치 못했던 장소에서 예기치 못한 생물로부터 처음 보는 바이러스를 옮겨 와 혼란을 겪고 있는 것이 우리 인간의 모습이다. 이러한 우를 반복하지 않기 위해 우리는 바이러스가 초래한 경제 사회적 손실 비용을 따지고 문명사적 전환을 고민하고 실천해야 한다.

쌍방향의 풍요로운 해체를 위하여

조르다노의 책에 나오는 "우리는 자유롭지만, 동시에 고립되었다"라는 문장으로 학생, 교사 들과 문장 만들기 활동을 했다.

우리는 언제 어디서든 학생들과 만날 수 있게 되었지만, 출결, 평가, 기록에 갇혔다.

우리는 등교하게 되었지만, 동시에 시험만 보게 되었다.

우리는 친구를 만나게 되었지만, 동시에 대화를 할 수 없게 되었다.

학생들은 고립되었지만, 어른들은 격차만을 이야기하게 되었다.

교사들끼리의 협력이 활발해졌지만, 동시에 분업의 틀에 갇혔다.

질 좋은 콘텐츠를 만들 수 있게 되었지만, 동영상 제작의 굴레에 갇혔다.

지침으로부터 자유로운 학교를 원했지만, 동시에 지침 없이 아무것도 할 수 없게 되었다.

코로나19는 이처럼 많은 것을 변화시켰다. 변화의 방향은 긍정적이기도 하고 부정적이기도 하다. 예전에는 상상할 수조차 없었던 '교실 없는 시대'가 준비 없이 도래했고 전통적 학교교육의 지루함에 대한 공격을 가속화하면서 학교와 교실의 존재 이유와 교사의 역할에 대한 근본적 질문을 던지고 있다. 이러한 상황에서 한국 교육의 우수성을 강조하면서 코로나19가 지나가고 모든 것이 제자리로 돌아오길 기다리거나 재난 상황이라 작금의 혼란은 어쩔 수 없었다며 합리화만 할 것인가? 그보다 우리에게 필요한 것은 지금의 학교교육과 미래 교육 담론을 상호 성찰하며 쌍방향의 풍요로운 해체가 이루어지도록 하는 것이다.

우리가 그동안 담론적 수준에서 이야기해 오던 4차 산업 혁명과 미래 교육, 마을 교육, 역량 기반 교육과정과 학습자 주도성 등을 포함해 다양한 교육 담론이 가진 문제부터 기존의 학교교육이 가지고 있는 문제점까지도 동시에 성찰해야 한다. 무엇이 무엇을 대체해야 한다는 접근이나 과거의 것이 완전히 부정되면서 미래를 찬양하게 되는 식의 접근은 성찰의 수준과 폭을 제한하게 된다.

이 책은 코로나 시대 꼭 필요한 주제들로 독자들을 초대한다. '1부 – 코로나 시대, 학교는 우리에게 무엇이었나'에서는 코로나19라는 재난과 마주한 학교의 모습을 그리며 학교의 존재 이유가 무엇인지, 코로나19가 드러낸 교육의 문제는 무엇이었는지 성찰한다. '2부 – 위험은 민주적이지 않다'에서는 코로나19가 만들어 내는 여러 가지 문제와 그 과정에서 배제되거나 소외되는 이들의 모습을 들여다본다. '3부 - 재난 이후 우리가 만들어 갈 사회'에서는 포스트 코로나 시대라는 이름으로 다양하게 이루어지고 있는 미래 사회와 학교교육에 대한 낭만적 상상을 비판적으로 성찰하며 온라인 교육 시장의 문제, 교육 체제 전환, 돌봄 문제를 다룬다. 마지막으로 '부록 - 코로나19 현장 리포트 : 코로나 바이러스가 소환한 학교와 교육'에서는 다양한 주체들의 목소리를 통해 코로나 시대 교육 현장에서 길어 올린 사유를 생생히 전한다.

이 책의 저자들이 독자들과 나누고 싶은 것은 우리는 각자 떨어져 있는 섬이 아니라 서로에게 연결되어 있는 생태계의 일부라는 사실이다. 코로나 시대, 우리를 섬으로 만드는 재난 사회와 재난 교육에서 벗어나 쌍방향의 풍요로운 해체를 통해 서로 존중하고 연대하는 사회와 교육을 만드는 실천을 시작하길 바란다.

2020년 12월

저자들을 대신하여

정용주

코로나 시대,
학교는
우리에게 무엇이었나

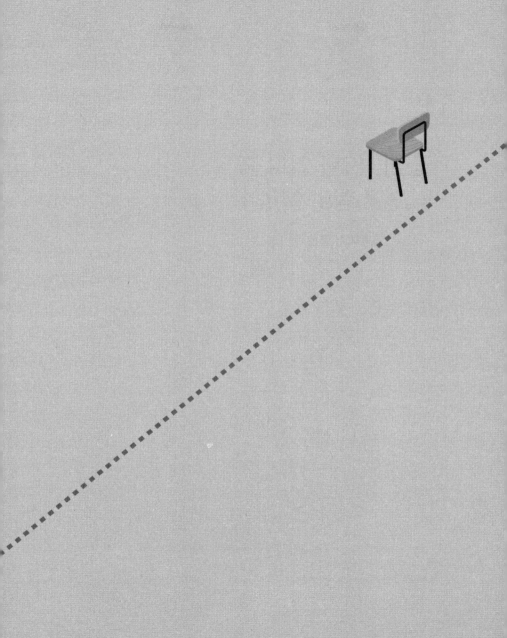

코로나19와 입시 중 누가 더 힘이 셀까 1

- 온라인 교육에서 등교 준비까지

조영선 imaginer96@gmail.com

서울 중등 교사, 《오늘의 교육》 편집자문위원

고3 담임을 안 맡다가, 2020년 18세의 첫 선거를 함께 하고 싶다는 부푼 꿈을 가지고 3학년 담임을 지원하였다. 그런데 코로나19로 인해 개학이 계속 연기되었다. 답답하긴 했지만, 일종의 '전시 상황'이고 '대피 상황'이라 그렇다고 스스로 다독였다.

　그렇게 4월이 되었다. 교육부 장관은, 계속 '시그널'을 줬다고 했지만, 갑자기 형태와 내용을 모두 알 수 없는 온라인 개학을 한다고 했다. 온라인 개학이라는 것이 과연 어떤 것인지 의문이 있었지만, 결국 고3 입시를 위한 시수 확보 때문이라는 것을 알 수 있었다. 프랑스는 바칼로레아를 취소했다지만, 우리나라와 중국은 대입 시험을 취소하지 않았기 때문이다. 실제로 온라인 개학과 동시에 수능 시험 일정이 12월 3일로 발표되었다. 코로나19가 건조하고 추운 겨울에 다시 창궐할 거라는데……. 수능 날은 비행기도 숨을 죽이는 우리나라가 아니던가? 역시 입시를 위해 교육이 존재한다는 사실이 새삼스럽게 느껴졌다.

문제는 수업의 질이 아니라 출결

온라인 개학을 한다고 할 때, 내가 가장 궁금했던 것은 온라인 수업을 온라인답게 할 것인가, 아니면 오프라인을 온라인에 끼워 맞출 것인가였다. 예를 들어, 교사 집합 연수와 원격 연수의 가장 큰 차이점은 학습자가 학습 시간과 공간을 선택할 수 있다는 데 있다. 일정 기간을 주고 그 안에 제시된 연수를 이수하고 평가와 과제를 마치면 그 과정은 '이수'한 것으로 인정한다. 그런데 이번에 초기 온라인 수업 지침에는 당일 과제 제출 시에만 출석 인정이라고 했다. "교사가 정한 시간 내에 미참여한 학생의 경우 당일 23:59까지 과제 제출 또는 학습 완료 시 출석 인정." 물론 이 내용이 공문에 명시적으로 적혀 있지는 않았다. 하지만 교육청에서 말하지 않는 것은 학교도 계획을 세우지 않는다는 것을 생각하면, 교육청의 구상 역시 이러했음을 추측할 수 있었다.

실제 3월부터 온라인 수업을 하고 있던 몇몇 학교들에서 줌 Zoom(화상 회의 서비스)으로 학생들과 조회를 하고 교과 교사들이 오프라인 수업과 같은 시간에 접속하여 수업을 진행한다고 했다. 모든 학생들이 똑같이 아침 8시부터 오후 4시까지 자기 방에 붙들려 있는 상황인 것이다. 아마도 교육부는 이러한 것이 '미래 교육'이라고 생각하는 듯하다. 공간은 분리되어 있지만 시간으로는 학생을 통제하는 것. 화면에 접속하지 않으면 결석 처리 하는 것.

며칠 후 교육부의 출결 지침이 내려왔다. 수업 기준 5일, 담임 기준 일주일로 하되, 과제 제출이 일주일을 넘기면 결과 처리 하라는 것이었다. '결과'는 오프라인에서는 학생들이 학교에 왔는데 교실에 없거나 수업을 듣지 않은 경우를 말하는 것으로 자주 있는 일이 아니다. 그 주목적은 학교 안에는 있는데 교실에 없을 경우 사고가 일어났을 확률이 높기 때문에 챙기는 데 있다. 온라인 수업인데 결과 처리가 있는 것은, 정해진 시간 안에 학생들이 접속해야 한다는 전제 아래 학생들을 통제하려는 전략이다.

배움의 내용에 접근하고 그것을 소화하고 복습하는 접근성과 속도를 자기 주도적으로 하는 것이 '미래 지향적'인 것이 아니던가? 실제 '4차 산업 시대 사회와 교육' 같은 주제의 연수를 들으면 가장 먼저 언급되는 것이 시공간의 제약을 넘어 접속하고 재택근무와 유연 근무가 많아진다는 것이다. 'e마케팅' 등 새로운 부가 가치가 창출되는 분야를 예로 들면 자신이 근무하는 사이트에 접속하면 근무 중인 것이고, 나가면 근무 중이 아닌 것이다. 그러면서도 자신이 설정한 근무 시간 안에 일하면 되는 노동 방식이다. 온라인 수업을 두고 미래 교육 운운하면서도 현재 가장 전근대적인 출결 시스템을 적용하는 형태의 교육을 중요하게 여기는 모습은 코미디 같았다.

21세기 기술로 19세기적 통제를 유지하고자 하는 욕망

어쨌든 교육부 지침에 따라 온라인 개학이 시작된 4월 9일부터 우리 학교는 블록 수업으로 시간표를 짜서 진행하였다. 그러면서 어떤 형태의 수업이 가능한가 시험해 보기 위해 여러 가지 형태의 과제를 냈다. 콘텐츠를 통한 과제 제시형은 학생들이 비교적 수월하게 했다. 그러나 다른 여러 가지 형식의 과제는 학생들이 버거워했다. 클릭을 5번이나 했는데 과제 미제출이라고 나왔다는 학생도 있었다. 그래서 결국 그 학생에게는 학교에 오라고 했다. 처음으로 우리 반 학생을 만나는 역사적인 순간이었다. 구체적으로 물을 수는 없었지만, 스마트폰이 그 학생이 가지고 있는 가장 성능 좋은 온라인 접속 기기임이 분명했다. 학교의 기기를 대여해 줄까 물었지만, 자기만 대여받는 것은 거절한다고 했다. 교육부의 호기로운 차등 지원이 오히려 학생들에게 디지털 격차를 가시화한다는 깨달음이 든 순간이었다.

그러다 문득 학생들의 얼굴이 보고 싶었다. 그래서 줌 등의 프로그램을 써 볼까 하고, 등교 개학 전에 구글 미트Google meet로 만나자고 학급 단체 채팅 방에 올렸다. 24명 중 10명 정도의 학생들이 신청했다. 떨리는 마음으로 구글 미트에 접속했다. 그런데 막상 그 시간이 되니 몇몇 학생은 일이 생겨서 어렵다고 불참했다. 겨우 8명의 학생들을 만났다. 얼굴을 본 것이 정말 반가웠지만, 4명이 집 밖이었다. 그리고 학생들이 정말 어색해했다. 작년에 같은 반이었던 학생들도 있었지만, "안녕하세요?" 하고 이름을 말하고 나니 침묵이었다. 그나마도 접속한 기기에 따라 소리의 전달 속도가 달라 대화를 이어 나가기 어려웠다. 결국 한 사람씩 따로 이야기하자고 하고 학생들을 단체 채팅 방에서 내보냈다. 나중에 물어보니, 방이 화면에 나오는 것이 부담스러웠다고 했다. 그래서 일부러 독서실이나 카페에 갔다는 학생도 있었다. 신청했다가 취소한 학생에게 물어봤더니, 늦게 일어나서 화장을 못 해서 안 들어갔다고 했다. 자신을 소개하는 5초 동영상을 이불 속이나 복도에서 찍은 학생들도 있었다. '집콕' 중이라 바깥에서 찍기는 어려웠고 각자의 가림막을 쓴 것이리라.

'디지털 네이티브라고 하는 이 세대들에게도 온라인으로 사생활이 아니라 '공생활'을 하는 것이 처음이구나', '영상으로 친한 친구와 통화를 하는 것과 수업을 하는 것은 전혀 다르구나' 하는 것을 알게 되었다. 생각해 보니 우리는 3월에 만났다가 휴업을 한 것이 아니라 2020년에 한 번도 만난 적이 없는 사이였다. 한 번도 만난 적이 없는 사이끼리 온라인에서 자신의 방 또는 집을 공개하면서 얼굴을 보고 만나는 일은 초유의 사태인 것이다. 오히려 오프라인 만남에서는 자신이 맺는 관계에 따라 오픈 여부를 결정할 수 있는 정보들이, 온라인으로 연결되니 무차별적으로 오픈당하는 순간이었다. 학생들에게 온라인 수업 시 화면 캡처나 욕설은 '학폭'이라며 협박하는 교육 자료들은 엄청 떠돌아다녔다. 하지만 정작 온라인 수업의 형태에서는 자신의 정보를 원하는 시간에 원하는 만큼 제공할 수 있는, 개인 정보에 관한 권리는 깡그리 무시된 것이다.

그리고 '실시간'은 되는지 모르겠지만 '쌍방향'은 불가능했다. 학생들의 말이 띄엄띄엄 들려서 원래 그 학생이 말하고자 하는 의도가 제대로 전달되지 않고 오해되기도 해서 학생들이 몇 번 말을 하다 멈추기도 했다. 결국 줌 등의 프로그램으로 가능한 수업은 '실시간 단방향' 수업이었다. 그런데 교육부는 이런 것을 태연하게 쌍방향이라고 주장하고 있었다. 심지어 그것이 미래 교육이라고도 했다. 돌이켜 보면 교육부는 오프라인 교실에서도 어떻게 해야 쌍방향 소통이 가능한지 한 번도 얘기한 적이 없었다. 학생들이 수업에 적극적으로 참여하기 위해서는 '눈치 보지 않고 발표할 권리'가 보장되어야 하지만, 잘못된 발표가 생활기록부 기재의 근거가 될까 봐 학생들은 조마조마해한다. 그래서 오직 비판받을 가능성이 없는 정답 발표만이 존재한다. 소통하고 있는 듯 보이지만, 실제론 점수가 되는 소통만 허용될 뿐 교실은 불통 중인 것이다. 오프라인에서도 이러했으니, 온라인 수업에서 소통이 일어나는지 아닌지에 대해 진정 궁금해할 리가 없다. 그저 학생들을 컴퓨터 앞에 아침 8시부터 오후 4시까지 붙들어 놓을 명분만 마련하면 되는 것이었다.

그러면서 학교는 학생들의 시간을 통제하고 화면으로 보이는 용의 복장까지 통제하기도 했다. 실제로 어느 자사고 학부모는 학교에서 줌으로 수업하면서 하도 교복을 입으라고 해서 학생이 상의만 교복을 갖춰 입고는 덥다며 하의는 '트렁크 팬티'를 입어서 난감하다는 말을 하기도 했다. 온라인이든 오프라인이든 대한민국 교육의 기본은 '통제'인 것이다.

문제는 기기가 아니라 소통

나의 핵심적 문제의식은, 접속을 위한 기기와 인터넷 접속 환경이 개인에게 맡겨진 상황에서 가장 적은 데이터를 쓰며 단순한 기기로도 접근 가능한 수업을 해야 한다는 것이었다. 특히 학기 초에 학생과 교사 사이, 또는 학생끼리도 전혀 래포rapport가 없는 상황에서 자신의 상황이 드러나는 일은 학생들에게 두려운 일일 것이다. 그래서 과제를 수행할 시간이 좀 넉넉하게 주어질 수 있는, 교사도 피드백의 시공간을 확보할 수 있는 블록 타임 시간표를 제안했다. 하지만 교감과 교무부장은 '실시간 쌍방향 수업'을 해야 하기 때문에 오프라인 시간표대로 해야 한다고 했다. 온라인에서의 집중은 극과 극이다. 대면이 아니기에 정말 집중하기 위해서는 수십 배의 에너지가 들고, 그것을 포기하면 그냥 누워서 돌려도 되는 것이다. 그렇기에 더욱 학생들이 자신의 몸에 맞게 학습량을 선택할 수 있는 여지가 주어져야 하는데, 오프라인 시간표를 고집하는 것이 실시간 쌍방향의 미래 교육이라는 주장에 정말 어이가 없었다.

나는 당당하게 〈EBS〉 강의를 걸었다. 학생들에게 나를 소개할 때도, 3학년 때는 〈EBS〉 연계 교재를 가지고 학교 수업을 하는데 연계 교재는 내가 쓴 게 아니어서 〈EBS〉 강사들이 더 잘 가르치고, 문제와 풀이를 보여 주는 전자 칠판도 우리 학교보다 〈EBS〉가 더 품질이 좋아서 잘 보일 것이라고 했다. 다만 문제를 풀면서 조금이라도 의문이 나는 점을 비공개 댓글에 남겨 주면 꼬박꼬박 답하겠다고 했다. 나는 '정말 질문이 달릴까?' 걱정했는데 비공개 댓글이어서 그런지 생각보다 질문이 잘 들어왔다. 그런 질문에 대한 답변을 모아 다음 차시 전에 전체 피드백을 하였다. 질문에 대한 피드백을 잘하고 나니 질문 개수가 점점 늘었다. 어떤 학생들은 오프라인 때보다 질문하기가 더 편하다고도 했다. 나도 즉시 답하는 것이 아니라 자료를 찾아보고 답할 수 있어서 편했다.

즉, 아직 래포가 쌓이지 않은 상황에서는 최소한의 질문과 답변, 피드백을 통해 조금씩 래포를 쌓아 가는 과정이 중요했다. 얼굴이 보이는지, 실시간으로 하는지는 별로 중요하지 않았다. 그리고 온라인 수업에서의 반응도 래포가 쌓이는 만큼만 확장될 수 있었다. 서로의 기기나 환경 차이가 영향을 미치지 않도록 한 화려하지 않은 수업 포맷에, 작은 피드백이라도 지속적으로 하는 것이 조금씩이나마 래포를 쌓아 가는 길이었다. 예를 들어 구글 협업 문서로 모둠 활동을 해 보고 싶기도 했지만, 학생들이 서로를 모르는 상황이고 학생들마다 기기도 달라서 오히려 스트레스를 받을 것 같아 포기하였다. 학생들끼리의 모둠 토론도 기술적으로는 가능했지만 학생들이 부담스러워했다. 실제 만나 보지 않은 사이에 중간중간 끊기는 말로 토론을 한다는 것이 이상하게 느껴졌던 것이다. 온라인 수업에서 소통이 일어나려면 오프라인 만남이 병행되어야 했다. 기술은 대면에서의 래포를 뛰어넘지 못했던 것이다.

코로나19와 입시의 싸움, 누가 이길까?

그렇게 수업을 하다 보니, 코로나19는 잦아드는 듯 보였고 5월 대면 개학을 눈앞에 두었다. 온라인 수업이 완전 '헬'은 아니었지만, 학생들도 나도 지쳐 가고 있는 것이 느껴졌기에 나는 누구보다도 대면 개학을 열심히 준비했다. 우선 교육부에서 말한 대로 교육 전문가이자 방역 전문가가 되어야 한다는 마음으로 교육행정정보시스템NEIS과 연결된 자가 체크 시스템 참여를 열심히 독려했다. 사실 자가 체크 시스템만큼 황당한 것이 없다. "열이 있나요, 없나요? 증상이 있나요, 없나요?"를 스스로 체크하여 교육청에 보고하도록 하는 것이다. 마치 병에 걸렸는지를 스스로 진단하여 보고하게 하는 것과 똑같다. 감염 판단이 목적이 아니라 보고가 목적인 것이다. 그렇더라도 내가 이 질병에 대해 아는 것도 없고 할 수 있는 것도 없었기 때문에 주말까지 문자 메시지를 보내 가며 정말 열심히 했다. 실제로 학생들도 잘 따라 줘서 보건 교사로부터 학교 방역 전문가라는 말도 들었다.

그러던 어느 날 우리 반 학생 한 명이 의심 증상에 두 가지 이상 표시를 했다. 이 사실을 매뉴얼대로 보건 교사에게 보고했다. 보건 교사는 매뉴얼과 보도 자료를 참고하더니 학생을 선별 진료소가 있는 병원에 보내 '의사의 소견'을 받아 오도록 하라고 했다. 얼굴도 못 본 학생인데, 허접한 자가 진단을 바탕으로 병원에 보내야 한다는 것이 부담되었지만, 나는 학교 방역의 최전선에 있다는 마음으로, 괜찮다는 학생을 설득하여 병원에 가도록 했다. 그런데 그 학생이 내게 전화를 걸어 선별 진료소 간호사를 바꿔 주었다. 간호사는 "이 학생의 증상 완화 치료를 원하는지 코로나19 검사를 원하는지"를 나에게 물었다. 그걸 병원에서 판단해야 하는 것 아니냐고 물었더니, 팬데믹 선포 이후에는 코로나19 검사 외에 다른 판단이 어렵다고 했다. 그러면 학교는 그 학생을 격리 조치 할 것인지 판단해야 하니 검사를 해 달라고 말했다. 그랬더니 지금 다른 공문을 받지 못해서 현 단계 학교에서 요청하는 코로나19 검사 비용은 모두 개인 부담이라는 것이었다. 2014년 세월호에서 사람들을 구조하리라 철석같이 믿은 헬기가 배를 떠나갈 때 이런 느낌이었을까? 교육부에서 말하는 학교 방역망은 전혀 가동되고 있지 않은 것이었다. 다행히 그 학생의 증상은 원래 있던 비염 증상으로 밝혀졌고 곧 완화되었다. 하지만 등교 개학 후 어떤 학생이 기침이라도 했을 때 감염 증상인지 아닌지 전혀 모르는 상태에서 나는 무엇을 할 수 있을지 자괴감에 빠졌다.

그러던 와중에 이태원 클럽발 유행이 다시 대한민국을 덮쳤다. 하지만 교육부는 5월 20일에 예정대로 등교 개학을 시행했고, 더 이상의 등교 연기는 없다는 입장을 연일 언론에 내보냈다. 아마도 대학들과 입시 협의를 할 때 마지노선이 5월 20일이었던 것일까?

당시 등교 개학을 주장하는 사람들은 한 학교에 한 명이라도 확진자가 나오는 것은 만에 하나의 확률이고, 일어나도 견딜 만한 시행착오라고 판단한 것 같다.*

5월 20일 등교 개학 시 들었던 배신감은 4월 9일 온라인 개학 때와 5월 20일 등교 시점의 확진자 수가 별 차이가 나지 않는다는 것이었다. 이 정도에서 개학을 할 수 있었다면 온라인 개학을 한다며 그 난리를 칠 필요도 없었다. 4월 초 온라인 개학 당시 수도권은 심각하지 않았기에 등교 개학을 띄엄띄엄 하면서 수업 일수를 줄이고 온라인 수업을 보조적으로 활용하는 등의 수단을 시험해 볼 수도 있었다. 그런데 그때는 등교는 절대 안 될 것처럼 말하며 온라인 수업에 적응하지 못하는 교사들을 무능력자 취급하더니만, 이제 온라인 수업에 적응을 하니 등교 개학을 하지 않

---

* 하지만 2020년 12월 현재, 학교에서 한 명 확진은 학교 전체의 셧다운, 그리고 전체 구성원의 코로나19 검사와 자가 격리로 이어지고 있다. 실제 코로나19가 좀 잦아든 10월, 수도권에서 사회적 거리 두기 1단계가 시행되면서 교육감들은 선심 쓰듯 초1, 중1 매일 등교를 발표하였다. 하지만, 몇 주 안 되어 코로나19는 조용히 지역 사회로 전파되었고, 결국 수능이 끝난 12월 8일 2.5단계로 접어들었다.

으면 무책임한 교사라고 등을 떠밀고 있는 형국이다.

한 학생이 확진되면 학교를 폐쇄한다는 매뉴얼도 말이 쉽지, 학생들의 심리적 상처나 혹시 제기될 수 있는 책임 추궁은 어떻게 할 것인가? 지금 이 사회의 분위기로 볼 때 확진자가 된 교사와 학생은 자신의 책임이 어느 정도든 간에 다른 사람에게 민폐를 끼친 죄인이 되기 십상이다. 전반적으로 패배감에 젖어 있는 고3 학생들의 경우 자신들의 불운의 원인을 찾으려 할 것이고 바이러스에 감염된 학생이나 교사가 표적이 될 것이다. 이런 문제가 꼭 일어나지 않더라도 물을 마시다 사레들려 기침이라도 했을 때 주위에서 꽂히는 시선들을 어찌 감당할 것인가? 전염병의 전파 속도가 낮아지고 있는 상황에서는 의심 증상을 보이는 학생에 대해 관대할 수 있지만, 지역 사회 전파가 진행되고 있는 상황에서 학생들에게 무조건 이해하라고 하기도 어려운 일이다. 올해 만나는 학생들은 서로에 대해 알기도 전에 치료제가 없는 바이러스의 숙주로 서로를 의심해야 하는 상황인 것이다. 코로나19에 대한 감도가 다 다른 학생들이 한데 모여 의도하지 않은 행동이 학생들 사이의 갈등을 낳고 이것이 트라우마가 될 수도 있다는 생각을 하면 아찔하다. 어차피 학교 와서 웃고 떠들고 뛰고 함께 먹고 하는 것들을 할 수 없다면 학교에 오는 것이 무슨 의미가 있단 말인가?

결국 이 모든 모순의 핵심에는 입시가 있다. 하지만 교육부가 수능을 미뤄 놓은 12월 3일은 바이러스의 전파력이 강해진다는 겨울의 한복판이요, 전문가들이 계속 경고해 왔던 3차, 4차 유행이 예상되는 시기이다. 어찌 보면 수능 시험 자체가 지금의 형태로는 치러지기 힘들 수도 있다. 토플이나 토익처럼 문제 은행에서 출제되고 여러 장소에서 여러 번 응시할 수 있도록 인프라를 바꾸는 것이 오히려 현실적일 수도 있다. 그러기 위해선 그야말로 '대학수학능력시험'으로, 대학에서 공부할 학문의 기초가 있는지 없는지를 판별하는 자격 고사가 되어야 할 것이다.

코로나19로 인해 대면 교육이 온라인 교육으로 대체되는 것은 오히려 큰 문제가 아니다. 오프라인 만남이 없는 온라인 교육은 한계가 명확하기에 그에 걸맞은 밀도나 농도를 논의하고 대안을 찾으면 된다. 오히려 코로나19가 허락하지 않는 것은 10대를 저당잡혀 한날한시에 거의 모든 학생들이 모여서 치르는 시험이 인생을 결정하는 이 시스템이다. 코로나19 이전의 세계로 돌아갈 수 없다면, 바로 입시가 모든 것을 결정하는 이 체제와도 결별해야 할 것이다.

개학이 두려웠던 스승의 날

5월 15일, 언론에서는 학생이 없는 교실에서 맞는 스승의 날이라는 둥, 대통령은 원격 교육 인프라를 만들겠다는 둥 스승을 위한다는 온갖 공치사가 떠돌았다. 다른 한편으로 등교 연기는 없다는 뉴스와 지역 사회 N차 감염 속보가 웹 페이지를 가득 채

왔다. 배는 기우는데 가만히 있으라는 방송이 나올 때 선생님들의 심정이 이랬을까? 화상으로 하는 조회가 아니어서 내 불안감이 학생들에게 전달되지 않는 것을 다행으로 여기고 있는데, '랜선 담임'도 담임이라고 학생들은 스승의 날을 축하한다는 카톡과 문자를 보냈다. 5월 20일에 개학이 된다면, 이렇게 열심히 살고 있는 학생들을 다독여 나오게 할 것인가, 솔직히 나도 자신 없으니 체험 학습을 쓰라고 할 것인가? 정말 개학이 두려운 스승의 날이었다.

코로나19와 입시 중 누가 더 힘이 셀까 2

- 코로나19 속에 달리는 입시 열차

조영선 imaginer96@gmail.com
서울 중등 교사, 《오늘의 교육》 편집자문위원

수도권 전면 원격 수업 전환에도 고3은 무조건 등교

　전국에서 2단계 사회적 거리 두기가 시행되고 3단계 격상을 목전에 둔 2020년 8월 말, 2학기 개학은 여지없이 미뤄지고 수도권의 교육 활동이 원격으로 전면 전환되었지만 고3은 예외였다. 역시 코로나19보다는 입시가 무서운 모양이다. 5월 등교 개학이 발표되었을 당시에도 이태원 클럽발 감염이 확산되어 무리라고 생각했지만, 바이러스보다 힘센 입시를 향한 열차는 출발했다. 그리고 예상대로(?) 여러 학교에 확진자가 생겨 등교 중지 결정이 내려졌지만, 나머지 학교들에서는 그대로 등교가 진행되었다. 교사들은 한 학교라도 확진 판정을 받은 사람이 발생하면 지역 사회 감염을 우려하여 전체 등교 일정을 조정하는 플랜B가 있을 것으로 예상했으나 그렇지 않았다. 실제로 등교 개학이 결정된 주된 이유였던 5월 21일 모의고사 당시 인천 5개구에 확진자가 있어 해당 지역 학교들에서는 시험이 온라인으로 진행되었다. 상대 평가인 입시에서 모의고사의 가장 큰 의미는 시험에 응시할 모든 학생들

판 코로나가 할퀴고 간 학교에 마음이 얹혔다

34

을 미리 줄을 세워 봐서 각자 몇 번째에 서 있는지 가늠하도록 하는 것이다. 아마도 온라인으로 시험을 본 학생들의 답안지가 포함된 이번 모의고사는 예전보다 정확도가 떨어질 것이다. 그럼에도 불구하고, 위치를 가늠하기 위해 열차는 출발해야 했다. 수시를 준비하는 고3 학생들이 생활기록부를 채우기 위해서는 활동도 하고 교사가 직접 관찰할 시간도 있어야 하는데, 그 시간을 확보하기 위해 등교 개학이 시작된 것이다. 결국 등교는 교육이 아니라 평가 때문에 시작된 것이었다. 학생들의 건강과 생명이 아니라 철저히 대학 입시 위주로 교육과정이 세팅되는 것이었다. 그래서 교사들끼리 이런 자조 섞인 말을 하기도 했다. '12월 3일 수능이 미뤄질 수 없는 것은 대학이 2월 28일까지 등록금을 받아야 되어서가 아닐까?' 전문가들이 사회적 거리 두기 3단계를 거론하는 이때에도 9월 3일~18일 수능 시험 원서 접수를 하고, 12월 3일 수능을 보기 위해 고3만 등교하고 있다. 하지만 개인의 관점에서 보면 이는 현재의 코로나 바이러스 감염으로 12월 3일 수능 시험 응시 불가, 수시 면접 응시 불가 등 훨씬 큰 불이익을 겪을 수 있다는 점에서 이전과는 전혀 다른 차원의 위험을 감수하는 것이기도 하다. 이에 대한 교육부의 대답은 '개인의 뜻(?)에 따라 체험 학습을 쓸 수 있으니, 입시 일정은 그대로 굴러가도록 하되 책임은 개인이 지라'는 행정 명령이다.

등교 개학과 방역은 공존할 수 있는 것인가?

코로나 바이러스가 창궐하기 전에도 '평가'는 공교육의 가장 중요한 존재 이유였다. 이번에 일부 대학에서 벌어진 온라인 중간고사 부정행위 사태에서 보듯이 온라인으로 배움이 가능할 수는 있지만 평가는 불가능하기에 중·고등학생들은 학교에 나와야 했던 것이다. 이번 온라인 개학이 뭔가 K-방역에 이은 교육의 선진화인 양 자화자찬하지만, 온라인 개학이 '가능'하다고 여기게 된 가장 중요한 이유는 실제 교육이 이루어지는 상황이 아니라 소위 말하는 '출결'이라는 이수 기준을 적용할 수 있는 근거를 만들었기 때문일 것이다. 하지만 평가는 여전히 '넘사벽'이었던 것 같다. 공교육의 권위를 유지시키는 권력 수단이 '출결'과 '평가'이기 때문에 그중 절반은 해냈지만, 여전히 절반은 오프라인을 기반으로 할 수밖에 없는 것이다. 그래서 학생들은 학교에 나오자마자 모의고사를 보고 열흘 만에 중간고사를 본다. 이 말도 안 되는 행정이 이루어지는 이유는 공교육 자체의 가장 큰 의미가 '평가'라는 데 교사와 학생 모두 암묵적으로 동의하고 있기 때문일 것이다.

이렇듯 현재의 공교육은 '평가'로 대다수의 학생들이 패자가 되는 시스템이지만, 그 과정에서 학생들 간의 우정, 학교생활의 추억 등을 쌓을 수 있기에 유지되는 것이었다. 하지만 이번 등교에서는 솔직히 학생들이 추억을 쌓고 우정을 곱씹을 수 있는 활동은 대부분 '금지'되었다. 방역을 위해서는 신체적, 언어적 접촉이 최소화되어야 하기에 결국 '언택트 소통' 즉 바로 앞에 있는 친구와 카톡 하기만 허용되었다. 그리고 수업 시간을 자율 운영할 수 있는 초등학교나 중학교는 점심식사 전 쉬는 시간 없이 수업을 진행하고 돌려보낸다. 즉 친구들과 이야기하러 학교에 가는데 바로 그 행동이 금지되는 것이다. '누구를 위한 개학인가?'라는 항의가 터져 나오는 이유다.

학교에 가도 상호 소통을 하는 수업을 할 수 없으니 학생들이 각자 떨어져서 지식을 학습하는 방식으로 수업을 진행할 수밖에 없다. 이것은 가정에서의 온라인 학습과 크게 다르지 않은 형태가 되므로, 감염의 위험을 무릅쓰고 학교에 가기보다 가정 학습을 선택하는 경우도 많아진다. 이러한 선택을 하는 학생이 많아지면 가정 학습과 등교 학습의 형평성을 위해 등교 학습에서도 온라인 강의를 시청하도록 할 수밖에 없다. 즉 '방역을 위한 거리 두기와 개별 학습 → 온라인이건 오프라인이건 단순 지식 전달 방식으로 수업이 진행됨 → 가정 학습을 선택하는 학생이 늘어남 → 가정 학습과 등교 학습의 격차를 없애기 위해 등교해도 온라인 강의를 시청하도록 함'이라는 악순환이 일어나는 것이다. 사실 일방적인 지식을 전달하는 수업은 온라인으로 하나 오프라인으로 하나 그 질이 크게 다르지 않다. 오히려 전문가들이 만든 온라인 콘텐츠가 학생들 입장에서는 집중하기 쉬울 것이다.

물론 온라인 교육으로도 상호 소통을 할 수 있지 않느냐고 반문할 수도 있다. 등교 개학을 한 지금 상태에서 다시 온라인 수업

으로 돌아갈 경우에는 가능할 것이다. 하지만 그것도 온라인 쌍
방향 수업에 평가의 권한이 주어졌을 때이다. 이미 학생들은 스
스로 집중도와 몰입도를 결정할 수 있는 과제형 온라인 수업에 적
응해 있기 때문이다. 처음 온라인 개학을 했을 때, 만족도가 낮고
불만이 많았다.* 하지만 매일 등교하는 고3에게 등교 개학 수업에
대한 만족도를 다시 물었을 때는 달랐다. 등교 수업이 좋다는 의
견이 절반을 겨우 넘은 것이다.** 코로나19 이전의 학교를 생각하
며 막연히 학교를 그리워했지만, 막상 돌아온 학교는 이전의 학교
와 전혀 달랐던 것이 아닐까? 원래 평가에 관심 없던 학생들에게
친구들과의 관계라도 남기던 학교는 이제 그마저도 허락하지 않
고 있으니 말이다.

코로나 시대의 출결

결국 공교육의 존재 이유가 '학교라는 공간에 있었음'이라는 증
명이기에 온라인 개학에서도 출결이 중요했던 것처럼, 등교 개학
후 가장 많이 바뀐 것이 출결 지침이었다. 앞에도 밝혔듯 현장에

---

* "온라인 개학, 고3 학부모 만족 37.5%뿐…"집안 형편따라 학력격차"", 〈뉴스1〉,
  2020년 5월 14일.
** "등교 수업 중인 고3 절반 "온라인 수업이 낫다", 73%는 "재수생과 격차, 극복 못 할
  것"", 〈에듀동아〉, 2020년 6월 4일.

서 파악하는 등교 개학의 시그널은 '학교라는 열차는 입시를 향해 가지만, 그 기차에 어느 정도 머무를지는 학교와 개인이 정할 자유를 인정하겠다'는 것이다. 그래서 열이 나면 묻지도 따지지도 않고 '등교 중지' 명령이 뜨고, 오고 싶어도 학교를 못 오는 상황이 된다. 사실 청소년이든 비청소년이든 열이 날 정도로 아프면 학교나 일터에 오지 않아야 한다. 그럼에도 불구하고, 불철주야 아픈 몸을 이끌고 나오는 것이 미덕이었던 대한민국에서 개인방역 제1수칙, 아프면 3~4일 쉬기가 전염병이 창궐하고 나서야 '정상'으로 인정된 것이다. 학교 역시 그랬다. 그런데 이런 상황이 익숙하지 않거나 또는 건강보다 입시가 중요한 일부 학생들은 이에 적응하지 못했다. 어떤 학생은 등교 후 다음 날 모의고사를 치르다가 중간에 열이 높아 시험 중단 조치를 받았지만, 자신의 인생이 걸렸다며 결국 구급차를 타지 않고 별도 교실에서 시험을 봤다. 고3이라는 학생의 절박함도 이해가 되지만, 전염병이 창궐해도 입시를 향해 가는 열차가 출발했다는 사실을 다시금 느끼게 하는 장면이었다.

개인 방역 수칙 역시 시간이 가면서 다시 기존 출결 관리 시스템으로 돌아가고 있다. 아파서 3~4일 쉬기 위해서는 꼭 병원의 진단서가 있어야 한다. 코로나19 의심으로 인정받기 위해서는 선별진료소 방문 기록이 있어야 한다. 아프다고 그냥 쉴 수 있는 것이 아닌 것이다.

강제적인 사회적 거리 두기의 모순

학생들이 방역 지침을 지키기 어렵다는 인식은 학생들에게 거리 두기를 '강제'하는 것으로 이어졌다. 특히 중학교 이하에서 이러한 경향은 두드러지는데 학생들의 쉬는 시간을 아예 없앤다든지, 거리 두기를 하지 않은 학생들에게 벌점을 주는 방식으로 진행되고 있다. 하지만 거리 두기의 재미있는 점은 나 혼자서 하는 것이 불가능하다는 것이다. 사람과 사람 간의 거리가 유지되려면 내가 한쪽으로 움직일 때 그 방향에 있는 상대방도 그만큼 움직여 줘야 한다. 즉 한정된 공간에서 거리 두기를 유지시킨다는 것은 한 사람이 움직일 때 그 반경 내의 모든 사람이 움직여야 한다는 것이다. 따라서 거리 두기를 지키지 않는다고 해서 한 사람에게 벌점을 주는 방식으로 거리 두기를 유지한다는 것은 어불성설이다. 오히려 우리가 왜 거리 두기를 지켜야 하는지, '사회적으로 거리를 둘 권리'가 왜 중요한지 인식하는 계기가 필요하다.

솔직히 매일 등교하는 고3 기준으로는 거리 두기 지침이 무너졌다고 봐야 한다. 매일 등교를 하는 상황에서 교육부가 말하는 미러링*은 의미도 없고 불가능하기 때문에, 수업 시간에만 거리를

---

* 과밀 학급의 학생들을 두 교실로 분산 배치하고, 한 교실에서 진행하는 대면 수업을 다른 교실에서 실시간으로 생중계한다는 구상이다.

두는 척하고 식사만 조금 떨어져서 할 뿐 학생들은 그냥 일상생활을 유지하고 있다. 따라서, 한 학생이라도 감염되면 집단 감염은 시간문제이다. 자가 진단을 한다고 하지만, 무증상 감염도 흔한 상황에서 어찌 보면 현재의 고3은 하루하루를 운에 맡기고 있는 것이다.

입시라는 열차에 탈 것인가를 개인의 선택으로 둔 것은 사실 대책이라기보다는 책임 회피에 가깝다. 어떤 선택을 하든 불이익이 기다리고 있는 상황에서 우리는 한꺼번에 달성 가능한 두 가지 선택지를 다 준비했으니, 개인과 학교가 알아서 하라는 식이다. 그러다 보니, 학교도 똑같이 책임 회피가 가능한 방법으로만 돌아간다. 학생들 스스로 팬데믹이라는 사안이 무엇인지, 무엇을, 어떻게, 왜 준비해야 하는지 생각할 수 있도록 가르치지 못하고, '나 수업했어', '우리 시험 보고 있어', '학교는 와도 되고 안 와도 돼'라고 말하고 있는 것이다.

코로나19가 교육에 질문하는 것

이러한 일상을 보내면서 전 세계를 '셧다운'시키고 있는 이 바이러스가 인간의 삶, 특히 한국 교육에 질문하는 것은 무엇일까?

공정한 경쟁이 존재한다는 신화

앞의 글에서도 이야기했듯이 결국 이 모든 모순의 핵심에는 입시가 있다. 모든 학생을 동일한 조건에서 시험을 보게 하여 등수를 매기고 그에 따라 대학을 가게 해야 하기 때문에 '동일한 조건'을 만들어 내기 위해 모든 위험을 감수하는 것이다. 그래서 개학을 하자마자 급식도 하면서 하루 종일 시험을 치게 하는 모의고사를 보는 것이다. 빨리 모의고사를 봐야 상대적인 위치를 알고 정시로 갈지 수시로 갈지 입시 전략을 짤 수 있다는 여론 때문이다. 그런데 만약에 지금의 상황에서 위험을 느끼고 입시가 의미가 없다는 학생들이 시험 선택권을 주장한다면 어떻게 할 것인가? 아니, 교육부에서 허가한 체험 학습을 쓰겠다고 하면 어찌할 것인가? 그리고 한 학교라도 시험을 못 치게 돼서 그 학교 학생들을 빼고 성적을 내면 그 성적은 입시 자료로서 의미가 있는 것인가? 서로를 비교하는 상대 평가를 통해 능력을 증명해야 하는 시험에서는 나의 성공을 위해 나보다 못한 학생들의 시험 응시가 필수인데, 강제로 되풀이되어 왔던 이러한 시스템에 코로나19라는 바이러스가 균열을 내고 있는 것이다.

이것은 공정한 경쟁이라는 환상과 결별하는 일이기도 하다. 정시든 수시든 가진 자가 유리하다. 문제 풀이식 지식 학습의 총체인 수능은 실패를 견디고 문제 풀이 능력 계발에 몰두할 수 있는 계층에 유리하고, 수시 역시 어떤 전형이 유리한지 정보력을 가지고 학교의 자원을 탐색하여 그 자원의 수혜를 입을 수 있는 계층에 유리하다. 따라서 공정한 경쟁이라는 것은 없으며 교육으로 경쟁을 시켜서 자원을 분배하는 것은 계급 간 격차를 정당화하기 위한 기제일 뿐이라는 점이 간과되어서는 안 된다.

디지털 격차인가? 학습 권력의 이동인가?

이번 코로나19 사태는 학급당 학생 수가 얼마나 중요한지 다시 한 번 상기시키는 계기가 되었다. 등교를 주장하는 근거 중 하나로 학원은 다 다니면서 학교는 왜 안 되냐는 것이 있었다. 사실 학부모 입장에서 가장 원하는 것은 '안전한 소규모 보육'이다. 학원은 그 규모가 크더라도 교육과정의 자율성이 크기 때문에 요구에 맞게 대응이 가능하다. 물론 학원발 감염이 없었던 것은 아니지만, 규모 자체가 작기 때문에 광범위한 전염으로 이어진 사례는 적었다. 즉 시공간을 유연하게 선택할 수 있고 규모를 조정할 수 있을 때 갑작스런 위기에도 대응할 수 있었던 것이다. 하지만 시간 단위까지 획일화된 교육과정의 지배를 받는 학교에서는 이러한 대응이 불가능하다.* 그래서 함부로 등교를 강행할 수 없었던 것이다. 실제로 등교 개학 후 어쩔 수 없이 학교의 재량에 맡기는 정책이 시행되었지만, 기준은 그대로인 채 시행 방식만 달라졌기 때문에 수업 결손이라는 민원을 당하지 않기 위해 온라인 창체 활

---

* 블록 시간표를 운영하면서 25분, 30분, 45분씩 학교별로 수업 시간을 제각기 다르게 하는 경우가 생기면서 교시 운영 기준에 대한 논란이 있었다.

동, 온라인 스포츠 클럽 등 말도 안 되는 다양한 활동들이 진행되었다.

온라인 교육의 이면으로 디지털 격차로 인한 사회 양극화가 큰 문제로 대두되었다. 하지만 이 역시 무엇을 기준으로 한 격차인가가 다시 질문되어야 한다. 입시를 정점으로 한 학교교육의 내용을 일방적으로 전달하는 교육에서 이탈하는 학생이 많아지는 것을 '문제'라고만 볼 수 있을까? 입시에 관심이 없는 학생들은 오히려 온라인 개학을 그리워한다. 온라인은 적어도 자신이 듣고 싶지 않은 교육을 최소화할 수 있었기 때문이다. 따라서 디지털 격차는 어떤 내용이 디지털로 제공되고 있고, 학생들이 무엇으로부터 이탈되고 있는지 다시 질문되어야 한다. 이를 위해서는 '정말 인간으로서 공교육에서 배워야 할 것이 무엇인가'에 대한 질문이 이루어져야 한다. '우리가 직접 만나서 함께 배우고 서로 나눠야 할 것이 무엇인가?'에 대해 다시 합의해야 할 때인 것이다. 이것은 단순히 수업 시수를 줄이는 것만을 의미하는 것이 아니다. 온라인으로 오프라인만큼의 학습 효과를 내기 위해서는 지식의 난이도와 필요성부터 조정되어야 한다. '동일한 연령의 학생들이 지적인 자극과 이어지는 피드백을 통해 통찰에 이르도록 할 수 있는 교육 내용이란 무엇일까'에 대한 고민도 필요한 것이다. 이와 함께 특수학급 학생들에게만 중요시되었던 '개별화 교육'의 의미도 다시 짚어져야 한다. 지금까지 교육과정은 모든 학생들이 평균적으로 도달해야 할 교육의 수준이 있고, 그 수준에 도달한 학생과 도달하지 못한 학생을 가르기 위해 전국 모의고사와 같은 일제식 시험이 존재하였다. 하지만 온라인과 오프라인 교육이 일상적으로 병행되는 상황에서는 초등부터 고등까지 전체 교육과정에서 도달해야 할 목표가 입시 성과가 아닌 학생 개개인의 목표로 재정의되어야 하고, 이에 따라 교육과정이 다시 짜여야 한다. 학습 방법의 개별화와 더불어 학습 목표와 단계의 개별화도 이루어져야 한다. 즉 교육과정 입안자-교과서-교사가 독점했던 배움의 권력이 진정으로 학생에게 이동해야 하는 것이다.

사회적 거리 두기와 학교 환경

지금은 사회적 거리 두기라는 표현이 일반화되었지만, 실제로는 물리적 거리 두기가 맞다는 지적도 있었다. 사람들 간의 관계는 유지하되, 물리적으로 거리를 두라는 것이 정확한 의미라는 지적일 것이다. 좌우 1m, 즉 2m 간격을 유지하라는 사회적 거리 두기는 사실 학교에서는 여러모로 불가능한 일이다. 우선 학급당 학생 수가 받쳐 주지 않는다. 학급당 학생 수는 교육의 질을 결정하는 중요한 지표이기도 하다. 그러고 보면 코로나19 방역 지침은 교실 크기의 지침을 제공한 셈이다. 또, 학생들을 온전히 인간으로 대접하기 위해 사소하게 논쟁을 해야 했던 일들이 갑자기 사라졌다. 예를 들어, 교사 화장실을 별도로 둔다든지, 교무실 청소를 학생에게 시킨다든지 하는 관행은 일부 학교에서는 없어지고 있지만, 아무도 신경 쓰지 않는 곳에서는 없어지지 않는 관행이었다. 그런데 학생들이 화장실에 몰리면 안 된다는 이유로, 이용자와 화장실 개수 비율이 말도 안 되었던 교사와 학생의 화장실 구분은 없어졌다. 방역 지침으로 인해 학생들에게 청소를 시킬 수 없게 되면서(학생들이 공용 물건에 손을 대는 것이 방역 지침에 어긋나기 때문에 공용 공간 청소를 시킬 수가 없다) 교실 이외의 공간을 학생이 청소하는 경우가 거의 사라졌다. 교실 청소를 할 때도 담임이 쓸고, 한 명의 학생이 걸레질을 하고 뒷정리를 한다. 모든 공공 기관에 청소 노동자를 따로 두면서 굳이 학교는 학생들에게 청소를 시켰는데 그런 관행이 사라지고 있는 것이다.

생활 지도와 개인의 자리

서울은 '편안한 교복 공론화' 이후 교복이 생활복으로 전환되면서 교복 규제가 완화되고 있는 추세지만, 여전히 교복을 어느 정도까지 규제할 것인가에 대해서는 학교별로, 생활지도부장 교사별로 다르다. 우리 학교도 두발은 자유지만 교복은 입고 등교하도록 하는데 체육복 등교가 늘 학생들의 바람이었다. 11월 이후 시험 기간에는 체육복 등교가 가능한데, 그 외 기간에 대해서는 교복의 존재 이유 자체가 흔들린다며 학교에서 물러서지 않는 부분이었다. 그런데 코로나19 때문에 위생이 가장 중요한 가치가 되면서, 개인 옷을 사물함에 놓고 다니는 것이 위생에 악영향을 주므로 부적절하다는 판단이 확산되었다. 그리고 좁은 화장실이나 탈의실에서 옷을 갈아입는 과정에서 밀접 접촉하는 일이 많아지니 체육복을 갈아입기 어렵기도 했다.

학교에서 가장 중요한 방역이 공용 공간·물품 사용을 최소화하는 것이다. 만약 사용할 경우 무조건 소독을 해야 하기 때문에 사용 자체를 안 하도록 하고 있다. 이것은 학교 안에서 개인 물품 사용 강조와 더불어 개인 공간에 대한 존중에 중점을 두는 방향으로 가치관이 변할 수밖에 없는 조건을 마련한다. 즉 물리적 거리 두기는 지금까지 쉽게 침해당해 왔던 개인의 시공간을 확보하도록 하는 방향성을 가지고 있는 것이다. 하지만 학교는 여전히 규제의 공간이기에 이 역시 학생들 간의 사회적 거리 두기를 강제하기 위해 교사가 학생과의 거리를 깨고 개입하는 방식으로 이루어지고 있다.

이러한 면에서 생활 교육이라는 외피 속에 관행으로 존재했던 교문 지도, 체벌, 강제 야자, 방과 후 보충 수업 등 교육이 아닌데 관성으로 굴러갔던 모든 것들에 대해서도 '이것은 교육이 아니다'라는 선언이 이루어져야 한다. 물리적 거리를 둔다는 것은 이전엔 관계의 압력 속에 무시되어 왔던 개인의 자리를 돌려주는 일이기도 하다. 실제 왕따나 학생 간 폭력의 위협에 시달렸던 학생들은 온라인 수업을 더 '안전'하게 여기기도 한다. 학교에서 늘 감수해야 하는 스트레스가 사라졌기 때문이다. 이러한 측면에서 학생 간 폭력은 친한 친구라는 이유로 개인으로서 존중받아야 할 신체적, 언어적 거리를 파괴하는 것이었다고 볼 수 있다. 학교에서의 통제적인 생활 지도 때문에 스트레스를 받던 학생들도 현재의 상황이 이전보다 낫다고 느끼기도 한다. 개인의 공간을 일상적으로 침해했던 방식의 생활 지도는 코로나 시대에 더 이상 성립하기 어렵게 되었다.

여전히 무시되는 학생들의 목소리

온라인 교육이 확산되면서 무엇보다 학습자의 주체적 역량이 강화되어야 할 상황에서 학생들의 목소리는 철저히 무시되고 있다. 학생들은 개학에 대한 불안감을 '#개학반대' 해시태그 총공세로 펼치기도 하였다.[*] 등교 개학 반대 청와대 국민청원에 참여한 청소년들의 숫자가 상당하다는 점을 생각하면 개학에 반대하는 학생들의 의견이 많았음에도 '학생들의 목소리'로 언론에 호명되는 일은 매우 드물었다. 투표권을 갖지 못한 청소년들은 자신들과 관련된 이슈에도 주체적인 목소리로 존중받지 못하고 있음을 보여 주는 사례이다. 학생들에게는 입시라는 역을 향해 달리는 열차에서 불이익을 감수하고 내릴 것인가, 위험한 열차를 계속 타고 갈 것인가의 선택지만 남아 있는 것이다.

학교에서도 마찬가지이다. 코로나19 이후 가장 오랜 삶을 살아야 할 주체는 학생들임에도 불구하고, 학생들은 사회적 거리를 두라는 지시와 강제를 받는 존재이지 코로나19 이후의 삶에 필요한

---

[*] "학생들 SNS서 등교 개학 반대 총공…"의견 들어 달라"", 〈YTN〉, 2020년 5월 25일.

조건을 요구할 수 있는 주체는 아니다.

그들만의 복지와 민주주의

코로나19 이후 심리적 방역이 필요하다며 상담이 필요한 사람이나 학생들에게 상담을 받을 수 있도록 지원을 한다고 하지만, 사람들에게 필요한 것은 위로가 아니라 삶의 희망이 주는 실질적인 디딤돌과 비전이다. 자연을 착취하는 인간의 삶 자체가 한계에 있음에도 불구하고, 일상성routine이 주는 힘 때문에 이 세계는 굴러가고 있었다. 교육 역시 마찬가지이다. 대학 정원보다 학생 수가 적은 상황에서도 전국의 학생들에게 줄 세우기 위한 시험을 정점으로 굴러가는 교육이 당연한 것처럼 여겨졌던 것이다. 그 이유는 소위 말해서 교육을 통해 계층의 사다리를 통과하게 하고, 통과한 사람들만 인간으로서 대접하는 이 사회의 '민주주의'가 만들어 낸 환상 때문일 것이다. 즉 소위 말하는 '인서울' 대학 → 고임금의 화이트칼라 계층 → 같은 계층끼리의 결혼 → 계급 재생산으로 이어지는 삶의 고리만이 정상인 상황에서 이 트랙에서 밀려난 사람들은 일터에서 죽거나 다치거나 스스로 생을 마감한다. 이런 일들은 우리의 일상 속에서 매일 일어나지만 제대로 주목받지 못했다. 입시를 통과하지 못한 자가 치러야 하는 대가 정도로 여겨졌기 때문이다. 하지만 코로나19는 이제 그러한 체제는 불가능하다고 역설하고 있다. 전염병의 특성상 방역이 되지 않은 어느 공간에 누군가 산다는 것은 전체에게 영향을 끼칠 수밖에 없고,

그래서 약한 고리일수록 더 많은 방역을 해야 한다. 이 방역은 단지 소독약을 치는 것이 아니라 위험을 감수하지 않아도 되게 하는 실질적인 지원이다. 코로나19로 인해 일자리를 잃은 사람들이 아르바이트를 하러 모여들었던 물류 센터에서 대규모 집단 감염이 일어난 것처럼 삶을 실질적으로 유지할 수 있는 자원이 존재하지 않는 한 바이러스는 약한 고리를 숙주 삼아 퍼져 나갈 것이기 때문이다.

미래 교육이라고 일컬어지는 디지털 교육도 마찬가지이다. 자율성이 커진 만큼 학생들이 스스로 해내야 할 영역이 커지고 있지만, 이 역시 가까운 곳에 도와줄 사람이 있는 학생들에게 유리하고 그렇지 않은 학생들에게 불리하다. 현재 온라인으로 제공되는 교육의 내용 또한 입시라는 통제 시스템과 밀접하게 연관되어 있기 때문에 그 성적은 안전한 노동을 할 자격이 없는 표지로 작동할 것이다.

결국 입시를 통과하지 않은 사람도 모두가 안전하고 인간답게 일하고 쉴 수 있는 일터가 보장될 때 교육 문제도 해결될 수 있다. 이번에 국가 재난 지원금을 받으며 국가가 나에게 주는 용돈 같다는 생각을 했다. 만일 주거와 교육과 의료, 교통, 문화, 통신비가 공짜라면 매달 이 정도 용돈이면 생활할 수 있지 않을까라는 생각이 들었다. 학생들이 꿈꾸는 진로인 건물주는 학생들의 속된 욕망이 아니다. 먹고살기 위한 노동은 최소화하면서 하고 싶은 것을 하면서 오래도록 안정되게 살 수 있는 조건에 대한 꿈인 것이다. 꼭 건물주만 이런 것을 할 수 있어야 할까?

'필경사 바틀비'의 심정으로

사회적 거리 두기 3단계를 목전에 두고 있던 8월 말, 우리 학교 샛강 건너편에 있는 국회도 폐쇄되었고 전 국민에게 '집콕'하라는 메시지가 도처에 떠돌고 있었다. 그 가운데 나는 학교 5층에서 생활기록부 작성과 수능 접수를 위해 컴퓨터에 코를 처박고 있고, 학생들은 마스크를 쓰다가 벗다가를 반복하며 교실에 앉아 있었다. 3학년 교무실에서는 '수능 시험 원서 접수 안 미루려고 사회적 거리 두기 3단계 안 하는 거다'라는 농담이 나왔다. 이런 상황에서 관리자는 '수업을 30분으로 단축하고 급식으로 인한 위험을 최소화하자'는 교사들의 제안에 대해 '50분 수업을 30분으로 단축하는 것은 편법'이라며 '오후에 20분짜리 온라인 수업을 올리라'는 둥 '이렇게 논의하는 것도 편법을 많이 눈감아 주는 거'라는 둥 한다. 그러면서 고교 블라인드 처리 때문에 문서에서 'OO여고'의 'OO'이라는 문자를 다 빼라고 하는데 영어 이니셜은 안 지워도 괜찮은지를 심각하게(?) 논의하고 있었다.

과연 청와대에서 재택근무를 지시한 대통령과 전 국민 '집콕'을 명령한 국무총리와 질병관리본부는 이렇게 복닥복닥 학생들이 모여 있는 모습을 상상이나 하고 있을까? 학교에서 신종 코로

나 바이러스에 감염돼 '강제 재수'를 할지도 모르는 학생들의 공
포와 분노를 조금이라도 헤아리는 걸까? 이런 공포스러워하는 마
음을 외면한 채 나는 고교 블라인드 처리를 위해 내가 지우지 않
은 학교명이 있나 찾고 또 찾고 있었다. '필경사 바틀비'처럼.

8월 대유행 후

교육부 차관이 고3 학생들에게 목숨 걸고라도 학교 나오라고
했던 9월. 16일의 모의고사와 수시 원서 접수, 수능 원서 쓰기 등
을 마무리한 후에야 원격 수업으로 전환되었다. 그러고 나서 9월
17일에 2학년 모의고사, 18일에 1학년 모의고사를 봤다. 3분의 1
등교만 허용되던 시기, 상급생의 시험을 위해 피해 주던 학년이 드
디어 평가의 중심에 서고 나서야 등교할 수 있게 된 것이다. 이후
10월에 2학기 중간고사, 수능 한 달 전 마지막 등교까지 3학년은
3주 정도 등교한 후 사실상 학교를 나오지 않았다. 물론 고3 2학기
는 학교에 나와도 모두에게 당황스러운 시기이다. 수능을 포기한
학생과 끝까지 준비해 수능을 봐야 하는 학생 사이의 상황의 차
이 때문에 교사는 수업을 할 수도 안 할 수도 없기 때문이다. 실
제 수능에 매진하는 학생들도 이때는 억지스럽게 진행되는 수업
보다 깔끔한 자습을 원한다. 나를 허탈하게 했던 것은 등교 수업
학년을 정하는 시점과 기준이었다. 12월 3일, 확진자가 500명을

상회하는 상황에서도 수능을 볼 계획이었기 때문에 8월 대유행 후에도 수능 원서 접수를 위해 학생들을 등교시킬 수밖에 없었고, 그 다음 해 학생들의 입시 일정 때문에 9월 17일, 18일에 모의고사를 강행한 것이다.

'포스트 코로나'라는 주제로 교육부, 교육청, 온갖 교육정책연구소 단위에서 토론회만 수십 차례 열렸다. 교육 당국은 학생들 자가 진단 독촉과 마스크 씌우기에만도 곤두서 있는 교사들에게 토론회에 참여하라며 링크 주소를 보냈다. 하지만 이게 다 무슨 소용이란 말인가? 확진자가 500명이 생겨도 수능을 봐야 하는 시스템이 지속되는 한 사실 교육은 변할 필요도, 가능성도 없다. 집에서 온라인으로 자기 주도적으로 학습했는지 아닌지를 시험만 오프라인으로 보는 코로나19 교육 시스템에서는 알지 못한다. 책임은 오롯이 개인에게 돌아간다. 그러기에 학생들은 온라인 수업으로 인한 불안으로 제일 먼저 '시간을 제대로 보내지 못한 두려움'을 꼽는다. 대학 정원이 학생 수보다 많은 이때에도 "'이름 있는' 대학을 가서 취직을 못 한 죄가 온전히 너의 무능력과 '노오력' 부족 때문이고 사회랑 학교는 할 만큼 해 주었다"라고 학생들에게 윽박지르고 있기 때문이다.

교육 정책 입안자들이 정말 팬데믹 이후의 교육과 사회에 관심이 있다면 학생들이 실질적으로 도움을 받을 수 있는 복지 제도를 고민하고, 학생들을 죄인으로 만드는 이 교육 시스템을 조금이라도 변화시키려고 한 걸음이라도 떼야 할 것이다.

그런 시늉조차 없는 코로나19 이후 교육과 사회에 대한 논의는
코로나 시대 교육의 암묵적 슬로건인 '했다 치자'에 불과하다.

1부 코로나 시대, 학교는 우리에게 무엇이었나

코로나 시대,
한 교사의 응전 일기

- 만나지 않고 배울 수 있는가

김진우 okkjw@daum.net

세종과학고 교사

2020년 3월 31일
- 교사는 살아남을 수 있을까?

코로나19가 교육을 바꾸고 있다. 요 며칠 사이에 나는 '줌'이 뭔지 허겁지겁 습득해야 했다. 잘못하면 시대에 뒤떨어진 교사가 될 것 같은 위기감이 스멀스멀 올라왔다. 20여 년 전 교단 선진화라는 명목으로 교실에 컴퓨터가 들어오던 때가 생각났다. '파워포인트'를 사용해야 앞서가는 교사처럼 보이던 때가 있었다. 나는 파워포인트보다 칠판이 더 좋은 매체라고 생각하며 여전히 칠판을 애용하고 있다. 그런데 지금은 그때와 다르게 더 급작스럽고 전면적인 변화 속에서 적응하지 않으면 안 되는 상황이 되었다. 도대체 이 상황을 어떻게 이해하고 대응해야, 아니 이 상황에서 어떻게 살아남아야 할 것인가?

개학이 연기되면서 학교에서는 학생들에게 학습 과제를 부여하고 댓글로 피드백을 하라고 했다. 마침 올해부터 '리로스쿨'* 시스템을 도입하면서 과제를 부여하고 댓글을 다는 것이 편리하게 되었다. 나는 2쪽짜리 오리엔테이션 자료를 올리고 학생들에게 자기소개와 질문을 올리라는 과제를 냈다.

학생들의 답변을 읽고 댓글을 다는 것은 생각보다 만만치 않았다. 180명 한 명 한 명과 말을 하는 것과 같기 때문이다. 하나하나 댓글을 달면서 묘한 느낌이 들었다. 온라인이지만 학생들과 훨씬 친밀해진 느낌이었다. 평상시 같았으면 한 시간 수업하고 휙 지나갔을 것이다. 학생들보고 뭘 적어라 해도 성의 있게 적는 아이가 많지는 않았을 것이다. 그런데 온라인 공간 안에서는 학생들이 좀 더 솔직해진 것 같은 느낌이었다. 글도 손으로 쓸 때보다 대체로 길게 쓰는 것 같다. 나도 손으로 글씨를 쓰는 것보다 자판을 두드리는 것이 훨씬 편리했다. 도구가 내용을 바꿀 수도 있다는 것을 실감했다.

그 와중에 지난주 목요일 언론 보도를 통해 우리 학교가 온라인 개학을 위한 시범 학교로 선정되었다는 소식을 들었다. 교무부장은 재택근무를 하다가 허겁지겁 나와야 했단다. 교사들 사이에서는 불안한 느낌이 수군수군 퍼져 나갔다. 우리보고 뭘 하라는 거야? 그것도 시범 기간이 일주일이라니. 천만 원이 내려왔단다. 긴급 부장 회의가 열리고 기존에 하던 단방향 온라인 학습을 기본으로 하면서 쌍방향 실시간 수업이 가능한 교사부터 시도를 해

---

* 고등학교 학사 통합 관리 시스템이다. 교사들이 학급 관리, 수행 평가 등 여러 업무를 온라인으로 진행할 수 있도록 돕는다.

보기로 결정되었다. 나는 좀 안도했다. 그냥 과제형으로 하면 되 겠다고 생각했다. 내 옆의 선생님은 동영상 강의를 해 본다면서 의욕을 보인다. 보니 아이패드의 어떤 앱을 사용해서 문서 파일 을 교과서로 활용하고 얼굴은 안 나오는 방식으로 녹화를 한다고 했다. 나이도 나랑 비슷한데 상당히 앞서가는 것 같은 느낌이 들 었다. 나도 뭔가를 만들어야 하나?

더불어 이런 의문이 생겼다. 뛰어난 강사들의 인강(인터넷 강의) 이 있는데 그걸 활용하면 되지 굳이 내가 제작을 해야 하는가? 답변은 세 가지가 가능하다. 첫째, 내가 그 강사보다 더 훌륭하게 할 수 있기 때문에. 둘째, 강의가 훌륭한 걸 떠나 내가 하고 싶은 말이 있기 때문에. 셋째, 훌륭하지도 않고 특별한 메시지도 없지 만 멀리 있는 인기 강사보다 가까이 있는 교사가 서툴러도 직접 하는 것이 더 효과적이기 때문에. 첫째 이유는 제쳐 두자. 그렇다 면 둘째 이유인 내 고유한 메시지가 있는가 하는 것과 셋째 이유 인 학생들 입장에서 더 잘 배울 수 있는가 하는 점이 중요하다.

온라인 교육 시대, 교사의 설 자리

《총, 균, 쇠》에 대해서 배운다고 하자. 설민석의 《총, 균, 쇠》 강 의가 좋을까, 교사의 강의가 좋을까? 과연 설민석의 강의보다 나 의 서투른 강의가 학생들에게 더 유효할지는 의문이다. 나는 설 민석을 능가할 자신이 없다. 아니 시간을 투자할 에너지가 없다고 변명하자. 그런데 에너지가 있다고 해도 그럴 필요가 없다. 왜? 이

판 크로나 시대, 학교와 교사는 무엇이었나

미 설민석이 수고한 결과를 가져오면 되기 때문이다. 이걸 부끄럽게 여길 필요는 없다. 우리가 어떤 책을 읽는 것도 그 저자가 수고한 결과를 가져오는 것과 같기 때문이다. 요컨대 인강이든 책이든 자료가 있으면 그걸 활용하면 되는 것이다. 문제는 그 활용의 방법이다. 그게 나의 콘텐츠이고 교사의 역할이 발휘되어야 할 지점이다.

만들어진 콘텐츠를 100% 그대로 전달하는 일은 교사가 하지 않아도 된다. 〈EBS〉 강의를 틀어 주는 교실과 같다. 예전에는 온라인과 교실이 분리가 되었기 때문에 그나마 교사의 역할이 있었을지 모르지만 이제 온라인 세계에서는 스타 강사와 학생이 직거래하면 되는데 굳이 교사가 소매상을 열 필요가 없는 것이다. 딴 얘기지만 세간에서는 수능 100%의 입시 전형이 공정하다고 하니 교사 편차를 줄이는 〈EBS〉 강의야말로 최적의 방식인 것이다. 이야기가 이쯤에 이르면 온라인 교육 시대는 그야말로 교사의 종말을 의미하는 위기의 시대인 듯하다. 게다가 온라인 시대는 모든 교사들의 수업 장면이 고스란히 노출되는 결과를 가져온다. 모든 교사의 일상적인 수업 공개가 이루어지는 셈이다. 숨을 구멍이 없다.

이와 같은 이야기는 일찌감치 있었다. 인강이 출현하면서부터 교사의 역할에 대한 논의가 있었다. 온라인 교육 시대에 교사가 설 자리가 있을까? 이제 코로나19가 그 이야기를 다시 수면 위로 끌어올리고 있다. 지금부터는 나의 교육학이다.

배움을 입력, 처리, 출력의 단계로 구분해 보자. 구체적으로 내가 가르치는 과목에서 보면 독서, 토론, 논술·발표의 단계로 볼 수 있다. 책을 읽고 요약해 보고(입력), 서로 느낀 점을 나누고 어떤 문제에 대해 토론하면서 생각을 발전시킨 다음(처리), 그것을 글로 정리하거나 발표하는(출력) 것이 배움의 과정이리라. 기존 교육의 문제점이라면 좋은 책을 많이 읽지 못했다는 것, 질문이나 토론이 없었다는 것, 글쓰기가 빈약했다는 것 등이다. 해서 독해 능력, 요약 능력, 질문 능력, 대화 능력, 글쓰기 능력, 발표 능력이 발휘되지 못하고 전체적으로 자기 주도적 학습 능력이 빈곤해졌다는 것이다. 이건 나의 독특한 주장이 아니고 교육학자면 누구나 하는 이야기일 것이다.

나는 독서→토론→논술·발표라는 과정을 염두에 두고 수업 설계를 하고자 했다. 온라인 교육을 한다고 해서 이 기조를 바꾸는 것은 상상하지 않는다. 이제 이것을 어떻게 온라인으로 녹여 낼 수 있을까 고민해 본다.

입력 단계. 차라리 잘되었다. 원래 한 학기에 책을 한 권이나 두 권을 읽는데 수업 시간에 다 읽기는 어려워 개인 과제로 내 주었다가 수행 평가가 많다고 원망을 들었다. 온라인 수업에서는 이게 당연한 것이니 이상할 것이 없다. 내가 하고 싶은 이야긴 글과 말로 전달하면 된다. 동영상은 생생한 느낌을 줄 수 있으니 배제하지 않지만 웬만하면 글로 가고 싶다. 글은 표현이 정제되어 있고 개인별로 속도를 조절하기가 수월하며 적은 용량에 더 많은 내용을 담을 수 있다. 물론 영상에 비해 생생함이 떨어지거나 화자의 파토스가 잘 전달이 안 되기도 한다. 마치 책과 영화 사이의 차이와 비슷한데 익숙함이나 효과를 고려하여 선택할 문제다. 무엇보다 글은 동영상에 비해 학습자의 능동적 태도를 요구하는 적당한 어려움이 있다. 단점일 수 있지만 오히려 이것이 책을 읽게 되는 이유도 된다. 단순히 생각하면 공부란 상당 부분이 책을 읽는 것 아닌가? 이걸 온라인 시대라고 하여 굳이 영상 매체로 바꿀 이유는 없다. 글로 소통하는 데 있어 온라인 공간은 오프라인보다 자유롭다.

처리 단계. 이게 문제다. 원래 모둠별로 토론을 하도록 했는데 온라인 공간에서 이걸 해야 한다. 그런데 생각해 보면 불가능하지 않고 어떤 면에서 더 잘될 수도 있다. 줌에서는 모둠 토론이 원활하게 이루어질 수 있다. 교실에서는 좀 시끄러웠는데 그런 문제가 없고, 채팅 기능도 있어 편리한 소통의 도구가 될 수도 있다. 하지만 대면 토론이 주는 생생한 소통이 원활하게 재현이 가능할까 싶은 의구심이 있다.

출력 단계. 이건 더 잘되었다. 글쓰기를 할 때 컴퓨터를 쓸 수 있고, 제출이 편리하고, 시간도 유연하게 할 수 있다. 발표를 할 수도 있는데 이것도 화상 회의 시스템이 유리하다. 기존에는 컴퓨터에 설치하고 프레젠테이션 자료 띄우고 나오고 들어가고 허비되는 시간이 많았는데 화상 회의 시스템에서는 아주 효율적으로 가능해진다. 기존에 캠코더로 녹화하는 것도 일이었는데 이건 클릭

하나로 끝난다.

덤으로 얻을 수 있는 장점이 있는데, 학생들의 글에 대한 상호 동료 평가가 수월하다는 것이다. 기존에는 학생들 글을 복사해서 이름을 지워 나눠 주고 채점해 보도록 했는데 상당히 번거로웠다. 이제 온라인상에서 서로의 글을 읽고 댓글을 달고 묻고 답하는 것이 원활하게 진행될 수 있다.

이렇게 쓰고 보니 온라인 시스템이 좋아 보인다. 그러나 나의 마음에 여전히 남아 있는 이 불편함은 무엇일까? 단순히 익숙하지 않은 것에 대한 거부감이나 두려움인가? 핵심은 오프라인 수업에서 만나는 그 느낌의 상실인 것 같다. 온라인 수업이 가지는 한계점을 생각해 보면 이런 것이다. 첫째, 눈과 귀가 피곤하다. 화질과 음질이 피로감을 준다. 둘째, 좀 답답하다. 화면이 작아서 오는 답답함도 있지만 오프라인과 달리 내가 모니터 앞에서 관찰되고 있다는 느낌이 주는 부자유함이 있다. 셋째, 말하는 느낌도 어색하다. 청중은 있으나 혼자 말하고 있는 느낌이다. 이것이 나이 50이 넘은 나만의 입장일지, 혹시 학생들은 다르게 느낄 것인지 궁금하다. 학생들은 워낙 게임에 익숙해져서 이런 환경이 더 편안하고 자연스럽게 느껴질 수도 있다는 생각도 든다. 하지만 실제 공간에서 사람과 사람이 만나는 그 느낌을 대체하지는 못할 것 같다. 함께 공유하는 교실의 공기와 분위기가 주는 느낌이 새삼 그립다.

학생의 자기 주도적 학습력을 어떻게 키울 것인가?

개인적 불편함을 떠나 온라인 교육 시스템의 문제를 생각해 보자.

첫째, 학생 입장에서 볼 때 지난 며칠 동안 갑자기 쏟아진 온라인 과제로 인해 상당한 부담이 주어졌다. 평소에는 과제가 부수적 역할을 한 데 비해 이제 과제가 차지하는 비중이 거의 100%가 되면서 양이 폭발적으로 늘어났을 것이다.

둘째, 방치되는 아이들이다. 우리 학교 학생들은 그럴 문제가 비교적 적지만 없지는 않다. 아무리 공부를 안 하는 학생이라도 일단 학교에 와서 교실에 앉아 있으면 최소한 기본은 한다. 그러나 온라인상에서는 감독하는 교사가 없음으로 인해 한없이 나락으로 빠질 수 있다. 물론 전화도 할 수 있고, 문자 독촉도 가능한 시스템이다. 그러나 정말 관리가 필요한 학생들은 그 정도로는 턱도 없을 것이다.

셋째, 온라인으로 불가능한 교육 문제다. 음·미·체나 실험·실습을 온라인으로 한다는 것, 상당히 상상하기 힘들다.

넷째, 쌍방향으로 한다고 해도 칠판 앞에서 강의를 하면서 실시간으로 주고받는 대화를 온라인에서 원활하게 구현하기가 쉽지 않을 것 같다.

그 외 인터넷 연결 등 기술적인 문제들이 있을 것이나 그건 돈으로 해결할 수 있는 사소한 문제들이다.

이런 문제 중에서 과다한 과제 문제나 방치되는 학생들의 문제는 역으로 생각하면 우리 교육의 약점을 보완할 수 있는 기회가 될 수 있다. 나는 이번 코로나19 사태에서 얻어야 할 가장 큰 의의는 숙제의 중요성의 재발견이라고 생각한다. 과제를 한다는 것은 첫째, 자기 주도성을 필요로 한다. 둘째, 교사의 피드백을 필요로 한다. 이 두 가지가 우리 교육에서 상당히 소홀히 취급되어 왔다. 강의식 수업이 주를 이루고 지필 평가가 중심인 구조 속에서 수행 평가는 애물단지 같은 취급을 받았다. 그러나 사실 배움의 과정을 볼 때 강의나 지필 평가의 비중은 20%가 적당하다고 생각한다. 나머지는 책 읽고, 토론하고, 글을 쓰는 것이 되어야 했다. 이제 온라인 교육 시스템을 통해 그 역전된 관계를 재역전시킬 수 있는 계기가 주어졌다. 그 과정에서 숙제를 어떻게 디자인할 것인가에 대한 본격적 논의가 일어나야 한다. 그리고 '학생의 자기 주도적 학습 능력을 기르기 위한 과제는 무엇이어야 할까?', '교사는 어떻게 피드백을 해야 할까?'에 대한 논의가 활발하게 일어나야 한다.

　예상해 본다. 당장의 비상 상황에서 온라인 교육이 급속히 도입되었기에 코로나19가 사라지면 다시 예전으로 리셋될 것인가? 그럴 수도 있다. 이번 경험이 어떤 변화를 일으킬까? 그건 우리의 교육 철학이 결정할 것이다. 우리는 무엇을 이야기해야 하는가? 정말 어려운 것은 온라인 교육 시스템이 아니었다. 줌이나 구글 클래스룸 활용법은 한 번 해 보면 대충은 알 것 같다. 진짜 난제는 결국 '학생의 자기 주도적 학습력을 어떻게 키울 것인가?', '그

걸 위해 교사는 무엇을 해야 할 것인가'의 문제였다. 원래 존재했던 물음이지만 코로나19로 인해 이제 이를 고민하지 않을 수 없는 상황에 이르게 되었다. 코로나19는 속히 사라지되 이 고민과 실천은 남아 있길 바란다.

2020년 4월 15일
- 온라인 수업이 던지는 질문들

드디어 내일 1, 2학년 온라인 개학을 앞두고 있다. 우리 학교는 이번 주부터 시간표대로 운영을 시작했다. 나도 줌을 통해 화상 수업을 시도했다. 아이들은 다들 얼굴을 가리려고 해서 얼굴을 보이게 하라고 몇 번을 이야기해야 했다. 마이크도 다 켜라고 했다. 최대한 오프라인의 교실과 비슷한 상황을 만들어야 했다. 그래도 화면 앞에서 말하는 느낌이 어색하고 주고받는 대화가 자연스럽게 이어지지는 않았다. 그럭저럭 오프라인 교실 느낌의 80%는 구현한 것 같았다.

학교에서 플랫폼을 마이크로소프트 팀즈로 채택했다. 대충 개념을 파악하는 데 3일이 걸린 것 같다. 옆 선생님이 조금 앞서가는 분이라 귀동냥을 자주 했다. 문제가 발생하면 가설 제시와 토론과 실험이 활발하게 일어났다. 나는 그냥 리로스쿨로 돌아가고 싶은 생각도 불쑥 들었다. 하여간 온라인 개학 상황이 교사들 간의 활발한 소통을 일으킨 점은 확실하다.

학생들은 민원을 학교 게시판에 자주 올렸다. '헷갈린다', '하나로 통일해 달라', '과제가 너무 많다' 등이었다. 워낙 공지 사항이 많다 보니 내용을 놓치고 떠돌아다니는 학생들도 많았다. 나도 화상 수업에 다섯 명이 안 들어와서 일일이 전화를 해서 수배해야 했다. 개중에 전화도 안 받는 경우가 있어서 한 학생은 부모님을 통해서 겨우 잡았다.

인프라의 문제도 조금씩 나타났다. 우리 학교는 80%의 교사들이 쌍방향 수업을 하기로 했는데 인터넷이 되는 공간은 제한되어 있어 장소를 예약하는 것도 쉽지 않았다. 나는 그냥 교실에서 휴대전화 데이터를 썼다.

아들이 다니는 학교를 보니 머리를 잘 쓴 것 같다. 교실마다 담임 교사가 컴퓨터에 화상 수업을 세팅해 두고 각 교사가 시간표에 맞춰 그 교실로 들어가서 수업을 한다. 교사별로 세팅을 하지 않아도 되니 편리하고, 학생들도 한군데에만 접속해 있으니 헷갈리지 않는다. 쉬는 시간에는 학생들끼리 이야기하고 놀기도 한다. 그런데 첫날 어떻게 수업했는지 물으니 별말이 없다. 가만 보니 자기 얼굴을 프린트한 종이를 컴퓨터 앞에 세워 두고 있었다. 자세히 보지 않으면 사진인지 실물인지 잘 모르겠다. 그래도 하루 종일 수업을 듣고 있다니 조금 안심이 된다. 문제는 밥이다. 지금까지 학교가 수행했던 중요한 기능이 급식이었다는 사실을 실감한다.

어떤 학교는 학급별 시간표가 아니라 학년별 시간표를 짰다는 이야기도 들린다. 〈EBS〉 동영상을 시청하도록 할 바에야 굳이 학급별 시간표가 필요 없다는 것이다. 실시간 화상 수업이라 해도 출결 체크 정도의 용도로 사용할 경우 한 학년이 동시에 접속해도 별 문제 없단다. 마치 대학의 대형 강의실 같은 개념이다. 그게 가능하다면 학급별로 수업을 편성하는 이유는 무엇이며 이 많은 교사가 필요한 이유는 무엇일까 하는 생각도 스친다.

과제형 수행 평가 금지의 문제

평가의 문제가 논의되기 시작했다. 온라인 상황이 장기화될 경우 시험은 가능할 것인지, 수행 평가는 어떻게 할 것인지 논의가 분분하다. 새로운 평가 지침이 다음 주에 내려온다고 하는데 아마도 수행 평가 비율을 원래보다 낮출 수 있도록 하는 방향이 될 것 같다. 문제는 과제형 수행 평가를 어떻게 할 것인가이다.

교육부가 작년에 과제형 수행 평가를 금지하는 지침을 만들었다. 부모나 사교육이 대신 할 수 없도록 수행 평가는 수업 중에만 실시해야 한다는 내용이다. 나는 이게 말이 안 된다고 생각했다. 책 읽고 글 쓰는 걸 수업 시간에만 하기에는 시간이 부족하다. 글쓰기는 한 시간에 후다닥 해서 되는 것이 아니라 충분한 시간을 갖고 퇴고하는 과정에서 진짜 실력이 는다. 더 큰 문제는 그렇다면 수업 외 시간에는 학생들이 무엇을 하느냐다. 나는 책도 읽고 글도 쓰는 시간이 최소한 절반 이상은 되기를 바란다. 그게 바로 수행 평가를 위한 시간이다. 그런데 이걸 없애면 그 시간에 학생들은 지필 시험 준비에 '올인'하게 될 것이다. 현재도 대부분의 시간을 지필 시험 준비에 투입하고 있다. 왜냐하면 실제 변별은 지필 시험에서 이루어지기 때문이다. 학원에서 대비해 주기 쉬운 것도 지필 시험이다. 수행 평가를 축소할수록 오히려 사교육의 영향력이 커진다.

정말 외부 요인의 개입을 차단하고자 했다면 과제형 수행 평가를 금지하는 대증적 처방이 아니라 다른 방법을 권장했어야 한다. 본인이 했는지는 충분히 확인 가능하다. 표절 검사 장치도 발전했다. 기본적으로 과제를 본인이 수행해야만 수업에도 참여가 가능하고 평가에도 유리할 수 있는 구조로 디자인하면 된다. 또 학문적 정직성에 대한 강조와 교육이 있어야 한다. 이런 가능하고 필요한 방법을 놔두고 '과제형은 안 돼'라고 단순하게 지침을 내림으로써 수행 평가의 영역을 축소시킨 것은 잘못이다. 교육부가 교육의 본질보다는 민원을 해소하는 것에 더 큰 신경을 쓰고 있다는 느낌이 든다.

2020년 4월 30일
- 〈EBS〉는 할 수 없는 교실의 역할

온라인 수업은 이제 좀 익숙해졌다. 여전히 혼란 가운데 있지만 내 속에 몇 가지 생각은 정리되고 있다.

지난 한 달 동안 갑자기 다가온 온라인 교육 상황 속에서 내가 묻고자 했던 것은 교사의 정체성이었다. 적나라하게 말하면 교사의 쓸모였다. 나는 〈EBS〉 온라인 강의로 대체될 수 있는 역할인가? 고유의 자리가 있는가? 표준화된 지식 전달자로서의 교사의 역할은 온라인상 스타 강사와 학생의 직거래 구조 속에서 사라질 수밖에 없는 입장이다. 〈EBS〉 강의를 잘 듣도록 뒷바라지하는 것이 나의 역할이어야 할까? 자존심 상한다. 그렇다면 나의 색깔을 담아 멋진 동영상 강의를 만드는 것으로 나의 존재 가치를 증명해야 할까? 버겁다.

내가 찾은 답은 〈EBS〉도 아니고 동영상도 아니었다. 그냥 내가 하던 일을 온라인 공간에서 계속 하면 된다는 평이한 결론이었다. 동영상 대신 강의안과 학습지를 제공하고, 평소처럼 화상 수업에서 이야기하면 된다. 칠판 대신 화이트보드에 필기하고. 내가 새롭게 발견한 것은 숙제와 피드백의 가치였다. 그리고 묻고 답변하고 대화를 촉진하는 것이야말로 교사의 고유하고도 핵심적인 역할이라는 자각이었다. 학생들과 만나고 대화하는 것은 교사만 할 수 있기 때문이다. 질문하고 답변하고 피드백하는 상호작용은 적당한 숫자의 학생들과의 만남에서만 실현될 수 있다.

특히 독서와 토론과 글쓰기와 발표라는 배움의 과정을 생각하면 교사의 역할은 분명하고 온라인 기술의 용도도 분명해진다. 교사의 역할은, 좋은 글과 콘텐츠를 찾거나 제작하여 학생을 연결시키는 교육과정의 기획자이기도 하고, 학생들과 묻고 답하며 학생들이 배움을 깨닫도록 돕는 산파이기도 하고, 숙제를 내고 발전하도록 돕는 코치이기도 하고, 온라인 상황에서 길을 잃고 헤매는 학생들을 찾아서 끌고 오고 챙기는 A/S 요원이기도 하다. 학생들의 학습 습관이 미비한 경우 A/S 역할이 가장 큰 에너지를 요구할 것이다.

이렇게 보니 온라인 소통 도구의 장점이 꽤 많이 보였다. 글이든 동영상이든 콘텐츠를 손쉽게 제공할 수 있고, 학생들도 글쓰기를 좀 더 자유롭게 할 수 있고, 교사는 더 잘 관찰할 수 있고, 피드백도 좀 더 쉽게 할 수 있다. 조별 토론도 쉽게 구성되고, 상호 평가도 가능해졌다. 코로나 시대는 교사들에게 새로운 도구를 습득하게 한 공로가 있다. 온라인 교육 상황의 걸림돌은 기술보다는 과제형 수행 평가를 금지하는 지침 같은 것이다. 온라인 교육 상황에 오프라인의 규정들을 경직되게 적용하려고 하는 마인드도 교사들을 피곤하게 하는 것 같다. 이런 문제들이 극복된다면 온라인 교육 상황은 단순히 오프라인의 대체재에 머물기보다는 오프라인의 한계를 뛰어넘을 수 있게 하는 디딤돌이 될 수 있다.

이렇게 마무리하려니 '온라인 교육 전선 문제없다'는 아름다운 결론이 된 듯하다. 그런데 뭔가 빠진 듯한 이 느낌은 무엇일까? 아마도 그것은 몸을 가진 인간들이 필요로 하는 그 무엇이리라. 한 공간에 같이 있음이 주는 느낌, 기계음과 화면이 아닌 사람을 육성과 실물로 만날 때 받는 느낌 아닐까? 어떻게 보면 지금처럼 온라인에서만 만나면 구질구질한 생활 지도 문제가 많이 사라지는 것 같다. 대신 가정에서 그 문제를 떠안아야 할 상황이지만. 학생들을 한 공간 안에 모아 둔다는 것은 온라인에선 불가능한 많은 감정과 사건이 일어나는 것을 의미한다. 사람이 몸과 몸으로 한 공간에서 만난다는 것은 필연적으로 관계의 문제를 일으키기도 하지만 바로 그것 때문에 교육이 필요한 상황이 되기도 하는 것이다. 여기에 온라인 교육의 한계와 새로운 교육 상황이 필요한 이유가 있을 것 같다. 이 부분에 대한 논의는 다음으로 미루어야겠다.

2020년 12월
- 긴 일기를 마무리하며

앞선 일기들을 읽으며 당시의 질문과 응전들이 적절했는지, 다시 돌아가게 된다면 어떻게 했을지 자문해 본다.

며칠 전 재미있는 경험을 했다. 미리 수업 강의를 녹화해서 올린 다음 수업 시간에는 학생들에게 학습지를 내 주고, 해설 강의는 각자 노트북이나 스마트폰을 이용해서 시청하라고 하고, 그동안 한 명씩 불러서 독후 과제에 대한 피드백을 했다. 마치 한 교실에 두 명의 내가 있어서 한 명은 강의를 하고 한 명은 학생을 면담하는 것과 같았다. 일종의 분신술이다. 올해 유독 아이들의 이름이 잘 외워지지 않았다. 사진을 봐도 마스크를 쓰고 두 눈만 말똥

말똥한 아이들의 얼굴과 매치가 되지 않았다. 중간중간 등교하는 때에는 진도 나가고 수행 평가를 하느라 바빴다. 하지만 이렇게 한 명씩 불러 놓고 이야기를 해 보니 비로소 눈에 들어오는 느낌이 들었다. 진작 이렇게 할걸. 온라인 시스템을 잘만 활용하면 학생들과 개인적으로 만날 시간을 벌 수 있다는 것을 확인했다. 반면 마음만 먹으면 온라인 콘텐츠 하나 만들거나 가져와서 돌리면 한없이 편해질 수도 있다는 생각이 들었다.

온라인 교육 체제는 학생들과 교사들의 편차를 더욱 넓혔다. 자율성이 부족하고 학습 환경이 열악한 학생들의 경우 걷잡을 수 없는 무질서로 빠져들 위험이 컸다. 반면 스스로 잘하는 학생들에게는 온라인 학습이 좋은 기회가 되었다. 교사들의 경우도 천차만별로 나타났다. 기존의 콘텐츠를 가져와서 출석 체크 정도에 그치는 경우가 있는가 하면 질 높은 강의 영상을 제작하거나 실시간 소통의 다양한 도구를 활용하는 경우도 있었다.

우리 학교 학생들에게 물어보니 절반은 100% 등교 수업을 선호했지만 절반은 온오프를 다양하게 섞기를 선호했고, 10% 정도는 100% 온라인도 좋다고 했다. 단방향과 쌍방향에 대한 선호도 물어보았다. 절반은 각각의 장점이 있으므로 획일적으로 답할 수 없다고 했고, 40%는 단방향을 선호했고, 10%는 쌍방향을 선호했다. 단방향 콘텐츠 제공형은 시간을 유연하게 사용할 수 있고 다시 보기가 가능하다는 장점이 있다. 이에 비해 쌍방형은 나태해지기 쉬운 학습 습관을 잡아 주고, 서로 소통할 수 있게 해 준다는 장점이 있다. 내용 전달에는 콘텐츠 제공형이 유리하고, 소통에는 쌍방형이 유리하기 때문에 결국 이 둘을 목적에 맞게 잘 섞어야 한다는 결론이다.

온라인 교육 상황의 가장 약한 고리는 학생의 자율성과 관계성이다. 콘텐츠 전달은 별 문제가 없다. 반면 유리한 여건은 교사의 에너지를 절약할 수 있는 강의 체계다. 이 둘을 연결하면 결국 강의에 투입되는 에너지를 절약하여 학생들과 개별적으로 만나는 시간을 늘려야 한다는 것이다.

자유로운 상상을 해 본다. 학교의 시공간이 유연해지면 좋겠다. 공간은 다양한 크기를 가진다. 혼자서 온라인 학습이 가능한 편안한 카페 구조로 바꾸고 방역에 충실한 모둠 학습실 혹은 온라인 대화 공간을 갖춘다. 획일적 시간표를 없애고, 개인 면담 시간과 모둠 토론 시간과 전체 발표 시간 정도만 정해 둔다. 나머지 시간은 자유롭게 책을 읽거나 온라인 강의를 듣는 시간으로 활용할 수 있도록 한다. 혼자서도 잘하는 학생은 집에서 해도 좋지만 웬만하면 오전, 오후로 나누어 등교해서 개인 학습실에서 할 수 있도록 한다. 최소한 밥은 먹고 갈 수 있도록 한다. 이 말은 기존의 고정된 학급 사이즈를 필요에 맞게 재구조화한다는 의미이기도 하다. 자세한 시뮬레이션은 해 보지 않아 모르겠으나 요지는 자유로운 개인 시간과 함께 하는 시간의 유연한 결합이어야 한다는 것이고, 그것에 걸맞은 다양한 공간과 다양한 학습 집단이 필요하다는 점이다. 그리고 그 모든 구성의 핵심 초점은 각 학생의 필요가 무엇인가 하는 것이다. 어떻게 보면 개인별 교육과정이 만들어지는 것이다.

돌아보면 온라인 교육 체제가 우리에게 던진 질문은 결국 교육이란 무엇이냐 하는 것이었다. 그리고 교사가 무엇에 집중해야 하는가를 묻는 것이었다. 나의 대답은 하나로 모아진다. 교육은 단순한 입력이 아니며 대화하고 글을 쓰는 과정을 포함한 다양한 배움의 과정이며, 이 가운데서 학생들이 스스로 무언가를 할 수 있도록 교사가 이끌고 챙기는 역할을 해야 한다는 것이다. 요컨대 다양한 배움이 일어나도록 학생들의 자율성을 촉진하고 챙기는 역할이다. 너무 당연한 명제라서 새삼스럽기도 하다. 문제는 온라인 교육 상황이라는 것이 이것을 분명히 하지 않으면 기존의 교육 상황보다 후퇴하는 위기였다는 점이다. 반대로 잘만 활용하면 기존의 고정된 물리적 환경을 뛰어넘는 기회가 될 수도 있었다는 점이다. 지난 상황을 복기해 보면 얼마 안 되는 출석 수업 시간은 아이러니하게도 온라인보다 더 경직된 수업이 되었고, 평가에 급급했던 시간으로 지나갔다.

우리를 얽어맨 관성들이 쉽게 깨지지는 않을 것이다. 코로나19 상황이 끝나더라도 어떻게 새로운 교육 시스템을 만들어 나가야 할지 자유로운 상상력을 발휘할 때라는 생각이 든다.

코로나 시대,
아이들은 왜 학교에 가야 하는가

- 장기 비상시대의 교육

정형철 07jhch@hanmail.net
대안학교 더불어가는배움터길 교사

교사실에 들어서자마자 컴퓨터 전원부터 누른다. 마스크 벗을 겨를도 없다. 오래된 컴퓨터가 요란한 소리를 내며 켜지는 동안, 주변을 온라인 대형으로 정돈한다. 전날 예약 걸어 둔 출첵(출석 체크)을 확인하고, 미리 만들어 놓은 '오늘의 일정'을 재빨리 올린다. 벌써 밴드 채팅 방에는 학생들이 하나둘씩 모여든다. 평소에는 행방을 잘 알 수 없는 녀석인데, 오늘은 멀쩡하게 제일 먼저 인사를 건넨다. 놀라서 어찌 된 일이냐고 물었더니, 돌아오는 답은 여느 때처럼 싱겁다. "밤샜어요."

온라인 아침 열기(조회)가 끝나자마자 부산하게 움직인다. 내 수업에 접속하기 전에, 다른 강사 선생님들이 진행하는 '선택 교양' 수업 밴드에 우리 반 학생들이 잘 들어갔는지 살펴야 한다. 모니터 2대와 노트북 사이를 정신없이 오간다. 몇 친구가 보이질 않는다. 전화를 돌린다. 이미 들어가 있다. 흔적 남기는 걸 잊었단다. 요사이 매일같이 되풀이되는 풍경이다. 이렇게 한 지 한 달이 넘었지만 우리는 여전히 허둥지둥 헤맨다. 익숙해지려야 도무지 익숙해질 수 없다. 사상 초유의 이 같은 사태를 어느 누가 예상할

수 있었겠는가? '미래 교육'이니, '4차 산업 혁명'이니 하면서 예언
가인 듯 행세하던 사람들조차 당황스러운 건 마찬가지일 게다. 이
게 뭐 하는 짓인가 하고 잠시 멍해 있는데, 밴드 알림 창에 불이
난다. 이러고 있을 때가 아니다. 내 라이브 수업 시간이 코앞이다.
이제는 도리어 아이들이 나를 찾기 바쁘다.

있어야 할 것들의 사라짐, 멈춤, 삭제

무엇보다도 '자유'의 가치가 생명이라 할 수 있는 대안학교라지
만, 온 세상을 삼키고 있는 코로나19로부터 자유로울 수는 없는
일이다. 아이들이 50명 조금 넘는 작은 학교인 우리 학교만 해도
교육부의 발표에 따라 개학을 세 차례나 연기하였고, 일반 학교들
과 마찬가지로 지난 4월 9일부터 어쩔 수 없이 온라인 개학을 단
행했다. 우리처럼 비인가 대안학교가 왜 국가와 교육부의 방침을
꼬박꼬박 따라야 하느냐고 반문할 수도 있지만 전대미문의 역병
앞에서 다른 선택의 여지는 없었다. 좀 더 정확히 말한다면, 국가
의 교육 정책을 순순히 따랐다기보다는 학생의 안전을 도모할 다
른 방도를 찾지 못했다고 해야 옳을 것이다.

재난이 불러온 불가피한 상황이라고는 하지만 비대면 온라인
수업으로 학생들을 만나야 하는 작금의 사태는, 교사의 입장에서
참으로 난감하고 자가당착적인 일이 아닐 수 없다. 그것도 학생들

과의 '만남'을 가장 중시하는 대안학교 교사라면 더욱 그렇다. 마치 자기부정이나 자기기만을 행하고 있는 느낌이랄까. 수업을 준비하는 데 들이는 시간과 노력이 버거워서만은 아니다. 하루 내내 스크린만 들여다봐야 하는 신세가 답답하고 처량해서도 아니다. 문제는, 있어야 할 게 없고 없어도 되는 것들로만 가득 차 있는, 아이들이 없는 이 학교라는 공간 때문이다. 아이들의 소리와 몸짓이 없는 이 공간은 학교가 아니라 그저 건물일 뿐이다.

개학하면서 순조롭게 진행되었어야 할 대부분의 배움 과정이 연기되거나 취소될 수밖에 없었다. 온라인 수업 과정에 맞게 배움 과정을 재구성하고 새롭게 짜 맞춰 보지만, 결국 껍데기만 남고 알맹이는 뽑혀 나간 느낌이다. 반가운 얼굴, 새로운 얼굴을 서로 맞대며 함께 환대하던 '만남'의 자리가 통째로 사라져 버린 것은 그 무엇으로도 대체 불가능한 일이다. 이제 갓 입학한 '작은나무(중1)' 친구들의 앳된 모습을, 애틋한 시선으로 지켜볼 단 한 번의 기회는 영영 없어지고 만 것이다. 새로 오신 선생님은 어떤 분일까, 교사실 창문을 기웃거리던 짓궂은 녀석들의 호기심과 설렘도 순식간에 모두 지워졌다. 우리는 아직 만나지 않았음에도 이미 함께 있는 것처럼, 서로가 누군지 모르면서 벌써 아는 사이처럼 그렇게 지내고 있는 것이다.

봄이면 학년별로 다녀오던 '도보 여행', '공정 여행', '마을 여행', '책 여행', '청춘 여행'을 온라인으로 대신할 수는 없다. 우리 학교에서의 여행은 단순한 체험이 아니다. 여행 전, 여행 중, 여행 후의 과정에 우리가 지향하는 배움이 고스란히 녹아 있다. 여행을 통해 스스로의 힘으로 자율적으로 기획하고 어려움을 함께 이겨 내며 내가 살아가는 주변과 세상에 대해 더 깊은 마음으로 이해할 수 있는 기회를 아이들에게 온전히 줄 수 없는 것은 너무 안타까운 일이다. 소중한 배움의 기억으로 남을 작은나무 아이들의 봉산탈춤, 생태 탐방은 어떻게 할 것인가. '가온나무(중2)' 아이들의 '더불어 살기'나 '큰나무(중3)'의 '대안학교 탐방', '대숲(고2)'의 '직업 체험'도 모두 어그러졌다. '배움터길' 식구 전체가 한자리에 모여 서로 의견을 나누고 의사를 결정하는 '전체 회의'는 작은 학교만이 누릴 수 있는 소중한 배움의 자리지만, 언제 열릴지 기약이 없다. 한 학년 아이들이 매일 번갈아 가며 전체 식구들의 밥을 만드는 '소박한 밥상'은 우리 학교의 참 아름다운 배움 과정이자 자랑할 만한 전통이다. 내가 아닌 다른 이와 함께 먹을 밥을 손수 짓는다는 것은, '소박함'을 넘어선 '위대함'이다. 하지만 지금 우리 아이들은 이러한 소박하고 위대한 밥상을 함께 나누는 대신 "찬밥처럼 방에 담겨"* 오늘도 무얼 먹어야 할지 홀로 고민하는 신세가 돼 버렸다. 몸에 좋은 빵과 천연 화장품을 만들거나, 삶에 필요한 적정기술을 배우는 '작업장' 수업도 모두 멈췄다. 다른 이와 함께하는 우리 삶의 대부분이 멈춘 것처럼.

---

* 기형도, 〈엄마 걱정〉 중.

장기 비상시대의 교육

코로나19 상황에서 여기저기서 나오고 있는 교육적 논의는 대부분 우리나라 교육 시스템의 온라인 인프라, 학생들의 온라인 교육 적응과 학업 성취, 대학 입시 일정, 9월 학기제, 그리고 코로나19 이후의 미래 교육 등에 초점이 맞춰져 있다. 나름 충분히 논의할 만한 내용이라 생각하지만 이러한 논의가 가능하기 위해서라도 먼저 짚어야 할 문제들이 있다.

많은 사람들이 이제는 코로나19 이전의 삶으로 돌아가기는 불가능할 것이라고 말한다. 수긍이 가는 말이다. 코로나19로 훼손되고 멍든 우리의 삶이 단시일 내로 복원되기는 어려울 것이다. 무엇보다도 코로나19의 근본적인 원인이 제대로 밝혀지지 않은 점이나 언제 치료제와 백신이 개발되어 종식될지가 여전히 불투명하다는 점은 우리 삶이 예전처럼 이루어지기 어려울 것이라는 불안감을 더 증폭시키고 있다.

하지만 우리는 코로나19 이전으로 돌아갈 수 없다는 말을 하기 전에 이 말이 갖는 의미를 좀 더 깊이 생각해 보아야 한다. 이제는 그 시절로 돌아갈 수 없다는 푸념을 늘어놓기에 앞서 코로나 바이러스가 창궐하기 이전의 우리의 삶은 과연 제대로 된 것이었는지, 돌아가고 싶을 정도로 안전하고 정상적인 상태라 말할 수 있는 것이었는지 분명하게 살펴야 한다. 코로나19의 원인이 명확하게 밝혀지지는 않았지만 발병과 전파에는 어떤 경우든 현 인

판 코로나 시대, 학교의 재발견

류의 탐욕적인 삶이 그 원인으로 작용했으리라는 것은 부인하기 어렵다. 화석 에너지의 남용과 무분별한 개발로 자연 생태계는 더 이상 회복 불가능한 상태로 훼손되었고, 기후 위기라는 대재앙은 이미 시작된 지 오래다. 재난의 상황에서 가장 극명하게 드러나는 불평등과 격차 문제도 전부터 손쓰기 어려울 정도로 골이 깊었다. 그 어느 누구도 피해 가기 어려운 전 지구적 재난 상황이지만 사람들 사이의 불평등과 격차만큼 코로나19로 인한 고통의 크기도 다를 수밖에 없다. 그런 의미에서 코로나19는, 코로나19 이전 시대의 인류가 만들어 낸 괴질임에 틀림없다.

인류가 이전처럼 화석 에너지에 의존한 성장에의 욕구와 탐욕을 버리지 않는다면 인간에 의한 자연 생태계의 파괴와 이로 인한 신종 바이러스의 창궐은 앞으로도 빈번하게 일어날, 우리의 일상이 될 가능성이 크다. 그런 의미에서 코로나19는 어쩌면 이러한 일상적 대재앙의 서막에 불과한지도 모르겠다. 제임스 쿤슬러는 이를 두고 '장기 비상시대'*라 명명한 바 있다. 그에 따르면 인류가 처한 위기는 이제 단시간에 해결될 수 없는 장기 비상 상황이 되었다는 것이다. 그것이 기후 위기든 신종 바이러스의 출현이든 앞으로 우리가 맞닥뜨려야 할 비상 상황은 지금보다 훨씬 더 가혹하고 가공할 만한 것이라는 점은 분명하다.

우리의 교육도 마찬가지다. 우리 교육이 코로나 시대 이전의

---

* 제임스 하워드 쿤슬러, 이한중 옮김(2011),《장기 비상시대》, 갈라파고스.

세계로 단순히 귀환할 수 없는 것은, 장기 비상 상황에 처한 사회의 흐름과 맥을 같이하기 때문이다. 세상 어느 곳도 안전하지 못한 상황에서 학교만 예외일 수는 없다. 오히려 우리 사회에서 안전에 가장 민감한 공간인 학교가 안전을 충분히 보장받을 수 없는 상황이라면 보통 문제가 아니다. 코로나19 사태로 학교는 장기적이고 상시적인 재난 상황에 대비하지 않으면 안 되는 막중한 과제를 떠안았다.

하지만 우리가 경계하지 않으면 안 되는 것은, 코로나 시대 이후 고도의 디지털 기술을 기반으로 하는 '사람 없는 교육'을 더 강도 높게 추구하려는 경향이다. 코로나19가 우리에게 던진 근원적인 문제에 대한 성찰과 인식 없이, 현상적이고 기술주의적인 접근을 통해 단순히 눈앞의 문제만을 해결하려는 경향이 벌써부터 이곳저곳에서 나타나고 있다. 기술이 사람을 대체하는 '스크린' 교육으로 모든 교육을 제도화할 때 우리는 더 큰 재앙에 봉착할 것이라는 점을 명심해야 한다. 우리 교육이 여전히 우리 아이들을 사회의 성장을 위한 자원이나 도구로 보는 관점을 탈피하지 못한 채 거대한 학력 카르텔의 동업자로 군림한다면, 숱한 희생을 치른 코로나19로부터 아무것도 배우지 못하는 잘못을 범하는 것이다. 역병으로 인한 '거리 두기'의 필요성을 교육적 필요성으로 오인해서는 안 된다. 현행 비대면 원격 교육에서 드러나는 문제점을 기술력이나 인프라의 부족으로 오판해서는 안 된다. 교육에서만큼은 이러한 아랫돌 빼서 윗돌 괴는 우를 범해서는 안 된다.

코로나19 사태를 기점으로 우리 정부가 추진하려는 원격 의료 시스템도 이와 유사한 문제를 드러내고 있다. 이번에 명확해진 것은 공공 의료 체계의 중요성이다. 다른 나라에 비해 우리나라가 코로나19에 비교적 잘 대응한 것은 공공 의료 체계 덕분이라는 것이 일반적인 평가다. 하지만 정부는 코로나19 사태를 기점으로 원격 의료 시스템 도입을 본격적으로 검토하고 있는 것으로 드러났다. 대통령이 후보자 시절에는 이것이 재벌이나 대기업, 대형 병원의 배만 불릴 것이라고 비판했지만, 다시 원격 의료 도입을 위한 법 개정을 주장하는 목소리가 정부에서 흘러나온다. 대형 병원에 절대적으로 유리한 원격 의료 시스템은 자연스럽게 공공 의료 체계의 붕괴를 가져올 우려가 크다. 그럼에도 정부가 원격 의료를 밀어붙이는 것은 디지털 인프라 구축, 데이터 경제의 가속화를 중심으로 하는 한국형 뉴딜 사업을 적극 추진하기 위해서라고 한다.

이와 같은 맥락에서 문재인 대통령은 원격 수업이 한창이던 지난 스승의 날에 교사들에게 보낸 메시지에서 "원격 수업 시스템과 정보통신 인프라를 더욱 발전시키겠다"고 밝혔다. 대통령과 정부는 원격 의료와 유사한 관점으로 코로나19 이후의 교육을 바라보고 있음이 명백하다. 대통령 취임 이후 일관되게, 허상의 개념에 불과한 '4차 산업 혁명론'에 입각한 국가 발전 모델에 집착해온 정부의 정책 기조는 변함없이 이어지고 있다. 현 정부는 성장 위주의 경제 정책에 대한 그 어떤 돌아봄이나 전향도 없이, 오히려 삼성을 위시한 IT 대기업의 적극적인 후원자가 되는 길을 마다 않고 걷고 있다. 범죄를 저지른 기업 총수에게는 한없이 관대하고, 1년이 다 돼 가도록 목숨 걸고 고공 농성을 이어 가는 해고 노동자 김용희에 대해서는 냉정할 정도로 무관심했던 대통령과 정부를 어떻게 이해해야 하는가.

아이들이 학교를 가야 하는 이유

코로나19 사태는 우리에게 많은 질문을 던지고 있다. 지금까지의 인류 습성으로 비추어 볼 때, 이 같은 재난을 통해서나마 우리는 희망을 이어 갈 마지막 기회를 얻고 있는지도 모른다. 교육에 관해서도 마찬가지다. 근대 산업 사회의 산물로서 근대 교육이 걸어온 길은 이제 '장기 비상시대'로 접어들면서 그 끝이 보이고 있다. 어쩌면 우리도 모르는 사이에 이미 운명을 다했는지도 모른다. 희망이 없다거나 새로운 길이 보이지 않는다는 얘기가 아니다. 하지만 이 비상한 상황에서 지금 우리가 처한 교육 현실을 미봉하려 들거나 눈앞의 현실을 잠시 포장하려는 시도는 별반 소용없는 일이라는 것을 말하고 싶을 뿐이다.

아이들을 만나면서 늘 가슴속에서 사라지지 않은 질문이, 이번 사태로 더 명확해졌다. 아이들은 학교에 꼭 가야만 하는가? 만일 꼭 가야 한다면 그 이유는 무엇인가?

작가 오에 겐자부로는 그의 자전적 에세이 〈왜 아이들은 학교에 가지 않으면 안 되는가?〉를 통해 아이들이 학교를 가야 하는 이유를 세상과 소통하는 언어를 배우기 위해서라고 말한다. 자폐 성향이 있던 아들 히카루가 학교에서 어려움을 겪다가 자신의 마음을 알아주는 비슷한 처지의 친구를 만나 세상과 소통하는 언어를 배워 나간 이야기를 통해 작가는 아이들이 학교에 가야 하는 이유를 이렇게 말하고 있다.

지금 히카루에게 음악은 자기의 마음속에 있는 깊고 풍부한 감정을 스스로 확인하고 다른 사람들에게 전달하며 그리고 자기를 사회와 연결시켜 나가는 데에 가장 도움이 되는 언어입니다. 이것은 가정생활에서 싹튼 것이지만, 학교에 다니면서 확실한 형태를 이루었습니다. 자국어뿐만이 아니라 과학도 산수도 체조도 음악도 자기를 확실히 이해하고 다른 사람들과 연결시켜 나가기 위한 언어입니다. 외국어도 마찬가지입니다.

나는 이것을 배우기 위해서 어느 세상에서나 아이는 학교에 가는 것이라고 생각합니다.*

작가가 말하는 세상과 소통하는 언어는 지식이나 정보를 의미하지 않는다. 학교에서 배워야 할 것이 지식이나 정보만을 의미

---

* 오에 겐자부로, 송현아 옮김(2001), 《'나의 나무' 아래서》, 까치, 21~22쪽

한다면 지금이라도 학교는 문을 닫아도 좋다. 그것만이 교육이라면 역병과 재난이 장기적으로 상존할 시대에 굳이 학교를 가야할 이유를 찾을 수 없을 것이다. 만일 정말 그렇다면 모든 것은 기술에 맡기면 된다. 고삐 풀린 기술은 앞으로도 우리가 상상할 수 없을 정도로 발전할 것이다. 기술이 교육을 따라잡지 못하는 시대는, 단언컨대 끝이 났다.

하지만 우리들이 지난 시절 그렇게 자라 오지 않았듯이 앞으로 우리의 아이들도 그렇게 자라진 않을 것이다. 학교는 오에 겐자부로의 말처럼 세상과 소통하는 언어를 배우는 곳이다. 세상과 소통하는 방식은 하나, 둘이 아니다. 그 방식도 수업을 통해서만 배우는 것이 아니다. 학교는 공부를 하는 곳 이전에, 아이들이 숨을 쉬고, 뛰어놀고, 친구를 만나고, 밥을 먹는 공간이다. 아이들의 소리와 몸짓이 없는, 삶의 흔적이 없는 공간은 학교가 아니라 진공의 공간, 기계실이다. 우리 아이들을 기계로 키우지 말자. 나는 이것이 우리가 코로나 시대 이후에 놓쳐서는 안 되는 가장 중요한 질문이라고 생각한다.

1부 코로나 시대, 학교는 우리에게 무엇이었나

남몰래
거인이 되다

- 코로나 팬데믹으로 증명된 학교의 역할

이하나 allmytown@gmail.com
지역교육네트워크 이룸 대표, 문화공동체 히응 대표, 집필 노동자, 학부모실로 유쾌하지 않은 한 해였다. 코로나19라는 감염병이 들불처럼 번져 나가던 시기가 여러 차례 있었다. 두려움에 휩싸인 사람들은 외출을 꺼리다가 행동반경을 좁혀 나가야 하는 답답함을 여러 경로로 발산하곤 했다. 그 방법 중 하나는 타인에 대한 비난이었다. 그의 행동을 비난하는 것이 아니라 어떤 행동을 저지른 사람의 인격 자체를 통째로 비난하는 일이 잦아졌다.

감염병을 옮긴 사람을 '슈퍼 전파자'라 비난하며 세상은 만인에 대한 만인의 투쟁을 시작했다. 가을이 되어서야 서로 간의 연민과 동정이 서서히 나타났다.

온 마을이 키웠는가

코로나19로 인한 충격과 두려움은 전 세계를 흔들었다. 그중 한국 사회에서는 단언컨대 공교육에 관련된 충격이 가장 컸다. 아이들이 학교에 가지 않자, 학교를 둘러싼 모든 것들이 일제히 멈췄다.

모든 아이들이 학교에 가지 않는다는 것은 상상해 본 적도 없는 일이었다. 텅 빈 학교에 교사들이 출근해 아이들에게 전화를 돌렸다.

아이들이 학교를 가지 않는다는 것은 누군가 아이들을 책임져야 한다는 말이었다. 공교육의 혁신과 마을교육공동체를 이야기할 때 우리는 '한 아이를 키우기 위해 온 마을이 필요합니다'라는 말을 빼놓지 않고 써먹었다. 마을교육공동체를 만들자며 민관이 협력했다. 관에서는 예산을 뿌리고 체계적 교육 사업을 마을에서 운영하기 위한 길잡이 역할을 했다. 민간에서는 관의 방식에 보조를 맞추며 공교육에서 실행하기 어려운 주제를 선택해 다양한 활동을 펼쳤다. 마을교육공동체가 지향한 것은 학교가 쉬는 시간, 즉 방과 후나 방학에 돈을 쓰지 않고도 아이들이 어울려 함께 배울 수 있는 삶터를 만드는 것이었다.

진보 교육감들의 시대에는 지역과 마을이 학교와 협력해야 한다고, 학교는 문을 열고 마을과 소통해야 한다고 강조했다. 이 말은 언제나 '학교가 하는 일이 부족하니 마을에서 도와달라'는 이야기로 들렸다. 때로는 관료적으로 변질된 학교 문화를 극복하기 위해 학교 밖의 사람들이 학교로 진입해 혁신을 도와달라는 말이기도 했다.

그러나, 등교가 금지되고 학교가 멈추자 마을교육공동체도 멈췄다. 그간의 마을교육공동체는 자립을 꿈꾸다가도 관의 예산에 얽매였고 관의 사업 기간에 맞춰 왔다. 이제 예산이 움직이지 않은 데다가 전대미문의 감염병 사태가 벌어지자 마을교육공동체는 누군가 지침을 내려 주길 기다렸다. 지방 정부, 교육청, 교육부 모두가 혼란에 빠졌다. 학교가 갈피를 잡지 못하니 마을도 상황이 나아지기를 하염없이 기다렸다.

코로나19가 퍼져 나가며 국가의 컨트롤타워는 작동했지만 우리의 삶은 생각보다 미세하게 쪼개져 있었다. 학교는? 학원은? 모임은? 아이들은? 아무도 경험한 적 없는 사태에 누가 선뜻 나서서 "이렇게 합시다"라고 말할 수 없었다. 아이들 없이 벚꽃이 피고 지고 봄이 지나가면서 '상황 좋아지면'이라는 구절을 붙들고 여름을 맞았다.

더러 공동육아공동체가 작동하는 곳이 있었으나 언론에 소개될 만큼 소수에 불과했다. 대안학교는 독립적으로 움직일 수 있었지만 국가 방역 시스템을 무시하고 내달릴 수도 없었다.

온 마을이 나서서 아이들을 키우자던 지난 수년간의 노력은 어디로 갔는가. 학교가 멈추고 등교가 중지되자 누가 아이들을 키워 왔는지 증명되었다.

코로나 이전, 우리 사회는 아이들이 충분히 돌봄을 받지 못한다고 생각했다. 학교에서 돌봄을 책임지라는 성토를 해 왔고, 학교는 그것까지 할 수 없다고 버티며 싸웠다. 학교는 공부하는 곳이지 아이를 돌볼 수 없다고 했다. 게다가 초등학교는 공중화장실을 쓰는 법을 배워야 하는 여덟 살 어린이들과 사춘기에 접어든 10대가 함께 생활한다. 사회에서는 학교가 돌봄도 책임지라고 밀어붙였고 대체로 학교가 졌다. 사회가 학교에 제공한 것은 돌봄 교실 리모델링 정도였다.

코로나 팬데믹 대혼란

초등학교에서는 돌봄 문제 때문에 갈등이 있었다. 관리자부터 신임 교사까지 '아이들을 어떻게든 불러서 돌봐야 한다', '위험하니 절대 부르면 안 된다' 하는 각양각색의 의견을 냈고 여러 학교에서 논쟁이 벌어졌다.

하지만 사람들은 빠르게 적응했다. 등교는 금지되었지만 온라인을 통한 학습은 지속되었다. 아이들은 집에 머물며 각자의 화면을 가지고 수업을 이어 나갔다. 2019년 통계를 보면 유·초·중·고 학생은 613만 명 정도 된다.[*] 600만이 넘는 아이들이 집에 갇혀 모니터를 봐야 했다. 그 뒤에서 학습 내용을 지켜보는 보호자가 있는 반면 아이의 끼니를 준비하고 일터로 나가야 하는 보호자가 있었다. 전자의 경우는 교사의 수업 방식을 일일이 점검할 수 있었으며, 후자의 경우는 교사가 아이에게 전화를 걸어 잠에서 깨워야 했다.

학교를 가지 않는 아이들이 가장 먼저 향한 곳은 학원이었다.

---

[*] 2019년 교육기본통계(2019년 4월).

일부의 보호자들은 온라인 과제를 혼자 책임질 수 없는 아이들을 돌봐 달라고 동네 학원에 구원의 메시지를 보내기도 했다. 복지관도 지역아동센터도, 정부의 예산을 받는 곳은 모두 문을 닫았기 때문이다. 돈을 내고 사적 재산으로 운영하는 시장은 돌아가고 있으니 공공이 문을 닫은 사이 보호자들은 시장을 찾아야 했다.

어느 지역에서는 교육공동체를 만들려고 시도하는 발전적인 전개도 있었다. 아예 구체적으로 학교협동조합 설립 구상안을 낸 교사도 있다. 학습 부진 아이들을 따로 부르는 교사도 있었고, 지역아동센터의 복지사들은 마을을 돌며 아이들의 온라인 수업을 돌봤다. 복지사들도 가정 방문을 했다. 학교에 가지 않는 아이들은 모두를 불안하게 했다. 결국 비극적인 참사*가 일어났고 시민들은 학교를 넘어서 관련된 모든 정부 부처를 비난하고 비통에 빠졌다.

중학생들은 등교 수업일에는 학교에 가서 수행 평가를 봤다. 보호자들 중 일부는 "배운 것도 없는데 시험 보러 오라는 거냐"고 성토했다. 이 말은 역설적으로 그간 학교가 공부를 가르쳤다는 의미가 된다. '공부는 학원 가서 하는 것이고 학교는 인성을 배우는 곳'이라더니 온라인으로는 수업이 안 되는데 무슨 시험을 보느냐는 얘기가 튀어나왔다.

인터넷 강의 업체는 순항했고, 교육계는 그동안 축적해 온

---

* 2020년 9월, 인천에서 초등학생 형제가 집에 있다 화재가 일어나 형제 모두 중태에 빠졌다가 결국 동생은 사망한 사건이다.

〈EBS〉의 역량에 도움을 받았다. 학원은 3월부터 재빠르게 온라인 수업을 준비했다. 시스템이 갖춰져 있는 대형 프랜차이즈는 강사들의 순발력이 눈부셨다. 줌과 구글 미트를 병행해서 사용하고 카카오톡 라이브를 동시에 켜게 했다. 아이들은 줌이나 구글 미트로 수업을 들으며 카카오톡 라이브로 책이나 문제를 풀고 있는 장면을 동시에 강사에게 송출했다. 공교육에서 온라인 수업을 아무리 기능적으로 해 봤자 업체들의 물량 투입을 이길 수 없고 학습 내용 전달에 관해서는 공교육이 사교육을 따라잡을 수 없다.

학원은 '서로 경쟁하기 때문에 실력이 뛰어'나거나 '성적 향상이 목표라 더 뛰어난 강사가 있'는 게 아니다. 학교와 학원의 가장 큰 차이점은 업무의 집중력이다. 학원 강사는 학습 내용 전달에 온전히 집중할 수 있다. 더러 아이의 성적을 놓고 학부모와 상담하거나 학원 행정을 전담하는 이에게 학생의 실력 향상 여부를 알려주면 된다. 기업화된 학원에서 강사는 한 과목만 전담하고 상담은 전담 직원이 한다.

공교육의 교사는 학습 내용 전달, 아이들의 생활 지도, 학부모와의 관계 유지, 조직 내에서의 역할, 각종 문서 수발과 행정 처리를 함께 해야 한다. 초등학교 교사라면 겨울철에 아이들이 외투를 잘 벗게 도와주고 옷을 걸어 두는 것부터 가정통신문을 걷고 밥을 먹이고 더러워진 교실을 치우고 각종 학습 준비물을 나눠주고 민원 전화를 받고 울고 싸우는 아이들을 다독여야 한다. 당연히 공교육은 이 경쟁에서 이길 수 없다. 사교육에서 여러 명이 나눠서 하는 일을 공교육에서는 혼자 처리한다.

교사들에게 수업을 촬영해 온라인 수업을 진행하라는 지침이 내려졌다는 소식을 듣고 나는 어이가 없어서 웃었다. 학교의 기기는 중고로 내놔도 안 팔릴 수준이다. 재택근무를 실시한 직장인들과 교육 종사자들이 사비로 웹캠과 마이크를 사느라 3월에는 온라인 쇼핑몰에서 인기 좋은 웹캠은 품절이었다. 물량이 다시 풀리는 데 두 달이 걸렸다. 더러 콘텐츠를 잘 만드는 교사가 있었지만, 교사의 원래 역할은 온라인 콘텐츠 제작이 아니다. 그럼에도 교사들은 꾸역꾸역 그 일을 해냈다. 한계에 부딪힌 교사들은 좌절했다.

그러던 5월, 교육부는 "최고의 대한민국 교사들이 방역의 최전선을 지켜 줄 것"이라며 등교를 수락했다. 교사들은 안전을 보장받지 못하고 모두 출근한 한편 학교에서 일했던 여러 노동자들은 갑자기 일을 잃었다. 급식 노동자, 방과 후 교사들이 투쟁에 나섰지만 거칠지 않았다. 그나마 결사체가 없는 사람들은 소리 한번 못 냈다. 급식 자재를 납품하던 사람들, 소수의 외부 강사들은 아무 말도 없이 학교에서 밀려났다. 다른 일을 찾아 헤매며 1년을 보냈다.

마을 교육도 멈췄다. 관할 부처에서 예산을 내려보내지 않았다. 향후 방역에 얼마나 더 많은 자원이 투입되어야 하는지, 재난 지원금은 얼마를 지급할 것인지 논의하는 동안 담당자들은 예산을 틀어쥐고 있었다. 반납하라면 반납할 준비를 한 채 여름을 맞았다. 7월이 되자 감염자가 줄어들어 사업 예산을 집행할 준비를 하고 있었다. 국가 예산으로 진행되는 각종 공모 사업 예산이 지급되었거나 지급 준비 중이던 8월, 또 한 번 집단 감염이 급증했다. 학교는 다시 문을 닫았고, 사업 주체들은 모든 계획서를 수정하고 대기했다. 예산 반납이 불가능할 것이라 판단한 무리들은 빠르게 온라인으로 모든 사업 방식을 수정했다. 줌 사용을 익히고 유튜브로 중계할 곳을 찾아 헤맸다. 촬영 기술이 있는 사람들은 그 어느 때보다 바빴을 것이다.

학교도 교과 과정 외에 외부 자원으로 진행되는 수업과 활동이 있다. 이제 기한이 얼마 남지 않았다. 10월부터 미친 듯이 스케줄을 소화했다. 1년 동안 해야 하는 일들을 몰아서 했다. 교사들은 상위 기관에 승인을 받고 관리자를 설득하고 아이들을 깨우고 줌으로 불러 모았다. 외부 강사가 진행하는 교육도 일부 줌으로 진행했다. 출석 체크 하는 데 드는 10분, 강의 평가서 작성하는 데 드는 5분을 빼고 중학교 수업 45분은 30분으로 압축되었다. 인사도 하지 못한 채 강사 혼자 떠드는 수업이 주먹구구식으로 진행되었다.

가을을 넘어가면서부터는 더 이상 뭘 해야 하는지 모르겠다는 고백들이 이어졌다. 일터에서 온라인 회의를 여러 번 해 본 보호자들은 지금의 실시간 온라인 수업은 학대에 가깝다는 생각을 갖게 되기도 했다.

고립된 섬에서 함께 배우다

나는 2013년부터 학교를 드나들며 특강을 하고 있는 외부 강사이기도 하다. 강사를 양성해 학교에서 적절한 교육을 하게끔 돕는 역할도 한다. 학교 수업은 다른 강의에 비해 강사료가 형편없지만 요청이 오면 거절하지 않는다. 이유라면 첫 번째는, 아이들을 만날 수 있기 때문이다. 아이들이 만날 수 있는 사람들은 가정의 보호자와 보호자 주변의 사람들, 공교육 기관의 교사, 사교육 기관의 강사, 그리고 상거래를 하는 주변 상인들이다. 그 외, 특별한 지도나 배려가 있지 않고서는 아이들이 만날 수 있는 사람은 한정적이다. 나는 함께 사는 지역공동체의 일원인 나를 통해 아이들이 새로운 세상을 엿볼 수 있길 바란다. 두 번째는 교사 때문이다. 교사는 학교를 졸업하고 임용 시험을 치러 학교에 진입한다. 사회가 정해 놓은 대로 착착 맡은 바 임무를 수행한 자만이 학교에 안착할 수 있다. 교사도 학생과 마찬가지로 만날 수 있는 사람들이 한정되어 있다. 이들에게 지역 사회에서 함께 연대할 수 있는 무리들을 소개하는 역할을 한다.

학교는 특정 연령대에 진입한 어린 시민이 함께 어울리는 공간이다. 공통점이라곤 같은 해나 그 비슷한 시기에 태어난 것뿐이다. 고등학교부터는 같은 동네 아이들도 아니다. 따라서 사회에 존재하는 수많은 취향과 사건이 공존하는데, 한정된 삶의 반경을 가진 사람들이 해결할 수 없는 문제들이 더러 발생한다. 이런 사건이 학교로서는 위기가 된다. 예를 들어 성폭력, 학교폭력, 학부모의 지나친 민원, 학교 내 비민주적 분위기로 인한 구성원 간의 갈등 등의 사건이 수시로 벌어진다. 교사들은 공교육계나 유관 기관 외에 연대할 수 있는 곳이 적다. 학교가 가진 폐쇄성이 학교를 고립시켜 왔고 학교는 어떻게든 안에서 사건을 해결하고자 한다. 내부에서 어떤 부조리한 상황이 벌어져도, 불합리한 결정이 이뤄져도 밖으로 알려지지 않는다. 대부분의 구성원들은 '아이들이 놀란다'는 핑계로 사안이 밖으로 노출되는 것을 철저하게 봉쇄한다. 아이들이 놀랄 일은 어디에서나 일어난다. 내부 문제가 유출되지 않는 것은 담당자에게 그 책임을 묻는 관료주의 때문이다. 올해에도 '코로나에 감염되어 바이러스를 전파할 경우 문책하겠다'는 내용의 공문이 전달된 바 있다.[*]

학교에는 관료와 교육자가 공존한다. 교육을 하고자 했던 이들은 관료주의에 함몰되고, 한계를 깨달으면 관료주의에 탑승한다. 대오에서 이탈하는 이들은 학교에 머무는 내내 고통받는다. 학교의 일부 구성원들은 연대하고자 하지만, 관료주의는 연대 의지를 수시로 방해한다.

이처럼 폐쇄적인 공간이지만 내가 학교에서 만났던 이들은 공동체가 무엇인지 행동으로 보여 줬다. 중국에서 온 이주민 자녀

---

[*] 2020년 5월 부산교육청의 공문이 문제가 되었는데, 11월 각 부처 공무원에게도 같은 내용이 전달되었다.

들이 20% 이상을 차지했던 한 학교에서는 학습이 부진한 아이들이나 언어 발달이 늦은 아이들이 많았다. 학급 안에 돌봄에 능하고 지식 전달력이 좋은 아이들이 이 아이들의 학습을 도왔다. 유난히 거친 아이는 경력이 많은 교사가 수업 시간 내내 보듬고 끌어안고 달래며 학교에서 버텨 내게 했다. 가정 내 갈등을 전이받아 너덜너덜한 상태로 학교에 오는 아이들이 있다. 교사와 상담사, 보건 교사는 이들을 돌보며 스트레스를 완화시켜 하교시킨다. 집에 돌아간 아이들은 매일 저녁 힘겨운 시간을 보내다 다시 학교에 지친 상태로 돌아온다. 장애 통합 교육을 하는 한 학교에서는 반마다 발달 장애와 정서 장애 학생이 있었는데 비장애 학생 몇 명이 함께 모둠을 이루어 이런 아이들을 함께 보호했다. 모둠 수업을 할 때 수행이 어려운 장애 학생에게 백지를 주고 색연필을 쥐어 주며 그림을 그리게 하는 것도 같은 반 아이들이었다. 학교라는 공동체는 학교 밖에서 상처받은 영혼들을 달래는 역할을 한다.

또한 학교에서는 서로 배우고 가르친다. 놀고 싸우며 공동체의 규약을 만들어 가고 사람 사이의 질서를 찾아간다. 마을공동체가 붕괴된 21세기에 아이들은 가정과 한 가정을 둘러싼 이데올로기에 갇혀 있다. 이 아이들이 자유롭게 다양한 인격체를 만날 수 있는 유일하고 안전한 공간이 바로 학교다.

비대해진 학교에 끊임없이 요구하다

11월 들어 확진자가 늘어났지만 수능을 성공적으로 치러야 한다는 국가공동체의 목표는 변하지 않았다. 혼인으로 맺어진 공동체는 김장을 포기하지 못했고, 교육계는 수능을 포기하지 못했다. 수능 총력전을 치르기 위해 온 교육계가 움직였다. 수능 전 며칠간 시험장으로 사용되는 학교는 등교가 중지되었고 교사들도 재택근무에 들어갔다. 팬데믹 속에서 선거도 치른 바 있는데 시험장 주변에는 선거 때보다도 더한 방역 체제가 가동되었다. 확진자가 늘어나도 방역 단계는 올라가지 않았고, 어떻게든 수능을 치러야 한다는 결의가 가득했다. 대한민국이 무엇을 위해 존재하는지 선명했다. 정상 가족 이데올로기에 젖은 김장과 대학에 진학하는 사람들을 위한 수능이 국가의 결정권을 쥐고 있다는 걸 확인했다.

아이들은 수능과 시험, 평가가 자신의 삶을 결정짓는다는 것을 깨달았으며, 자신들과 생활하는 교사가 교육부 장관의 기자회견 아래 얼마나 무력한지 알아챘다. 학교의 등교 여부, 돌봄과 생활의 유지를 결정하는 교육부는 현장의 교사들과 소통하지 않았다. 그들은 학부모 설문 조사를 실시했다고 말했지만 "블렌디드 러닝"이라는 단어를 이해하고 대낮에 휴대전화로 설문 조사 항목에 체크 표시를 해서 재전송할 수 있는 사람들만 응한 조사였다. 학교 현장의 목소리는 깡그리 무시당했다. 학교는 교육, 돌봄, 시험, 방역 모든 것의 최전선에 서 있었다. 위에서 내리꽂는 명령을 결정권자들은 '당신들을 믿는다'는 말로 넘겨 버렸다. 업무를 믿음으로 해결할 수 있다면, 공교육은 무엇을 섬기는 종교인가.

1년에 300여 개의 학급에 강사를 파견하는 나는 교육부 장관의 기자 회견*이 있으면 직후에 교육지원청 담당자와 통화했다. 담당자와 나는 같은 시간에 교육부의 결정을 들었다. 기자 회견 후 교육지원청과 교사들은 일사불란하게 대응했으나 언제나 우왕좌왕했다. 교사들은 결정권을 가지고 있지 않으므로, 무엇도 시원하게 결정할 수 없었다. 교육지원청은 '공문을 없애 교사의 부담을 줄이라'는 상위 부처의 요구에 따라 각종 공문을 공문이 아닌 형태로 바꾸어 전달하고 있었다. 학교를 둘러싼 마을교육공동체들도 방역 지침과 집합 금지, 집합 허용에 따라 수차례 계획을 바꾸고 일정을 변경했다.

적어도 그 짧은 여름 방학이 지나고 난 후 팬데믹 상황 대처에 관한 합의는 없었다. 어떤 이들은 미래 학교가 더 가까워졌다거나 온라인 쌍방향 교육을 교사와 학교가 성공적으로 해냈다고 홍보하는 사이, 현장에서는 밀린 학사 일정을 소화하느라 눈코 뜰 새가 없었다. 아이들은 방치되었고 여름 방학이 지나며 쌍방향 온

---

* 유은혜 부총리는 중요 시점마다 직접 기자 회견을 통해 개학, 온라인 개학, 등교 여부를 발표했다. 온라인 개학 내용의 웹 자보가 유출된 이후 학교나 교육지원청은 사전 정보 없이 일반 시민과 마찬가지로 부총리의 기자 회견을 통해 온라인 개학 여부를 확인할 수 있었다.

라인 수업을 주장하는 탓에 웹캠이 더 팔렸을 뿐이다.

학교는 우리가 생각하는 것보다 훨씬 더 많은 일을 하고 있었다. 학교는 단순히 지식 습득의 장이 아니고 평가와 시험만을 위해 존재하는 곳도 아니었다. 아이들을 돌보고 밥을 먹였다. 서로 어울리며 놀고 도우며 공동체를 깨닫게 하고 세상은 더불어 살아가는 곳이라고 알려주었다. 학교에서 일하는 교직원부터 학교를 둘러싼 사람들이 이 역할을 나누어 맡고 있었다.

하지만 안정적인 직업이라는 것 때문에 교사들은 불만을 말할 수 없는 계층이 되었다. 어느 순간 교직원들은 입이 없는 실행 주체가 되었다. 그들의 고통을 토로하지 않았고 사회의 비난을 먼저 받았다. 이 사회에서 가장 중요한 것이 안정된 직업이 가져다주는 보장된 급여와 노후 생활을 영유할 연금이기 때문인지도 모른다.

그러나 차분하게 돌아보면 우리 사회에서 무차별적으로 계층의 구분 없는 돌봄을 실행할 수 있는 유일한 곳이 학교이며, 자동차와 같은 기계에 의해 여린 생명이 스러져 갈 가능성이 가장 낮은 곳도 학교이고, 이유 불문하고 나오기만 하면 따뜻한 밥을 주는 곳도 학교뿐이다.

교육 복지라는 이름으로 학교가 비대해지고 그 역할이 다양해졌다. 학교 밖의 사회가 아직도 보편적 복지를 실현하지 못하고 있음을 보여 주는 것이다. 사회는 양극화되고 집값은 천정부지로 치솟으며 각자의 욕망을 구현하기 위한 개인들이 미친 듯이 내달리는 사이, 사회에서 합의해야 할 모든 복지를 학교에 떠밀었다.

지역은 학교를 동원하고 이용하고 발판 삼았다. 학교는 모든 것을 빨아들여 점점 몸집을 부풀렸다. 아무것도 토하지 못한 채 거대해진 학교가 멈추자, 일상이 무너졌다. 정부는 수능에 몰입했고 학교 안팎의 비정규직 노동자들을 외면했다. 강한 자들은 더 많은 역할을 부여받았고 약한 자들은 내쳐졌다. 보호자가 돌봄에 집중할 수 없는 사회 구조에서 아이들은 대체로 방임되었다. 사회가 그동안 학교에 얼마나 의존해 왔는지가 증명되는 동안 학교는 무력했다. 마을과 사회는 학교의 문을 열고 마을교육공동체라는 것을 만들어 보자고 주장해 왔지만 학교의 문이 닫힌 순간 그 공동체도 그 역할을 다할 수 없었다. 학교의 문은 여전히 밖에서 열 수 없는 것이었다.

곧 겨울 방학이 시작된다.

학교와 마을은 아이들을 끌어안은 채로 언제까지 기자 회견장에서 발표하는 입만 바라보고 있어야 하는가. 단 한 명의 아이도 포기하지 않겠다는 생각만 가지고 가만히 앉은 채, 입이 없는 집단이 되어 거대한 영웅이 나타나 이 시간을 되돌려 주길 기다릴 것인가.

신종 코로나 바이러스가 사라진다고, 아이들이 다시 아침마다 학교에 간다고, 더 나은 세상이 될 수 있을까. 봄이 오면 백신을 믿고 모든 것을 원점으로 돌릴 것인가. 지난 1년을 무엇으로 보상할 수 있나. 또다시 학교에게 학생들의 정서 치유와 학습 부진을 책임지라고 등 떠밀 것인가.

　재앙 앞에서 우리는 항상 민낯을 드러낸다. 교육 생태계는 몸집을 부풀리며 마을을 흡수하고 일거리를 늘려 왔으나, 2014년 4월 16일부터 지금까지 딱히 나아진 게 없다는 것을 코로나 팬데믹이 알려줬다. 오늘도 아이들이 없어 텅 빈 학교는 수명을 다한 공장처럼, 거대한 무덤처럼 마을의 한복판에 불을 끄고 누워 있다. 아무도 모르게 거인이 된 학교는 혼자서 울고 있다. 누가 거인의 손을 잡아 줄 수 있을까.

학교 텃밭과 텃논이
'미래 교실'이다

- 코로나 시대, 전환의 교육학

조진희 cham1003@hanmail.net
서울 천왕초 교사

여름 방학 중 전면 원격 교육을 실시한다는 소식을 들었다. 이미 개학을 한 학교들은 당장 이튿날부터 온라인 수업으로 전환하려니 난리들인가 보다. 늦은 개학을 하는 나는 오늘 아침 볕이 좋아 가을 농사를 위해 학교 텃밭에 퇴비를 주었다. 상자 텃밭 밑에서 조용히 잠자던 지렁이들이 깜짝 놀라서 꿈틀거린다. 지렁이들과 함께 귀한 분변토(지렁이 배설물은 천연 비료다!)를 호미로 살살 긁어 화분으로 옮겼다.

방학 중이지만 텃밭에서 일하면서 출근하는 분들과 하나둘 인사를 나눈다. 방역 요원으로 온 분은 "서울시에 텃밭 지원 일꾼 신청하시지" 하면서 이런저런 텃밭 가꾸는 이야기를 해 준다. 벌써 농사를 준비하냐며 말을 건넨 교감 선생님은 지난봄 매실을 따면서 어렸을 때 뱀을 잡아서 아르바이트한 이야기를 재미나게 들려주었다. 디딤돌(보충 수업) 선생님이 지나가기에 인사를 건넸다. "왜 이렇게 일찍 출근하세요?" 학생들이 오기 전에 미리 와서 준비하려고 일찍 왔다며 총총히 지나간다.

일이 마무리되어 가는데 디딤돌 수업을 하는 학생들이 하나

둘 지나가면서 "에잇 똥 냄새~" 한다. 마스크를 썼어도 학생들은 퇴비 냄새를 귀신같이 알아낸다. 감염병 위험의 와중에도 디딤돌 수업은 이루어진다. 활짝 핀 금화규 꽃을 따서 교실로 들어왔다. 팔팔 끓인 물을 부어 노랗게 우러난 금화규 차를 마시며 컴퓨터를 켰다. 차분하게 원고 좀 쓰려고 학교에 나왔는데 몇 년 전에 리모델링 한 과학실을 미래 교실을 만든다고 부수고 난리다. 시끄러운 소리와 먼지. 교실 문을 닫고 음악 소리를 높일 수밖에.

비대면 학교를 연결하는 텃밭

금화규 차는 두세 번 우리면 꽃이 흐물거리고 끈적이는데 식물성 콜라겐이 많고 항산화 작용을 한다고 한다. 지난 초여름부터 계속 피고 있는 금화규는 교무실 실무사로 10년째 같이 근무하고 계시는 분이 씨앗을 나누어 주었다. 감사 인사로 말려서 차로 드시라고 꽃을 드렸다. 정년퇴임을 한 행정실 차석님이 해바라기 씨를 듬뿍 주고 갔는데 그 씨가 자라 쑥쑥 크고 있다. 앞으로 해바라기 꽃이나 씨를 보면 차석님이 생각날 것이다.

우리 학교 텃밭은 등하굣길에 있어 모든 구성원들이 하루에 두 번씩은 꼭 지나친다. 코로나19 발열 체크로 다른 출입구가 막혀 텃밭을 지나지 않고는 학교에 드나들 수 없다. 그래서 만남의 광장 구실을 한다. 유치원에 손주를 데리러 온 할머니도 서울 토박이인 나에게 "시골에서 컸어요?"라며 거리낌 없이 말을 건다. 학교 식당에서 일하시는 분도 "작물들이 아주 잘 자랐다"고 알은체를 해 준다. 코로나19로 끊어진 사람들 간의 거리가 텃밭에서는 오히려 가까워진다. 나와 타인 사이에서 텃밭과 작물은 보이지 않는 연결 고리를 만들어 내고, 대화로 씨앗으로 그리고 음식으로 연결된다.

학교에 루꼴라 열풍이 불어 "선생님, 루꼴라 씨 가지고 있으시다면서요?" 하고 다른 학년 교사가 말을 걸어오기도 했다. 지난해 교육농 워크숍에서 나눔을 받은 루꼴라 씨는 인기 폭발이었다. 올봄에 가장 먼저 거둔 루꼴라를 샐러드와 쌈으로 해 먹은 동학년 20~30대 교사들이 자랑을 해서 씨앗을 받으러 온 것이다. 레몬밤은 줄기를 따서 물에 꽂아 놓으면 뿌리가 자라나서 실내 관상용으로도 좋다. 친한 분한테 주었더니 또 다른 분들이 자기도 달라며 찾아온다.

올해, 나이 차이가 20년 이상 나는 젊은 교사들과 평교사인 나를 잇는 것은 허브다. 루꼴라, 레몬밤 열풍이 불더니 그 다음에는 바질 잎을 따 가도 되냐고 묻는다. "다른 반 것은 몰라도 우리 반 것은 괜찮으니 따 가세요!"라고 하니 좋아한다. 바질 잎에 올리브유, 마늘, 파마산 치즈, 견과류, 후추, 소금 등을 넣어 믹서기로 돌리면 '바질 페스토'가 되는데 서로가 돌아가면서 가져와 과자에 얹어 먹었다. 남녀노소 위아래를 따지지 않고 거리낌 없이 내게 말을 거는 사람들. 대체 조그만 텃밭이 무엇인데 이런 일들이 일어나는 것일까?

"선생님, 〈기다리다〉 보고 울었어요"

　비대면 시대에 소통의 욕구를 텃밭과 음식을 매개로 채워 가고 있는 천왕초의 풍경은 올해에 갑자기 나타난 것이 아니다. 2011년 9월 1일 개교한 서울 천왕초는 서울형 혁신학교로서 개교 때부터 생태교육으로 상자 텃밭을 가꾸고 있다. 1~3학년은 화분에서 자유롭게 기르고 싶은 작물을 기르고, 4학년은 상자 텃논을 부치며, 5~6학년은 본격적으로 실과 교육과정을 중심으로 재구성하여 텃밭에서 생태·생명교육을 이어 가고 있다. 학교 뒤의 천왕산은 사계절을 공부하는 좋은 학습장이 되고 있으며, 산자락 공원에 구로구청의 협조를 받아 만든 마을 텃밭과 텃논은 우리 학교 학생들뿐만 아니라 구로구 전체에서 농업을 체험하러 찾아오는 배움터가 되었다. 지난 2월, 5, 6학년 교사들은 학생들 없이 퇴비를 주고 봄 농사를 준비하면서 쓸쓸하기 그지없었다. 온라인 개학을 하고 봄 농사 준비 과정을 담아 〈기다리다〉란 영상을 만들었다. 그리고 이를 같이 보는 것으로 실과 첫 수업을 시작했다. 나중에 '잔잔한 음악에 선생님들이 농사를 준비하고 감자를 심고 작물을 가꾸는 사진들을 엮은 영상을 보고 아이가 울었다'라고 한 학부모님이 말해 주었다.

　내친김에 여러 사진과 자료를 엮어서 작물 영상을 만들었다. 특히 감자, 토마토, 목화 이야기 시리즈는 작물들의 세계사에서 발견한 차별과 혐오의 역사를 엮어 만든 영상들로, 단순한 노작교육을 넘어 학생들이 인문학적 소양을 기르고 시대정신으로서 '인권과 연대'의 가치를 느낄 수 있도록 하였다. 목화 영상을 만들 당시에는 전 세계에서 인종 차별에 항의하는 시위가 이어지고 있어 사회 교과 인권 단원과 연계하여 《사라, 버스를 타다》, 《1964년 여름》, 《거짓말 같은 이야기》 등의 동화책도 엮어 온라인 수업으로 함께 공부하였다.

　실과 교과 의생활과 연계하여 동물권과 관련한 동화책들도 영상으로 만들어서 e학습터에 올렸는데 《돼지 이야기》, 《연두 고양이》, 《파란 티셔츠의 여행》, 《안나의 빨간 외투》 등이다. 그리고 여름 방학을 앞둔 등교 수업 때는 봉준호 감독의 〈옥자〉를 함께 보았다. 이 영화는 자본주의 공장식 축산과 GMO 등을 비판한 수작으로 2017년 개봉한 이래 매년 실과 시간에 학생들과 함께 감상하고 있다. 1학기 실과 수업의 대미는 감자 요리 영상이었다. 학생들이 학교 텃밭에서 캔 감자를 집에 가져가서 간식을 만들어 사진과 글을 게시판에 올리고 나는 그 사진과 글을 엮어서 감자 요리 영상을 만들어 다시 e학습터에 올렸다. "보라색 감자를 처음 봐서 신기했다", "처음 감자를 캘 때 떨렸다", "감자 삶는 것은 매우 쉽다", "감자전 맛이 달달했다" 등 짤막한 소감이지만 교사들이 기대한 응답이었다. 온라인으로 올라오는 글과 사진들로 학생들과 소통한 시간은 등교 수업 때보다 더 소중하고 짜릿하기까지 했다.

"비 개면 텃밭 정리하게 미리 준비하세요"

지난해에 이어 같은 학년을 맡은 5학년 부장은 이제 '텃밭인'이 다 되었다. 여름 방학을 앞두고 텃밭 정리를 해야 하는데 계속 비가 오자 주말에 카톡을 보내왔다. "비가 계속 오는데 비 개면 바로 나가서 텃밭 정리해야 하니 긴 팔, 모자 등 미리 준비하세요!" 5학년 교사들은 반짝 난 해의 기운을 받으며 땀을 뻘뻘 흘리면서 가을 농사 준비를 하였다. 일을 마친 뒤 군데군데 모기에 물렸어도 벅벅 긁으면서 먹는 아이스크림 맛은 겪어 보지 않으면 모를 것이다.

천왕초 5학년은 각 반마다 1평쯤인 상자 텃밭 1개와 작은 화분형 상자 텃밭을 여러 개 갖추고 있다. 올해 봄에는 반마다 감자, 상추, 허브, 토마토, 고추, 사탕수수, 로즈마리, 해바라기, 코스모스 등을 심었고 여분의 텃밭은 학년 공동으로 관리하여 오이, 목화, 땅콩, 민트, 금화규, 고구마, 당근, 파프리카 등을 가꾸고 있다. 2학기에도 배추와 김장 무를 기본으로 하고 쪽파, 갓 등을 부수작물로 하면서 각자 기르고 싶은 작물을 조금씩 더 심을 것이다. 20대부터 50대까지 모인 교사들이 농사를 어디서 지어 본 것도 아니고 무슨 씨가 어떻게 생겼는지도 모르는 초짜들인데도 함께 나아갈 수 있는 것은 10년 동안 교육농을 이어 온 선배들이 있었기 때문이다.

"선생님, 어디 땅 없어요?" 점심 먹고 매일 나와서 뭔가 돌보거나 수확하는 5학년 모습을 보고 올해 교무실에서 근무하게 된 업무 전담 부장이 어느 날 물어왔다. 좋은 교육 자료 없냐고 찾는 후배는 있었어도 땅 있냐고 묻는 이는 없었는데. 점심 먹고 짧은 시간이지만 루꼴라, 바질 등 작물을 돌보면서 힐링하는 시간이 좋아 보였나 보다. 화분에 배양토를 담아서 화분 만드는 방법을 알려 주고 루꼴라 씨앗을 나누었더니 얼마 지나지 않아 "루꼴라 싹이 났다"면서 좋아한다. 학교 텃밭의 푸릇한 작물들이 온라인 수업에 찌들어 좀비처럼 된 교사들을 춤추게 하고 있다.

4학년은 상자 텃논을 지난해부터 이어 오고 있는데 교사들이 벼 재배 지식과 경험이 부족하기 때문에 학교 협동조합에서 양성한 마을 생태 교사들이 수업을 지원해 준다. 반마다 자기 상자에 벼를 심고 가꾸면서 흙과 물에서 자라는 생물과 벼의 생장을 관찰한다. 학교 옆의 생태 연못에서는 민원이 생기지 않을까 할 정도로 밤마다 개구리 울음소리가 크고 우렁차게 들린다. 그 개구리들이 모내기를 한 상자에 알을 낳고 가는데 거기서 꼬물꼬물 올챙이가 생기고 개구리밥과 각종 곤충들의 애벌레들이 산다. 한국논습지NGO네트워크가 엮은 《논생물 도감》에 따르면 논은 논풀, 미생물, 곤충 등 5,000여 종의 생물들이 자라는 생물 다양성의 보고이다. 그리하여 2008년, 경남 창원에서 개최된 람사르총회에서는 〈습지 시스템으로서 논의 생물 다양성 증진 결의문〉을 채택하고 지속 가능한 논 습지 보존을 결의하였다.

지속 가능한 교육농 시스템

아주 작은 상자 텃논이지만 그 안에 생물들이 찾아와 살고 있는 모습을 하루하루 관찰하고 놀면서 배우는 4학년 학생들은 5학년이 되면 나도 학교 텃밭을 해서 감자를 심어 가꾸고 배추를 수확해서 김장을 하리라는 기대를 갖는다. 이런 학생들의 기대를 저버리지 않고 이어 주고자 노력한 것이 지금의 천왕초 학교 텃밭, 텃논 시스템이다. 우리 학교가 특별한 '귀족 학교'도 아니고 서울이라는 대도시에 있는 평범한 공립 학교인데 이러한 교육이 가능한 것은 지속 가능한 학교 텃밭 시스템을 구축했기 때문이다. 작물을 얼마나 수확하느냐에 얽매이지 않고 얼마나 깔끔하게 관리하느냐에도 관심이 없다. 나방 애벌레가 잘 자란 작물들을 먹어 대 초토화시켜도 속은 상하지만 화학 농약을 뿌리지 않고 번데기가 될 때까지 기다린다. 교장 모임에서 작두콩과 주황 코스모스 씨를 받았다고 건네주던 전임 교장 선생님에 이어 새로 오신 교장 선생님도 허물어진 틀밭을 새로 구입해 주겠다고 하면서 교사들이 하는 일을 돕고 기다린다.

한 해가 끝나 갈 무렵 학교 예산이 남으면 자투리 돈을 모아서 틀밭을 주문 제작하고 봄에 뿌릴 퇴비를 구입한다. 매년 삽질을 하지 않아도 되는 틀밭은 교육적인 농업을 하고 있는 모든 학교에 권하고 싶은 특별 교실이다. 우리 학교는 마을에 있는 목공소에 디자인을 보내고 견적서를 받아서 매년 틀밭을 늘려 왔다. 고학년 학급 수가 계속 늘어나고 있기 때문이다. 내년에는 5, 6학년만 22학급에 달하는데 올해 말에도 남은 예산을 모아서 농사지을 땅을 마련할 계획이다. 씨앗은 교육농협동조합 조합원들과 나눈 것들로 충분히 가능하고 모종은 혁신학교 생태교육 예산으로 구매하는데 실과 예산과 더불어 쓰면 크게 부족하지 않다. 큰돈이 아니기 때문에 혁신학교가 아니어도 연간 계획을 세워서 할 수 있는 프로그램이라 적극 권하고 싶다.

우리가 하는 학교 텃밭 농사는 농약이나 성장 촉진 약물들을 써서 소비자가 좋아하는 아름답고 큰 작물을 대량 생산하여 내다 팔아야 하는 '산업농'이 아니다. 학교 구성원들이 작물이 자라는 것을 보고 느끼면서 함께 살아가는 법을 배우고 익히는 '교육농'이다. 그렇기 때문에 생태적 가치를 거스르면서까지 할 필요가 없다. 어느 작물을 몇 센티미터 깊이로 심고 언제 곁순을 따 주고 퇴비는 어떻게 주어야 한다는 것 등을 배우지만, 이는 학교 생활 속에서 선배들과 함께하면서 몸으로 체득하며 쉬엄쉬엄 틈틈이 부담을 갖지 않고 익혀 갈 수 있다. 작물도 우리도 계절과 절기의 시간에 따라 스스로 자라는 시간과 후대를 기르는 시간을 살아 낸다. 한 작물 한 작물 만나는 과정을 몸으로 익힌 농사는 여간해서는 잊히지 않는다.

코로나19가 우리에게 준 것은 역설적이게도 눈이 빠지고 어깨가 시큰거리도록 컴퓨터 앞에 앉아서 '랜선 교사'로 지내고 있는 헛헛한 마음을 달래 주는, 흙에 더 가까이 갈 수 있는 몸과 마음의 여유였다. 교사들이 해 보고 좋았으니 이제 학생들을 가르치는 데에도 이어질 것이다. 교사들이 만든 민주적인 회의 시스템이 학급으로 이어지듯이, 몸과 마음으로 접한 교육농은 학생들에게까지 연결될 것이다. 비대면, 비접촉, 봉쇄, 폐쇄, 금지, 격리 등이 난무한 2020년 코로나 시대, 학교 텃밭은 유일하게 교육의 공간이 되고 있다. 학생들과 교사들은 텃밭에서 마스크 너머로 만난다. 이번 주에 심은 작물이 다다음 주에 싹이 나고, 물을 줘 가꾼 싹에 다음 달에는 열매가 맺힐 것이다. 코로나19로 학교의 일상이 멈추는 것이 아니라 비로소 온전한 얼굴을 대면할 수 있는 텃밭에서 일상적인 배움이 새롭게 펼쳐지는 것이다.

텃밭과 마을, 걷기의 인문학

다른 교사보다 먼저 출근하여 발열 체크 등을 준비하는 등 극도의 긴장 속에서 근무하는 '천왕보건소장' 보건 교사는 점심을 먹고 텃밭을 걸으면서 조금이나마 긴장을 늦춘다고 한다. 우리는 하루 동안 있었던 다양한 이야기를 나누며 서로 맞장구를 치고 교육부를 비판하고 콜센터 노동자의 처지에 공감하기도 한다. 텃밭을 중심으로 발걸음들이 만나면서 시대를 함께 살아 내고 있는 사람들과 만나고 연결되는 경험은 마을의 길로도 이어진다. 구로구에서 만든 천왕마을 둘레 길을 산책하는 사람과 반려동물들이 점점 늘어나고 있다. 큰비가 오는 날을 제외하고는 꾸준히 만나는 이웃들은 마을 길을 돌면서 어떤 때는 서너 번 이상 마주치기도 한다. 반려동물과 산책 중인 나에게 한 어린이가 다가와 내 개(이름 '지구')를 알은척한다. "온라인 수업에서 이 개 봤어요." 동물을 자원으로 바라보게 하는 실과 교과서를 재구성하여 생명으로 바라보도록 만든 영상에 '지구' 이야기가 등장하는데, 그것을 기억하고 있다니 참 고마웠다. 길에서 만나는 부모, 학생, 주민들은 코로나 시대를 함께 견디면서 꿋꿋하게 걷고 있었다.

한 장소를 파악한다는 것은 그 장소에 기억과 연상이라는 보이지 않는 씨앗을 심는 것이나 마찬가지다. 그 장소로 돌아가면 그 씨앗의 열매가 기다리고 있다. 새로운 장소는 새로운 생각, 새로운 가능성이다. 세상을 두루 살피는 일은 마음을 두루 살피는 가장 좋은 방법이다. 세상을 두루 살피려면 걸어 다녀야 하듯, 마음을 두루 살피려면 걸어 다녀야 한다.*

---

* 리베카 솔닛, 김정아 옮김(2017), 《걷기의 인문학》, 반비, 32쪽.

공무원이라는 신분 때문에 감염의 위험과 비난의 시선이 두려워 좀처럼 다른 공간으로 이동하지 못하는 교사들은 학교에 텃밭이라는 장소가 있다는 것을 새롭게 인식하고 활용하고 있다. 아니 활용의 차원을 넘어서 컴퓨터 밖에서 사람을 접촉할 수 있는 유일한 학교 공간인 텃밭에서 살아 내기를 하고 있다고 해야 할 것이다. 늘 있던 장소를 새로운 가능성으로 만날 수 있게 된 것은 거기에 머물러서 눈으로 살피고 손으로 만지고 발로 걸었기 때문이다.

생태 백신과 행동 백신의 결합

진화생물학을 전공한 최재천 교수의 강의를 들을 기회가 있었다. 화학적인 백신이나 치료제 개발에 모두 기대가 큰데 자신이 보기에는 전망이 밝지 않다며 최 교수는 행동 백신과 생태 백신이 필요하다고 하였다. 방역 수칙 지키기나 사회적 거리 두기가 행동 백신이라면, 생태 백신은 무자비하고 무식하게 자연을 파괴했던 인간들이 자연과 거리 두기를 하는 것이라고 한다. 그는 또한 "내가 편하려면 남들과 함께 가야 한다"는, 코로나19가 준 사회적 관계와 연대에 대한 자각은 호모 사피엔스의 욕망과 불평등을 깨뜨릴 수 있는 역설이라고 하였다. 마을의 농부와 교사들이 연대하면서 구축하고 있는 학교 텃밭과 텃논은 행동 백신과 생태 백신이 결합된 좋은 '미래 교실'이다.

고구마 줄기를 수확하러 가려고 교실 문을 열었다. 미래 교실 바닥 공사를 하던 노동자들이 먼지 쌓인 맨바닥에 누워서 잠시 쉬고 있다. 각종 첨단 기기가 갖춰지고 와이파이가 빵빵 터질 이 교실에서 우리는 교육의 미래를 만나고 실현할 수 있을까? 아마 지금과 같은 상황이 지속되면 당분간 미래 교실도 폐쇄되거나 원격 교육 지원을 위한 공간으로 쓰일 것이다. 교육부가 미래 교실에 퍼붓는 돈의 10%만이라도 학교 텃밭에 쓴다면 지속 가능한 삶을 위한 생태 전환 교육 시스템을 바로 지금 학교에 구축할 수 있다. 교육 정책을 수립하는 사람들은 돌봄 교실이나 식당에 방역이 잘 되고 있는지를 보여 주기식으로 시찰할 것이 아니라, 학교 텃밭과 텃논이 '미래 교육'에서 어떠한 가능성이 있는지 찬찬히 걸으며 살펴야 한다. 그늘 아래 벤치에 앉아 고구마 줄기를 까고 있는 손가락이 검게 물들 무렵 저쪽에서 학교 건물을 관리하는 분이 다가오며 한마디 한다.

"고구마 줄기를 솎아 주어야 고구마가 실하게 열려요!"

2부

위험은
민주적이지 않다

'포스트 코로나 교육'이 아닌 '지금 코로나 교육'

- 나의 지극히 개인적인 코로나 시대의 교육 사례

정용주 edcom234@gmail.com

서울 초등 교사, 《오늘의 교육》 편집위원

4년 만의 학교 복귀, 프로젝트 수업을 고민하다

4년 만의 복귀다.

2020년 2월, 나는 교육청, 교육부, 대통령 직속 국가교육회의 기획단 등 3년간의 파견 생활을 마감하고 학교 복귀를 준비하고 있었다. 학교 복귀를 준비하는 동안 나는 다소 들떠 있었다. 교사로서 삶 자체를 민주시민교육 프로젝트의 확장과 변주라는 주제로 진행해 온 나는, 3년여의 시간 동안 교실을 떠나 관찰자의 시선으로 내가 진행했던 프로젝트 수업을 바라보는 시간을 가질 수 있었고, 여러 가지 보완해야 할 것들을 점검하며 3월 2일을 기다렸다.

학교 폐쇄, 장기 비상 상황의 지속

2020년 3월 2일, 새 학기는 시작되지 못했다.

코로나19의 대유행으로 학교는 사실상 폐쇄되었다. 이제 학교 등교는 필수가 아닌 선택이 되었다. 금방 끝날 것 같던 상황이 2차, 3차 개학 연기가 이어지면서 4월을 맞았다. 그렇게 학생들이 없는 학교의 봄이 계속되었다. "여러분의 입학을 축하합니다"라고 쓰인 현수막만이 교문 앞을 지키며 언제 등교할지 모르는 학생들을 기다리는 처지가 되었다.

사회적 거리 두기가 언제 끝날지 모르게 되자 교육부는 온라인 개학이라는 사상 초유의 결정을 내렸다. 이제 학생들은 반 친구들의 이름도 모른 채 아침이 되면 스마트 기기를 열고 온라인으로 등교해 "출석했어요!"라는 댓글을 달거나 온라인 대면 프로그램을 통해 출석을 확인하고 각자의 공간에서 수업에 참여한다. 여름 방학을 얼마 남겨 두지 않은 때에도 일주일에 한 번 등교하는 장기 비상 상황이 계속되고 있었다. 코로나19 대유행이 끝나길 기다리면서.

등교 수업이 온라인 수업으로 전환하면서 가장 눈에 띈 것은 교사들의 역할이 근본적으로 변했다는 것이다. 과거 컴퓨터가 교실에 처음 도입되던 시기에 나이 든 교사들이 "나는 아이들을 가르치려고 교사가 된 것이지 컴퓨터를 배우기 위해 교사가 된 것은 아니다"라고 한탄했다는 상황과 비교할 때 지금의 변화는 패러다임의 변화이다. 코로나19 이전의 미래 교육 담론은 학습이 이루어지는 물리적 공간인 전통적 교실에 새로운 기술을 결합하는 방식이었다. 하지만 코로나19 이후, 전통적 학교와 교실의 교육적 기능이 멈춘 상태에서 디지털 공간이 학교와 교실의 학습 기능을 완전히 대체했다.

수업은 학교에 등교해서 이루어진다는 근대 공교육 제도의 대전제가 붕괴되면서 "포스트 코로나 시대의 교육"이라는 논의를 촉발시키고 있다. 과거에 상상할 수조차 없었던 '교실 없는 시대'가 갑자기 도래했고, 이러한 변화는 전통적 학교교육의 지루함에 대한 공격을 가속화하면서 학교와 교실의 존재 이유와 교사의 역할에 대한 근본적 질문을 던지고 있다. 코로나19 대유행과 함께 진짜 21세기가 시작되었다고 해도 과언이 아니다.

바이러스가 발가벗겨 버린 존재들

사례 회의가 열렸다.

우리 학교는 교육복지우선지원학교다. 담임 교사와 지역 사회 전문가가 참여해서 위기 학생에 대한 정보를 공유하고 어떻게 지원할지에 대해 논의하는 사례 회의가 주기적으로 열린다. 사례 회의에서 학생의 상태, 가족 관계 등에 대한 정보를 공유하는데 여기서 확인되는 것은 학습 부진이나 빈곤을 넘어서서 다차원적인 배제가 진행 중이라는 사실이다. 다문화, 차상위 계층, 장애를 가진 부모, 다자녀 등의 문제가 중첩되어 있는 경우가 많다. 이들은 가정에서 성장과 발달을 위한 적절한 지원을 받지 못하는 것을 넘어 폭력과 학대에 노출되는 경우가 많다. 부모로서 책임감이 없고 담임에게 불친절하며, 가족 구성원에게 폭력도 행사하는 학부모가 많다. 가난한데 폭력적이기까지 하다며 착하지 못하다는 이야기를 하는 사람이 있다면 영화 〈기생충〉의 대사를 인용하고 싶다. "친절해서 돈이 많은 것이 아니라 돈이 많아서 친절한 것이다."

사례 회의를 통해 확인되는 것은 학습 부진은 학습 결손의 문제가 아니라는 점이다. 그래서 보충 수업의 방식으로는 문제를 풀 수 없다. 상담사, 담임 교사, 학습 부진 강사, 지역 사회 전문가 등이 협력하여 종합적으로 문제를 해결해 가야 한다.

최근에는 코로나19의 영향으로 가족 중에 직장을 잃은 학생들이 눈에 띄게 늘어났다. 가족 중 출근하는 사람의 수가 점점 줄어들었다. 그야말로 '호모 사케르'가 된 존재들이다. 세계적으로 우수한 방역을 하고 있지만 코로나19는 이들을 예외 상황으로 내몰고 있고, 그들은 정치적 삶의 영역으로 들어갈 수 없는 존재들이다.

K-방역이 세계적 찬사를 받고 있을 때 이들은 더욱더 복합적 위험 상태로 빠져들었다. 울리히 벡이 《위험사회》에서 비유했던 '빈곤은 위계적이지만 스모그는 민주적'이라는 유명한 문장과 달리 코로나19로 인한 위험은 민주적이지 않고 위계적으로 배분되었다. 3루에서 태어난 학생에게 지금의 상황은 새로운 가능성이 열리는 시기이지만 자기 힘으로 3루까지 가야 하는 학생에게 지금은 위기 그 자체다. 기회는 부유층에 쌓이고, 위험은 하층에 축

적되기 때문이다.

바이러스가 만들어 내는 불평등은 온라인 학습을 하면서 심화되었다. 학교에서 학습 격차는 온라인 학습에서 디지털 격차로, 그리고 비대면untact 격차로 심화되었다. 더 큰 문제는, 그동안의 학교교육은 출신 배경에 관계없이 학교 교문을 통과하는 순간 모두가 평등한 존재로서 공교육 제도의 혜택을 받았지만, 코로나19 이후 가정에서 머물며 '거실 교육'의 단계로 후퇴하는 상황이 발생하고 있다는 점이다. 초·중·고의 기본 교육 단계가 부모의 배경에 따라 결정되는 공교육 제도화 이전으로 돌아간 것이다.

나는 동학년 선생님들과 함께 현 상황을 재난의 일상화라는 관점에서 공유하고 어떻게 하면 공교육 체제로서 학교가 추구해야 할 포용적인 교육을 지속할 것인지에 대해 고민했다. 특히 현재와 같은 상황이 우연히 발생한 예외적 사태가 아니라 앞으로는 언제든지 일어날 수 있는 사태라면 지원이 필요한 학생에 대한 섬세한 접근이 필요하다고 생각했다. 우선 사례 회의에서 공유된 학생들을 원격 수업이 가능한 상황이 되도록 만들고, 가정에서 원격 수업을 할 수 있는 것을 넘어서서 학생들을 직접 학교로 등교시켜 담임 선생님이 학생들을 사회적 거리를 유지하며 지도하는 것에 대해 합의했다. 이후 요일을 달리해 도움이 필요한 학생을 학교로 등교시켜 학생들에게 개별적인 도움을 주었고 일 년 내내 이들 학생들을 위한 상담 프로그램, 지원 프로그램을 진행하였다. 학교가 폐쇄된 상황이었고 방역 수칙에 어긋나지만 우리는 감수할 수밖에 없었다.

코로나19가 나에게 던진 질문

3년 동안 미래 교육과 관련한 강의를 자주 다녔다. 주로 4차 산업 혁명에 경도된 미래 교육 담론을 비판해 왔지만 기술을 인간 으로부터 분리해 접근하는 방식에도 비판적이었다. 기술은 인간 과 분리되어 존재하는 것이 아니라 언제나 인간과 연결되어 삶의 형식을 이룬다. 그리고 삶의 형식은 형성되고 있는 사회 제도의 일부이다. 세탁기와 식기 세척기가 단순히 삶을 편리하게 하는 차 원을 넘어 새로운 삶의 형식을 만들어 낸 것처럼 말이다.

그래서 나는 어떤 기술을 도입하는 것이 전면화되는 것에 비 판적이었다. 하지만 솔직히 말하면 이러한 생각을 현실에서 구체 화하지는 못했다. 코로나19로 학교가 폐쇄되었을 때도 마찬가지 였다. '조만간 끝나겠지' 하는 생각으로 〈EBS〉 온라인 클래스나 e학습터에서 제공하는 콘텐츠를 활용하거나 유튜브를 검색하여 좋은 콘텐츠를 링크해 준다던지, 직접 목소리를 넣어 콘텐츠를 제작하여 제공하는 데 만족했다. 그러던 중 한 지인으로부터 전 화를 받았다.

"용주야! 너 수업 어떻게 하고 있니?"

"나? 기존의 콘텐츠 그대로 쓰기도 하고, 직접 만들기도 하고……."

"직접 만들든, 좋은 콘텐츠를 링크시키든 그것은 학습을 위한 전제이지 학습 그 자체는 아니지 않니?"

"……."

"나는 모스 부호만 보낼 수 있어도 교사는 학생과 만나야 한다고 생각한다. 학습 결손이 눈으로 확인되고 있는데 불평등이 심각해지고 있다는 이야기만 해서 뭐 하니? 최저선이라도 막아야 하지 않겠니?"

"부끄럽다."

"부끄럽다는 말은 할 필요 없다. 그냥 지금부터라도 하면 되는 거야."

머리가 아팠다. 내가 할 수 있는 최소한을 하고 싶었다. 방향을 고민했다. 우선 급한 것이 학급을 세우는 것, 그리고 콘텐츠를 통해 학생들과 수업을 하는 것, 계획했던 프로젝트를 시작하는 것, 그리고 디지털 원주민인 학생들과 민주적 소통을 시작하는 것……. 여러 가지를 떠올렸다.

다음 날, 기존의 학습 안내 플랫폼이 아닌 학급을 세우기 위한 플랫폼에 대해 고민하여 실시간 수업에 대해 학교 관계자에게 물었다. 대답은 바로 돌아왔다.

"우리 학교 아이들이 가능하겠어요?"

이 말은 "모스 부호만 보낼 수 있어도 교육은 지속되어야 하는 것이 아닌가!"라는 말보다 더 정신이 번쩍 나게 했다.

당장, 플랫폼을 구축하기 시작했다. 서울시교육청에서 제공하는 가입 인증 코드를 학생들에게 안내하고 가입시켜 학급 플랫폼으로 초대했다. 아이디 생성을 못 하는 학생은 가입을 대신 해 주거나 학교에서 약속을 잡고 가입을 도와주었다. 그도 어려우면 학교나 집 인근에서 만나 가입을 도와주고 개별적으로 화상 채팅을 하여 실시간 수업을 위한 준비를 해 나갔다. 그렇게 2주가 흘렀고 모두 가입을 했다. 가입과 동시에 학생들이 어떤 기기로 어떤 환경에서 접속하는지 조사했다. 자기 방이 없는 경우, 스마트폰으로 접속하는 경우 등 접속 환경을 알아야 지원과 수업 설계가 가능하기 때문이었다. 스마트폰으로 접속하는 학생들의 경우 학교에서 여유가 있는 태블릿 PC를 대여해 주는 방안을 계획했고, 학생들의 심리 등을 고려하여 학습 방향에 대한 합의를 해 나갔다. 실시간 수업에서 화상을 공개하는 것은 선택으로 하고 오디오를 통해 수업을 진행하는 것을 기본으로 했다.

원격 수업과 관련해서는 좀 더 세심한 관심이 필요했다. 누구나 어디서든 원하는 시간에 공부할 수 있다는 이상적 접근은 현실에서는 구현되기 어렵다. 학생들은 각자의 공간에 고립되어 있기 때문이다. 현실이 이렇다면 원격 수업을 통해 교사와 학생들이 직접 만날 수 있도록 하는 새로운 배움의 형식을 만들어야 한다고 생각했다. 그래서 원격 수업의 플랫폼을 선택해 대면의 새로운 방식을 만들고 상호작용과 피드백이 있는 수업을 계획하여 진행하였다. 처음에는 동학년 교사들이 화면을 통해 실시간으로 학생들과 만나는 것을 부담스러워해 내가 먼저 수업을 공개하고 플랫폼에 대해 학습하는 모임을 만들어 수업 사례를 나누고 스터디를 해 나갔다. 이 과정에서 우리는 몇 가지 사실을 자연스레 이해하게 되었다. 먼저 원격 교육이 이루어지는 곳에서 학습자는 시공간적 제약에서 벗어나 학습할 수 있는 자율성이 있지만 소외감을 초래하기 때문에 상호작용 활동이 오프라인보다 중요하게 부각된다는 점이다. 그리고 자기 주도적 학습과 협력적 활동이 수업에서 설계되어야 하기 때문에 교사에게는 오프라인에서보다 학습의 촉진자 혹은 동료 학습자의 역할이 중요해진다는 점이다.

디지털 기반 배움 공간에서 무엇보다 중요한 것은 학습자에게 편리한 학습 환경을 만드는 것이었다. 특히 초보 사용자가 효과적인 상호작용을 할 수 있고 학생들이 성공적으로 목적을 이룰 수 있도록 하는 지원 체계(피드백 체계)가 잘 구축되어 있어야 한다. 그래서 지원이 필요한 학생들의 원격 수업 접속 상황 등을 특별히 점검해 나갔다.

이렇게 우리는 디지털 공간에서 실시간 수업을 1년여 동안 진행해 왔다. 먼저 매일 아침 9시에 모여 함께 읽고, 다양한 활동을 한다. 그리고 기후 위기 프로젝트, 차별과 혐오를 주제로 한 사회 현안 프로젝트, 다양한 주제로 진행되는 디베이트, 학급 문집 만들기 프로젝트, 온라인 생일 파티 등을 진행하고 있다. 디지털 기반 프로젝트 수업에서 팀별 공동 과제, 모둠 활동과 같은 것들은 오프라인 수업과 비교해 온라인상에서도 별 장애 없이 할 수 있다. 아니, 오히려 대면 상황에서보다 비대면 상황에서 원활한 소통이 이루어지고 민주적 관계가 만들어졌다. 다만 여러 애플리케이션을 연결하고 그 애플리케이션을 연결하면서 수업을 디자인하는 것, 이러한 애플리케이션의 사용법을 익히면서 프로젝트 학습, 모둠 활동, 다양한 개별 과제를 수행하는 것이 새로운 도전으로 다가왔다.

무엇보다 대체가 안 되는 점은 접촉을 통한 즐거움을 느끼지 못하는 것과 음악·미술·체육과 같은 만들고, 표현하고, 서로 협력하여 행동하는 활동이 크게 위축된 것이다. '이 부분을 어떻게 보완해야 할 것인가?' 하는 점은 과제로 남아 있다.

'블랙 스완형' 위기에서 '회색 코뿔소형' 위기로

코로나19 대유행 이후의 교육을 전망할 때 '코로나19 대유행을 인류에게 닥친 돌발형 위기로 볼 것인가, 구조적 위기로 볼 것인가?' 하는 관점의 차이로 전혀 다른 해법을 모색할 수 있다. 어느 수준에서 문제를 조망하는지에 따라 위기는 돌발적이기도 하고 구조적이기도 하다.

나는 처음에는 코로나19는 '블랙 스완'과 같은 돌발형 위기라고 생각했다. 그러나 지금은 코로나19 대유행을 블랙 스완형 위기가 아닌 '회색 코뿔소'형 위기로 보아야 한다고 생각한다.

'블랙 스완'이라는 용어는 17세기 한 생태학자가 호주에 살고 있는 흑조를 발견하면서 처음 사용되었는데 이후 불가능하다고 인식된 상황이 실제 발생하게 될 때를 의미하는 것이 되었다. 나심 니콜라스 탈레브가 서브 프라임 모기지 사태를 블랙 스완에 비유하면서 대중적으로 알려졌다.

'회색 코뿔소'는 블랙 스완과 대비되는 개념으로 세계정책연구소 대표이사 미셸 부커가 2013년 1월 다보스 포럼에서 처음 발표했다. 블랙 스완이 갑자기 일어난 사고를 말한다면 회색 코뿔소는 개연성이 높고 파급력이 크지만 사람들이 간과하는 위험을 이야기할 때 사용된다. 다시 말해 어떤 현상이 갑자가 발생하는 것이 아니라 이미 알려져 있는 위험 요인들이 빠르게 나타나서 계속 경고를 하지만 이러한 위험 신호를 일부러 무시하고 있다가 큰 위험에 빠진다는 것을 비유하는 개념이다.

우리는 코로나19 대유행을 호수에 갑자기 출현한 흑조처럼, 일어나리라곤 전혀 생각하지 못했던 돌발형 사건으로 생각하고 있는지 모른다. 하지만 코로나19는 블랙 스완형보다는 회색 코뿔소형 위기에 가깝다. 회색 코뿔소는 몸집이 커 멀리 있어도 눈에 잘 띄며 진동만으로도 움직임을 느낄 수 있다. 우리는 저 멀리서 코뿔소가 달려오는 것을 인식하고 있었지만 아무것도 하지 않거나 대처 방법을 알지 못해 회색 코뿔소의 존재를 부인해 버렸다.

코로나19 상황을 돌발형 위기가 아닌 구조적 위기로 본다면 우리는 다음의 두 가지 과제를 고민해야 한다.

과제 1. 어떻게 기후 위기를 전면화하고 교육의 생태적 전환을 시작할 것인가?
과제 2. 어떻게 교육 공공성과 민주주의를 확장하는 기술을 추구할 것인가?

이 두 과제는 매우 이율배반적이지만 모두 코로나19가 만들어 낸 과제이다. 이러한 매우 이질적인 '생태'와 '디지털'의 결합은 문재인 대통령이 참여한 한국판 뉴딜 대국민 보고에서 정책으로 제시된 '그린 스마트 스쿨'이라는 조어에서도 그대로 드러난다. 생태적이며 디지털적인 학교로서 그린 스마트 스쿨. 이것은 지금 코로나19 상황에서도 내가 핵심으로 두는 과제이다.

코로나19가 만들어 낸 재난의 일상화는 새로운 인식론-존재론-윤리적 구조 틀로서 지형도를 필요로 한다. 이는 곧 인간 중심의 사고를 넘어서서 비인간, 비생물과 연대하고 이들과의 관계를 새롭게 배치하는 것이다. 첫 번째 과제인 기후 위기를 전면화하고 교육의 생태적 전환을 시작하기 위해서는 여러 가지가 필요하지만 나는 우선 교육과정 안에서 생각과 행동의 전환을 고민하고 실천해야 한다고 본다. 지구 생태계 안에서 전 존재가 각자의 존엄을 지키면서 정의롭고 평화롭게 공생할 수 있도록 하기 위해서 삶의 방식이 어떻게 달라져야 하는지, 그리고 그렇게 하기 위해 필요한 교육이 무엇인지 고민해야 한다. 이러한 교육학적 상상력을 확장하면 학생 한 사람 한 사람을 넘어서서 폭력과 착취의 대상이었던 자연과 연대하여 만들어 내는 생태적 전환과 마주하게 된다. 이미 코로나19와 교육의 생태적 전환을 연결시키는 문제가 제기되고 있지만 결론은 기후·환경교육의 강화라는 기존의 방식에서 나아가지 못하고 있다. 포스트 코로나 시대, 교육이 생태학과 만나 교육의 생태적 전환이라는 방향을 어떻게 구체화할 것인지 함께 고민해 보는 시간이 될 수 있을 것 같다.

두 번째 과제는 교육 공공성과 민주주의를 확장하는 기술을 추구하는 것이다. 우리는 온라인 교육에 접근할 때 디지털 기기를 보급하고 어디에서든 인터넷망에 접속할 수 있으면 된다는 생각에 머물러 있다. 그러나 기술은 단순한 기술이 아니라 형성 과정에 있는 새로운 교육 제도의 일부이다. 다시 말해 기술의 도입은 가치 중립적이지 않으며, 기술의 도입에는 '기술을 통해 어떤 교육을 만들 것인가?' 하는 질문이 포함되어 있다. 나는 새로운 기술이 디지털 협업 능력을 높이고, 민주적 소통 능력을 향상시키는 방향으로 교육의 형식을 변화시켜야 한다고 본다. 또한 혁신학교가 실천해 온 교육과정 재구성, 프로젝트 수업과 협력 학습, 성장과 발달을 돕는 평가 등이 디지털 플랫폼을 통해 확장되는 계기가 되어야 한다고 생각한다. 그런데 보다 중요한 것은 교육 공공성이 확장되는 방향성을 갖는 것이다. 이제까지 공교육 모델은 출신 배경에 상관없이 누구에게나 평등한 교육 기회를 제공하려 했다. 하지만 코로나19 상황에서 교육 공공성의 개념은 가정 학습에서의 공공성의 추구로 확장되어야 한다. '학교에 등교하면'을 전제로 한 각종 지원도 확장된 교육 공공성의 개념에 맞게 재구조화되어야 한다.

교육 공공성이 가정으로 확장되는 과정에서 중요하게 부각되는 문제는 OECD에서 이미 지적한 것처럼 "학생의 학습 지속성에 대한 문제", "학생의 독립적 학업에 대한 스킬 부족에 대한 지원", "학생의 정신적 건강", "디지털 수업과 비디지털screen-free 수업의 균형", "재택 학습을 도와주는 학부모의 존재 여부" 등이다. 이러한 것들이 고려되지 못하면 온라인 수업은 교육을 가정과 학원으로 외주화하는 것이 되고 만다.

실제로 학생들이 등교 수업이 아니라 온라인 수업을 중심으로 공부하는 상황이 계속되면서 학교에는 교과 진도를 나가는 기능만 남았고 이러한 기능은 충분히 대체 가능한 것이 되고 말았다. 내가 플랫폼에서 학급을 세우고 다양한 소통과 프로젝트를 진행하는 것, 실시간 수업을 진행하게 된 것, 그리고 학습 상황을 모니터링하고 화상을 통해 개별적으로 학습 상황을 진단하는 것도 이러한 것을 염려하기 때문이다.

또 다른 회색 코뿔소가 이미 우리를 향해 돌진하고 있다

이 회색 코뿔소가 우리에게 도달하는 데에는 아직 시간이 남아 있다. '남은 시간을 어떻게 사용할 것인가?' 고민해 본다. 지금의 코로나19 대유행이 끝나 완전 등교 수업이 이루어지고 온라인 수업은 사라지고 모든 것이 정상화될지도 모른다. 그러다 또다시 회색 코뿔소의 공격을 받고 같은 방식을 반복할 것인가? '어떻게 다음 회색 코뿔소와 대면할 것인가?'는 '포스트' 코로나 시대가 아닌 '지금' 코로나19를 대하는 우리들의 생각과 행동이 결정할 것이다.

아이들의 꿈에도
사회적 거리가 만들어졌다

- 재난은 누구에게나 '평등'한가

김중미 mansuk99@hanmail.net
작가, 기찻길옆 작은학교

코로나19가 온 지구를 공포에 떨게 하는 와중에도 사계절이 오고 갔다. 기러기와 청둥오리 떼가 떠나자 봄이 오고 꽃이 피었고 노랑할미새와 소쩍새를 시작으로 여름 철새들이 살문리 골짜기를 찾았다. 봄이 되자 농부들은 변함없이 백로와 황로가 날아든 논밭을 갈고 모판을 만들고 모내기를 했다. 그리고 보리가 누렇게 익어 가자 꾀꼬리가 찾아왔다. 찔레꽃이 한창일 때쯤이면 기찻길옆 작은학교는 항상 강화 양도면에서 어린이날 행사를 치렀다. 연산홍과 인동, 찔레꽃이 만발한 산길을 걷고, 양도초등학교나 산마을고등학교, 혹은 동광중학교를 찾아 작은 운동회를 했다. 그러나 올해는 어린이날을 선물로 대신할 수밖에 없었다. 긴급 돌봄으로 공부방에 오던 아이들은 30번째 정기 공연에 이어 어린이날, 모내기까지 공동체로 치르지 못하자 슬픈 표정을 감추지 못했다.

여름이 되면서 코로나19가 좀 수그러들자마자 우리는 긴급 돌봄을 유지하면서도 조심스럽게 공부방 일상을 시작했다. 코로나19로 비대면 수업을 따라가지 못해 뒤떨어진 수학, 국어를 보강하고,

고등학교 진학 문제에 직면한 중3의 상담을 지속했다. 그 와중에 그동안 계속 관계를 맺어 왔던 인천시 동구청소년상담센터와 MOU를 체결해 당장 시급한 아이들의 심리 상담을 지원받았다. 그러면서 중학생들의 영화 교실을 열고, 심리적으로 위축된 초등학생들의 마음을 살필 '나다운 그림책'을 준비했다. 또 동네 골목과 부둣가를 다니며 그림을 그리고 글을 썼다.

7월이 되자 아이들은 여름 캠핑을 기다렸다. 그러나 80여 명이 모여 3박 4일을 함께 먹고 자는 캠핑은 불가능했다. 우리는 여름 캠핑에 책정된 예산으로 동해안 당일치기 여행을 계획했다. 코로나19를 맞아 가족 캠핑객이 늘어났다는데 공부방 아이들의 3분의 2가 동해를 본 적이 없었다. 계획을 짜면서도 이 계획이 성공할까 의심했다. 한 달 가까이 비가 이어지는 바람에 날짜를 미루기는 했지만 8월 13일 진짜로 33년 역사상 처음으로 동해안으로 여행을 떠났다. 일주일이 멀다 하고 보는 만석부두의 잿빛 바다와는 비교도 할 수 없는 옥색 바다를 보며 아이들은 환호성을 쳤다. 사천해수욕장에서 수시로 발열 체크를 하고 하루 세 끼를 내내 거리를 두고 먹으며 물놀이를 즐기는 아이들의 얼굴이 모처럼 활짝 피었다. 환한 아이들 얼굴을 보니 살 것 같았다. 꿈같은 하루를 보낸 아이들은 집으로 돌아가면서도 계속 푸른 바다에서 눈길을 거두지 못했다. 4학년 아이는 새벽 6시로 돌아가 다시 강릉으로 출발하고 싶다고 했다. 기적 같은 하루를 보내자마자 코로나19 2차 확산이 시작되었다. 공부방을 다시 긴급 돌봄으로 전환한다는 말에 초등학생들은 눈물을 보였다. 활동이 다시 움츠러들었지만 아이들은 계속해서 공부방에 왔다. 10월에는 강화로 소풍도 왔다. 여름처럼 세 끼를 모두 조심스럽게 챙겨 먹으며 신나게 놀았다.

11월에 우리는 난생처음으로 랜선 발표회를 계획했다. 1백만 원을 들여 송출용 기기도 샀다. 그리고 인천의 독립예술영화관인 '영화공간 주안'을 대관했다. 공부방 식구 모두 설렘과 두려움을 안고 랜선 발표회를 준비했다. 3차 확산이 되고 대응 단계가 올라갈수록 아이들이 6개월 동안 준비한 영화 시사회와 그림책 발표회, 전시회를 하지 못할까 봐 마음을 졸였다. 그러나 기찻길옆 작은학교 구성원들은 기어이 랜선 발표회를 치렀다.

코로나19를 겪는 1년 내내 SF 영화 속에 들어가 있는 것 같았다. 다행히 아이들은 마스크에 익숙해졌다. 그렇지만 틈만 나면 같이 몸을 부딪치고 이야기를 나누며 함께하고 싶어 했다. 함께 먹고, 함께 놀고, 함께 일하는 것이 얼마나 행복한지를 아는 아이들은 누구보다 이 코로나 시대를 힘겹게 보내고 있다. 2020년이 다 가도록 끝나지 않는 상황에 아이들도 지쳤는지 12월 4일 랜선 발표회를 끝내고 나서 물었다.

"이모, 원래 우리 성탄 잔치 준비해야 되잖아요? 성탄 잔치는 할 거죠?"

고개를 젓는 이모·삼촌을 보며 아이들이 다시 묻는다.

"그럼, 함께 자기는요? 혹시 내년에도 공연 못 해요?"

아이들에게 아무 대답도 할 수 없어 너무 미안했다.

"공부방에 가고 싶어요"

2020년 초 중국 우한이 신종 바이러스로 봉쇄되었다는 소식을 들었을 때만 해도 사태가 이렇게 커질 거라는 생각은 하지 못했다. 설 연휴가 지나 코로나19 국내 확진자가 늘어나기 시작할 때만 해도 곧 닥칠 혼란을 예상하지 못했다. 사스, 메르스를 겪기는 했지만 그때는 큰 어려움 없이 공연과 캠핑, 성탄 잔치 같은 공부방 행사를 치렀던 터라 30년 동안 해 온 공연을 못 할 거라고는 상상도 하지 못했다. 그런데 2월 18일, 대구에서 첫 확진자가 나온 이후로 우리의 상상을 뛰어넘는 일들이 일어났다. 강력한 사회적 거리 두기가 시작되면서 작년 10월부터 준비한 정기 공연 연습을 중단했다. 처음에는 일주일이나 열흘이면 사태가 진정될 줄 알았다. 1988년 공부방을 시작한 뒤로 공부방 문이 닫히는 날은 명절이나 연휴뿐이었다. 공부방은 방학 때 더 필요한 곳이라 방학 때도 사나흘 정도밖에 쉬지 않았다. 그런데 초·중·고 공부방이 한꺼번에 멈추고, 20년 동안 수요일마다 열었던 무료 한방 진료와 청년들의 활동까지 모두 멈췄다.

3월이 되자 학교에 가지 못하고 하루 종일 집에 갇혀 있는 아이들이 걱정이 되기 시작했다. 공부방 아이들은 공부방이 있는 동네의 판잣집이나 빌라, 공부방 건너편 공공 임대 아파트에 산다. 아파트에 사는 아이들은 그나마 나은데 하루 종일 마당도 없는 외주물집이나 좁은 빌라에서 지내야 하는 아이들이 걸렸다.

정부의 강력한 사회적 거리 두기 정책 때문에 가정 방문도 할 수 없었다. 사회적 거리 두기가 시작된 지 2주가 넘어가자 아이들이 밥은 잘 챙겨 먹는지, 제대로 씻기는 하는지, 하루 종일 스마트폰만 하고 있는 것은 아닌지 걱정이 돼서 견딜 수가 없었다. 공부방 이모·삼촌들은 부모님들을 통해 집에 있는 아이들에게 연락을 했다. 전화를 받은 초등부 아이들은 "공부방에 가고 싶어요", "인형극 연습 하고 싶어요", "친구들이랑 놀고 싶어요"라며 울먹였다.

중등부 아이들은 먹고 씻는 일까지야 스스로 할 수 있을 테니 큰 걱정은 없지만 겨울 방학 때도 공부방에 오는 시간 외에는 게임으로 소일을 하던 몇몇 아이들이 문제였다. 집에 있기 힘들어 밖으로 돌던 아이들은 좁은 집에서 어떻게 버티고 있는지, 집안일을 도맡느라 힘겹지는 않을지 염려스러웠다. 다행히 수화기 너머 아이들의 목소리는 괜찮아 보였다.

다행인지 불행인지 초등부 부모들 중 한 분은 코로나19로 일이 없어져 집에 계셨고, 조부모와 사는 아이들도 혼자 있지는 않았다. 하루 종일 혼자 있어야 하는 아이들은 네 명이었다. 부모님들과 상의해서 긴급 돌봄을 시작했다. 보름 만에 공부방에 온 아이들은 머리는 언제 감았는지 떡이 되어 있었고, 햇볕을 쬐지 못해 얼굴은 누렇게 떠 있었다. 할머니가 일 나가며 차려 놓은 밥을 혼자 깨작거렸던 아이, 어려서부터 아빠와 '햇반'과 냉동 오리고기만 구워 먹던 아이, 부모가 지적 장애가 있어 푸드뱅크에서 주는 도시락으로 끼니를 때워야 했던 아이의 가난한 밥상은 아이들의 하루하루를 더 외롭게 했다. 우리 공부방은 원래 다른 지역아동센터와 달리 급식을 하지 않지만 코로나19 사태가 잦아들 때까지 긴급 돌봄에서는 점심을 챙기기로 했다. 아이들은 밥을 먹으면서도 조잘조잘 이야기를 멈추지 않았다. 이모들이 한눈을 팔면 어느새 서로 붙거나 이모·삼촌들에게 매달렸다. 이모들의 품을 그리워하는 아이들을 멀리하는 것은 우리도 익숙하지 않은 일이었다. 평소에 학교에서 따돌림을 당해 힘들어하던 아이는 공부방에만 오고 싶다고 했지만 나머지 아이들은 학교가 그립다고 했다. 코로나19로 모든 사람들이 이제까지 겪어 보지 않은 낯선 하루하루를 살아가고 있었지만, 누구보다 어린 아이들에게 가장 힘든 시간이 되고 있었다.

고3들의 꿈에도 사회적 거리가 만들어졌다

중등부는 시간차를 두고 공부방에 와서 책을 빌려 가게 하고 학년별 단체 채팅 방에 읽은 내용을 올리기로 했다. 그렇게라도 아이들의 일상을 점검하기로 하고 나니 입시를 앞둔 고3들이 가장 큰 숙제가 되었다. 연초, 공부에 그다지 흥미가 없고 중위권과 중하위권을 맴도는 고3 세 아이와 여러 번의 진로 상담을 가졌다. 어렵게 목표를 세우고 이번 학기만큼은 열심히 해서 성적을 올려 보자고 결의를 다졌는데 코로나19로 모든 게 허사가 되었다.

　우선 아이들을 공부방으로 불러 하루 한 시간씩이라도 주요 과목 수업을 하고 하루치 공부를 점검하기로 했다. 그러나 한동안 스마트폰과 일체형이 되어 자신들이 세운 계획도 까맣게 잊고 멍해진 아이들을 책상 앞에 앉히는 일은 쉽지 않았다. 다행히 4월 9일, 고3, 중3의 온라인 개학이 시작되었다. 그런데 원격 수업이 진행되자 지역과 학교에 따라 수준·차이가 드러나기 시작했다. 이미 수준 높은 원격 수업을 해 온 자율형 사립고는 예외로 치더라도 같은 인천에 있는 공립 학교 간의 차이도 컸다. 신도시에 있거나 대학 진학률이 높은 공립 고등학교와 우리 아이들이 다니는 변두리 공립 고등학교의 수업의 질이 달랐다. 우리 아이들이 다니는 학교는 거의 모든 수업이 교육방송으로 대체되고 있었지만 다른 학교는 담당 교사가 유튜브로 진행하는 수업과 교육방송을 적절히 섞었고 학생들과 교사들의 채팅도 활발했다. 공부방 안에서도 강화에 있는 기숙형 공립 학교에 다니는 아이들과 인천 구도심의 공립 학교에 다니는 아이들은 원격 수업 이전부터 학교에서 받는 정보의 양이 달랐다. 물론 같은 학교 안에서도 디지털 기기에 능해 코로나19 이전부터 적극적으로 디지털 기기를 이용한 다양한 교육을 시도했던 교사가 있는가 하면, 교육적 차원에서라도 디지털 기기를 수업에 이용하지 않았던 교사들도 있었고, 학생들보다 디지털 기기에 미숙한 교사들도 있었다. 그 정도의 차이는 학생들이나 학부모들도 기꺼이 수용했다. 원격 교육이 처음인 것은 교사들도 마찬가지라는 것을 충분히 이해하고 있기 때문이다.

그러나 지역과 학교에 따라 원격 수업의 질도 차이가 난다는 것을 받아들이려니 마음이 불편해졌다.

공부방 아이들이 다니는 변두리 공립 고등학교에는 사교육을 받는 학생들이 많지 않아 대부분의 학생과 학부모들이 학습만이 아니라 입시 정보까지 학교에 의존할 수밖에 없다. 물론 다른 지역에 비해 학업이나 대학 입시에 관심이 많지 않고 대학 진학률도 높지 않다. 그러다 보니 수업이 부실하거나 학생 지도가 미흡해도 민원을 넣는 학부모가 드물고 항의하는 학생들도 적다. 어차피 수업 시간에 깨어 있는 학생들이 얼마 되지 않았는데 원격 수업은 말할 것도 없을 터였다. 무기력한 학생들을 깨워 수업에 참여시키는 것도 쉽지 않은 일인데 보이지 않는 아이들을 지도하는 것은 더 어려운 일일 것이다. 그렇게 학교의 입장을 십분 이해한다 해도 방치되는 아이들에 대한 걱정이 지워지는 것은 아니다. 우리 아이들이 제대로 된 입시 정보를 얻지 못하고 하릴없이 교육방송에 매달려 있는 사이에, 어떤 학생들은 학원이나 과외 수업을 듣고, 스터디카페에 가서 공부를 하고, 부모의 도움으로 입시 컨설팅을 받을 것이다. 그리고 그 차이 역시 2021년의 대학 입시에 그대로 반영이 될 것이고, 그 결과는 코로나19로 변화된 사회의 적응력에도 차이를 드러낼 게 분명하다. 우리 아이들도 꿈이 있다. 건축가가 돼서 사랑하는 사람과 행복하게 살고 싶고, 경찰이 돼서 사회 정의를 실현하고 싶고, 3년제 공대에 가서 정규직에 취직하고 싶다. 그런데 코로나19는 우리 고3들의 꿈에도 사회적 거리를 만들었다. 수시 모집이 다가오며 교육 당국에서 생활기록부에서 봉사나 자율 동아리 활동 등을 기재하지 않게 하겠다는 발표를 했다. 게다가 아이들이 지원하는 학교마다 수시 모집 수가 눈에 띄게 줄었다. 정시보다는 수시가 더 유리한 공부방 아이들에게는 별로 달가운 발표는 아니었다. 고3 셋 중 한 아이는 시설에 사는 관계로 입시 원서를 쓸 때까지 만날 수가 없었다. 시설에 여러 번 부탁을 해 겨우 대학을 알아보고 원서를 쓰게 했다. 나머지 둘은 학교에서 알려주는 정보를 툭하면 놓치고 왔다. 자기들이 다니는 학교 아이들은 상위권 아이들을 빼고는 대부분이 비슷한 상황이라고 했다. 그래도 9월부터는 자기소개서를 쓰느라 아이들과 머리를 맞댔다.

지금 고3 셋은 12월부터 이어지는 합격자 발표를 기다리고 있다. 예비 번호조차 받지 못하고 '광탈'하는 학교가 늘어나고 있다. 집에서 다닐 수 있는 가까운 학교는 점점 멀어지고 있다. 서민들의 입장에서는 등록금에 더해 기숙사비나 자취 비용이 증가하는 것 때문에 어쩌다 들리는 합격 소식도 마냥 즐겁지는 않다. 그래서 일찍 철이 든 아이는 벌써부터 대학을 끝까지 다니지 않고 취업할 수 있는 길을 모색하고 있다. 20대의 낭만, 특권 따위는 기대하지 않는다. 코로나19는 20대 청년들의 꿈에서마저 격차를 벌리고 있다.

온라인 수업은 누구에게나 평등할까

4월부터 시작된 온라인 수업은 학교의 역할 중 지식 전달에만 집중할 수밖에 없었다. 대면 수업이 시작되고 난 뒤, 공부방 교사이자 학교에서 근무하는 선생님들은 밤낮으로 학부모들의 문자를 받았다. 초등학교 교사들은 학습 꾸러미를 만드느라 주말에도 밤늦게까지 일을 했다. 그렇게 온라인 개학이 시작되자 공부방에도 전화가 빗발쳤다. 스마트폰이 있어도 전화를 받고 거는 용도로밖에 쓰지 않았던 할아버지·할머니들은 초등학교 저학년인 손자·손녀의 온라인 등교를 도울 방도가 없었다. 지적 장애가 있는 부모들이 있는가 하면, 한 번도 인터넷에 접속해 보지 못한 부모도 있었다. 교육부에서는 디지털 기기가 없는 아이들을 위해 학교에서 노트북, 태블릿 PC를 빌려 줄 것이므로 원격 수업에서의 불평등이 크지 않을 거라고 했지만, 난생처음 태블릿 PC를 만져 본 아이들과 태블릿 PC로 놀아 본 아이들의 속도가 같을 수 없다. 강화 중등부 아이들은 노트북, 혹은 데스크탑으로 강의를 들으며 실시간으로 스마트폰으로 소통을 해야 원격 수업을 따라갈 수 있다고 했다. 그런데 우리 중학생 중에는 스마트폰이 없는 아이들도 있다. 초등부 아이들의 상황은 더 좋지 않다. 디지털 기기가 있다 해도 부모가 집에 있으면서 아이들을 돌보는 경우와 그렇지 않은 아이들 간의 차이 또한 적지 않을 것이기 때문이다. 그래서 우리 공부방은 아이들의 원격 수업에 맞춰 긴급 돌봄을 확대하고 아이들이 원격 수업을 따라갈 수 있게 도왔다. 문제는 아이들의 등교가 계속 미뤄지면서 경계선 지능을 가진 아이나 정서 장애, 행동 장애를 가진 아이들이 방치되는 것이다. 장애 아동은 특히 교사와의 대면 교육과 또래와의 관계가 필요한데 학교는커녕 공부방에도 오지 못하고 집 안에 고립되어 있으니 막막하기 짝이 없다.

비대면 수업이 자리를 잡아 갔지만 가뜩이나 학교 공부를 따라가기 힘들어하는 공부방 아이들의 상황은 별로 나아지지 않았다. 밤새 게임을 하고 늦잠을 자는 바람에 수업에 들어가지 못하는 아이가 있는가 하면, 선생님이 하는 말을 하나도 알아듣지 못해 접속만 해 놓고 딴청을 하는 아이들도 많았다. 줌 수업도 학교 수업과 똑같이 진행되니 부모들이 일터에 가고 나면 초등학생이 혼자 수업과 쉬는 시간, 점심시간에 맞춰 움직여야 했다. 몇 주를 지켜보니 줌 수업은 중학생 정도가 되어야 적극적으로 따라갈 수 있었다.

대구의 코로나19 확산이 꺾이고 수도권의 1차 확산도 한풀 꺾이며 초·중·고의 대면 수업 인원이 조금씩 확대되었다. 그러자 활기가 생기기 시작했다. 초등학생들의 눈빛에도 힘이 생기고 웃음소리가 커졌다. 중학생들 중에는 늦잠을 자도 되는 온라인 수업이 차라리 낫다는 아이들도 있었지만, 그나마 학교에 가게 돼서 친구들과 선생님을 만난다고 좋아했다. 고등학생들은 2020년에 새로 부임한 선생님들을 석 달이 지나서야 만난다며 좋아하기도 했다. 여전히 젊고 멋진 선생님들을 보면 설레어했고, 코로나19에도 변하지 않는 보수적인 학생 지도에 불만을 토로하기도 했다. 고등학교 1학년 아이들은 동아리 선배를 처음 만났다고 좋아하고, 과학 탐구 대회나 토론 대회에도 조심스럽게 참여했다. 공부방에서는 비대면 수업으로 어려움을 겪었던 장애 학생들의 고등학교 진학 상담을 시작했다. 학교 선생님들과 상담하고 부모님들과도 SNS로 소통하며 특수 학급이 있는 고등학교를 골랐다. 마스크는 벗지 못해도 직접 보고 이야기를 나눌 수 있어 안심이 되었다. 그러나 또다시 3차 확산이 시작되었다. 중·고등학교의 시험 시간이 조절되고 비대면 수업이 늘어났다. 당연히 아이들의 표정도 어두워졌다.

학교는 누군가에게는 절실한 공간이다

비대면 수업으로 학생들의 학력 격차가 더 심해졌다는 통계가 나왔다. 공부방 아이들만 보더라도 대면 수업이 가능했다면, 학습 의욕을 끌어올리고 부족한 과목을 도와주면 3, 4등급을 유지할 거라 기대했던 아이들의 성적이 떨어졌다. 고등학생들 스스로 중간이 없어졌다고 한탄한다. 초등학생들은 단순히 한글이나 수학 능력이 뒤처지는 것이 문제가 아니라 사회성 발달에도 문제가 생겼다. 하루 종일 집에서 뒹굴던 아이들 중에는 비만해진 경우가 많다. 대면 수업이 늘어나고 코로나19 확산이 2차, 3차 진행될 때마다 학교 문이 닫혔다. 마스크를 쓰고라도 함께 모여 있을 때 10대다운 활력을 보이던 아이들은 학교 문이 닫히면 움츠러든다. 여전히 경제적 여력이 있고 사교육 기관이나 다른 통로로 사회화 학습을 할 수 있는 가정은 대면 수업이 절실하지 않을 수 있다. 그러나 대부분의 아이들에게 학교는 불가피한 존재다. 학교는 지식을 전달하기만 하는 곳이 아니다. 학교에는 외로운 아이들을 알아봐 주고 부족함을 메워 주는 교사가 있고, 사회생활의 규칙을 배우고 소통하는 법을 배울 수 있는 또래들이 있다. 제도 교육이 갖는 한계와 문제점들이 많지만 그래도 학교가 유일한 버팀목인 아이들이 더 많다.

코로나19는 학교가 초·중·고 학생들에게 어떤 역할을 하고, 어떤 의미를 지닌 곳인지를 드러내 주었다. 또 학교라는 공동체가 얼마나 다양한 사람들의 협업으로 움직이는 곳인지, 서로의 존재가 얼마나 필요한지도 드러냈다. 학교에서의 한 끼는 제대로 된 밥상을 가져 본 적 없는 아이들에게 꼭 필요하다. 그 아이들의 한 끼를 위해 영양사와 조리사가 필요하고, 여러 식품 업체와 농촌의 생산공동체와의 긴밀한 연결이 있어야만 한다. 장애 학생들이 비장애 학생들과 함께 학교생활을 하기 위해서도 특수 교사와 활동 보조 교사가 필요하다. 가난한 학생들을 살피고 지원할 수 있는 학교 복지사도 필요하고, 보건실과 도서관, 상담실에도 전문가들이 필요하다. 돌봄 교실처럼 정치적인 이유로 급조된 정책들이 적지 않고 그에 따른 문제들도 있겠지만 그중 어느 것도 있어도 그만 없어도 그만인 것은 없다. 경제적, 문화적 자원이 넉넉한 이들도 있겠지만 대부분의 학생들은 학교 안에서 평등하게 교육을 받아야 하고, 그러려면 학교공동체 안의 모든 구성원이 협력하고 조화를 이루어야 한다. 코로나19는 학교가 어린이와 청소년들에게 중요한 사회적 공간이라는 것을 드러내 주었고, 제도 교육이 불평등과 불공정을 해소해야 할 이유를 드러냈다.

공부방을 졸업한 청년들의 삶은……

코로나19의 고통은 공부방을 졸업한 청년들에게도 전해졌다. 공부방을 졸업하고 어린이집과 유치원에서 일하던 보육 교사와 유치원 교사들은 월급이 반 토막이 났다. 보습 학원에서 초등학생들을 가르치던 청년의 월급도 30%가 줄었다. 공부방 상근 활동을 위해 학원과 과외 아르바이트를 병행하던 삼촌도 실업자가 된 지 두 달이 넘었다. 카페나 음식점에서 아르바이트를 하던 대학생들은 해고를 당하거나 일하는 시간이 줄었다. 대학에 진학하는 대신 청년 내일 배움 카드로 기술을 배우려던 스무 살 청년의 계획에도 차질이 생겼다. 그 청년은 아르바이트도 구하지 못해 코로나19로 직장을 잃은 부모와 한 집에서 숨 막히는 날들을 보내다가 공부방으로 와 끝내 눈물을 쏟았다. 그래도 다행히 느린 학습자를 위한 바리스타 교육을 알게 돼서 제빵과 바리스타 교육을 받게 되었다. 공부방에서는 그 청년이 내년에도 계속해서 공부를 할 수 있도록 경제적 지원을 하기로 했다. 올해 대학에 입학한 공부방 졸업생들 중에는 보육 시설에서 자란 친구들이 있다. 그들에게는 기숙사가 새로운 거처가 되어야 하는데, 코로나19로 개강이 미뤄지면서 기숙사에도 들어갈 수 없게 되었다. 보육 시설은 만 18세 이상은 무조건 자립해 나가야 하기 때문에 이제 막 스무 살이 된 청년들은 선배나 친구들의 원룸으로 나가 더부살이를 시작해야 했다.

4월 말부터 5월 초까지 이어진 휴일. 두 달간의 강력한 사회적 거리 두기에 지친 시민들이 제주로, 부산으로, 강원도로 여행을 떠났다는 그날, 8년 전 공부방을 졸업한 한 청년의 부고를 들었다. 장례식장에 가서야 작년 12월 직장을 잃은 뒤 홀로 고립되어 지내 왔다는 것을 알게 되었다. 고등학교를 졸업하고 강화를 벗어나서 사는 동안 삶이 호락호락한 적이 한 번도 없었을 테지만 코로나19는 그의 절망을 더 깊게 했을 것이다. 장례식장에 앉아 얼마 전 신문에서 읽었던 로버트 라이시의 말을 떠올렸다. 그는 앞으로 노동자들이 원격 근무가 가능한 노동자, 필수적 노동자(의사, 간호사, 배달자, 운전기사 등 필수적이지만 위험 부담에 노출된 노동자), 임금을 받지 못한 노동자, 잊힌 노동자로 나뉠 거라고 말했다. 우리 아이들이 어디에 속할지는 어렵지 않게 상상할 수 있다.

코로나19가 우리에게 일깨워 준 것들

그래도 애써 희망을 떠올려 본다. IMF 외환 위기는 우리 사회에 신자유주의의 그늘을 깊이 드리웠다. 중산층을 무너뜨렸고, 노동자들의 반을 비정규직화했다. 가난은 고착화되었고 빈부의 차는 더 커져 각자도생의 사회를 부추겼다. 그러나 IMF라는 사회적 재난은 기초생활보장제도를 만들고, 고용보험과 건강보험 통합 같은 복지 체계도 만드는 계기가 되었다. 물론 기초생활보장제도는 아직 완전하지 않다. 부양의무제, 장애등급제 등 곳곳에 놓인 걸림돌이 아직 치워지지 않았다. 그렇지만 IMF는 우리 사회에 안전망이 필요하다는 것을 일깨워 주었다.

이번 코로나19를 겪으면서 의료가 민영화 혹은 상업화되었을 때 어떤 결과가 생기는지 충분히 경험하고 상상했다. 이 사회적 재난을 통해 공공 의료 체계의 확충이나 전 국민 고용보험의 필요성에 대해 공감대가 형성되고 있다. 신종 코로나 바이러스가 퍼지게 된 근본 원인인 환경 문제에도 관심이 높아졌다. 소수에게만 허용되었던 풍요와 자유, 안전을 이 지구 안에 사는 모든 사람이 조금씩 나눌 수 있도록 함께 노력하지 않으면 우리에게 코로나19 이후는 허락되지 않을지 모른다. 그래서 위험 부담에 노출된 노동자가 되고 임금을 받지 못하는 노동자가 될, 어쩌면 잊힌 노동자가 될지 모르는 우리가, 우리 청년들이, 청소년들이 목소리를 가져야 한다.

내가 사는 곳은 강화 양도면이다. 우리는 논 28마지기, 포도밭 3마지기를 하는 소농이다. 농사를 짓다 보면 사계절의 변화에 예민해지고, 흙속에 있는 눈에 보이지 않는 미생물부터 주변의 새들과 너구리, 고라니, 길고양이와 유기견과 함께하는 삶에 대해 숙고하게 된다. 프란치스코 교황은 '지구'라는 말보다 '공동의 집'이라는 말을 써서 '지구가 인간만의 공간이 아니라 모든 피조물의 땅이고 인간과 자연이 모두 연결된 존재'임을 자각하라고 말했다. 교황이 "환경과 사회의 훼손은 특히 이 세상의 가장 취약한 이들에게 영향을 미치지만 소외된 이들의 문제는 가장 뒷전으로 밀려나 있다"고 말했던 것처럼 인간이 파괴한 환경과 자연이 우리를 공격해 올 때 가장 먼저 쓰러지고 고통받는 것은 힘없고 가난한 사람들이다. 이 시기를 깊이 성찰하고 함께 대안을 만들어 가지 않으면 안 될 때가 온 것이다. 아프리카의 호사족 언어에 '우분투'라는 말이 있다고 한다. 우분투는 자신이 가진 것을 공유하는 것, 즉 내가 한 인간으로서 지닌 특성이 당신의 인간적인 특성과 불가피하게 결합된 상태라는 의미라고 한다. 최근 몇 년 사이 공유 경제, 공유 서비스들이 우후죽순처럼 생겨났지만 그 공유는 가난한 노동자들의 삶을 더 옭아맸다. 이제 진짜 공유의 삶이 필요한 때가 도래했다.

코로나 시대,
노들야학은 어떻게 살아가는가

- 장애인과 코로나19, 그 감염병의 무게

천성호 yahak21@hanmail.net
노들장애인야학 상근 활동가

코로나19가 덮친 야학

저는 주말에 교회를 다닙니다. 그 교회에 신종 코로나 바이러스 확
진자가 있어서 저는 어떻게 해야 하는지 알 수 없었습니다. 저에게 자
가 격리가 필요하다고 했고, 마스크와 손 소독제, 체온계도 주셨습
니다. 저는 10일 넘게 15일이나 집에만 있었습니다. 집에 계속 있었더
니 너무 답답했습니다. 함께 사는 동생들은 일도 하고 바람도 쐬러
나갔습니다. 저는 부러웠습니다. 저는 집에서 책 보고 핸드폰을 했습
니다. 너무 심심했습니다. 점점 머리도 아파 왔고 어지러웠습니다. 나
가고 싶었어요.[*]

2020년 2월 1일, 노들장애인야학(노들야학)은 개학 예정이었다.
그러나 바로 그날 명륜교회 교인인 종로구 6번 확진자와 같은 교

---

[*] 김필순, 〈코로나19, 우리를 훑고 지나간 바이러스와 그 여파…〉, 《노들바람》, 122호,
2020년 봄호.

회에서 예배를 본 한 학생이 2주간의 자가 격리 조치에 들어가면서 대책 논의에 바빠졌다. 개학을 할지 말지 논의를 진행하였지만, 판단하기 쉽지 않은 일이었다. 학생들의 안전이 중요하다고 판단하여 개학을 일주일 연기하였다. 휴교 기간 동안 논의하여 계속 학교 문을 닫을 수는 없으니 개학을 하기로 하였다. 일주일 만에 다시 문을 열고 해오름제(개학식)를 하고, 반 편성 배치 고사를 보고, 반을 새롭게 나누었다. 발달 장애인 반을 새롭게 개설하면서 일주일간 수업을 진행하였다. 그러나 코로나19 확진자가 조금씩 늘어 가는 추세가 이어지자 일주일 만에 다시 휴교를 결정하였다. 휴교 기간에도 야학에서는 코로나19 상황에서 무엇을 해야할지 회의는 끊임없이 계속되었다.

두 달 가까운 휴교 기간에 이어 여름 방학에 들어가기 전 7월 중순까지 세 달가량 수업 시간을 단축한 임시 수업이 진행되었다. 휴교 기간을 포함하여 임시 수업 기간에도 기저 질환이 심하거나 호흡기 계통이 좋지 않은 학생들은 스스로 야학을 나오지 않았다. 야학에 전화를 걸어 답답함을 호소하는 학생들도 있었고, 무작정 야학에 나와 답답해서 나왔다고 하면서 하루를 보내는 학생도 있었다. 다수의 학생은 집에서 스스로 자가 격리를 하면서 하루하루를 버티고 있었다. 교사들은 교사들대로 잦은 휴교와 임시 수업으로 학생들과의 관계의 끈들이 만들어지지 않는 상황이 걱정이었다. 임시 수업 체계로 바뀌고 교실 안에서 거리 두기를 하기 위해 학생의 절반 정도만 야학에 나오게 하면서 수업 시간표도 변동되고 교사들도 학생들도 혼란스러운 점이 많았다.

교육부에서는 순환 교육이나 온라인 교육을 시행하라고 했지만, 아무런 지원도 없었다. 그런 지원은 정규 특수학교에나 가능한 일이었다. 노들야학 학생들은 탈시설을 해서 독립적이고 자립적인 생활을 하는 경우가 많은데, 집에서 온라인 수업을 받는 것은 할 수 없는 일이기도 했다. 각 반 담임 선생님들이 매주 학생들에게 전화를 걸어 휴교 상태에서 집 안에서 버티는 어려움, 답답함을 호소하는 학생들과 상담을 진행하였다. 학생들은 "학교에 가고 싶고, 선생님들이 너무 보고 싶다"라는 말들을 했다. 교사들은 코로나19 상황에서 우리가 할 수 있는 것들이 너무 적음에 무력함과 슬픔에 빠지기도 했다.

그럼에도 불구하고, 코로나19가 갈라놓은 학생들과의 끈들을 다시 연결해야 했다. 4월에는 야학에서 전체 70명이 넘는 학생들의 가정 방문을 진행하였다. 학생들의 주소를 확인하고, 이동 동선을 짜고, 반찬을 준비하고, 후원받은 마스크와 비타민을 챙겨서 학생들을 찾아 나섰다. 등교를 하지 못하는 학생들은 다시 예전에 시설에 격리돼 있던 삶으로 되돌아간 것 같았다. 그래도 얼굴을 보고, 안부를 묻고, 버티는 힘들을 함께 나누며 다시 만날 날을 기다렸다.

코로나19가 낳은 아픈 풍경들

4월 20일, 휴교 기간을 마치고 임시 수업이 시작되었다. 노들야
학의 일상은 1~2교시가 5시부터 6시 반까지이고 저녁 식사(무상
급식)는 7시 반까지이다. 이어서 3~4교시가 9시까지 진행된다. 일
주일에 월, 화, 목, 금 4일 동안 수업이 이루어진다. 그런데 코로나
19로 인한 임시 수업 동안은 수업 시간이 절반 이하 수준으로 줄
어들었다. 따지고 보면 수업 일수도 주 4일에서 주 2일로 줄고, 수
업도 1, 2교시만 진행하였기 때문에 평상시 수업의 4분의 1 수준
으로 줄어든 셈이다.

청솔 1반 발달 장애인 학생들의 경우 임시 수업 기간에도 서울
형 권리중심 중증장애인 맞춤형 공공일자리 사업과 종로구 공공
일자리 사업 때문에 야학에 매일 나오고 있었다. 야학의 환경 개
선과 권익 옹호 일자리 노동을 하기 위해 출근하는 것이기 때문
에 이 학생들을 위해서는 주 3일 수업을 유지했다. 교사들을 더
욱 힘들게 하는 것은 발달 장애 학생들이 휴교 조치를 이해하지
못하는 경우가 많다는 점이었다. 한 학생이 열이 높아 같은 반 수
업을 중단하고 반 전체 귀가 조처를 했을 때였다. 자기는 괜찮은
데 왜 집에 가야 하는지 이해할 수가 없으니 복도에 주저앉아 2시
간을 울면서 가기 싫다고 했다. 열이 37.5℃보다 높아 대기 공간으
로 분리하자, 소리를 "웨~ 웨" 내면서 격하게 감정 표현을 하는 학
생도 있었다. 이들에게 교사들의 설명은 부족하게 느껴질 수밖에

없었다.

정부에서는 마스크 쓰기를 권장하거나 강요했지만 야학에서는 마스크를 쓰고 수업을 하기가 쉽지 않다는 것도 어려움이었다. 몇몇 학생은 침이 많이 나와서 마스크가 금방 축축하게 젖기 때문에 마스크를 쓸 수 없었다. 마스크에 덧대기 위해 하루 10여 개가 넘는 손수건을 여유분으로 가져와 바꿔 가면서 사용하는 학생도 있었다. 또, 폐가 좋지 않아서 마스크를 쓰면 숨을 쉬기 힘든 학생도 있었다. 교사와 학생이 수업 중에 입 모양을 보고 대화를 하기도 하는데 마스크를 쓰니 소통하기도 더 어려워졌다.

답답한 마음은 서로 같았다. 학생들에게 학교를 오지 말고 집에서 안전하게 있어라 해도 학교 앞 마로니에 공원까지 와서 야학에 차마 오지 못하고 발길을 돌리는 학생들도 있었다. 모두가 코로나19가 낳은 아픈 풍경들이었다.

11월의 어느 날 한 발달 장애인 학생은 내 책상에 국어 노트 7권을 갖다 놓으면서 "이거 했어요" 하고 말했다. 문해교육반 학생인데, 휴교하면서 집에서 보내야 하는 시간을 한글을 쓰면서 보냈다고 했다. 코로나19 상황에서 글을 쓰면서 버티는 것에 안심도 됐지만 한편으로는 야학이 배움의 기회를 줄 수 없는 현실의 한계에 안타까운 마음이 들었다.

학생들은 수업이 줄어들었기 때문에 야학에 나오는 횟수가 줄었고, 교사들 역시 수업이 줄어들면서 야학에 나오는 날이 줄어들었다. 새로 들어온 신입 교사들이나 학생들과의 관계가 많지 않았던 교사들은 학생들과의 관계에 자연스럽게 녹아들지 못했다. 코로나19가 만들어 놓은 단절은 곧 노들야학 공동체의 약화로 이어졌다. 노들야학에서는 그동안 교사들의 민주적 소통을 돕고 책임과 의무를 나누고 친교의 시간을 갖기 위해 2주에 한 번 교사 회의를 진행하였는데 이 역시 코로나19로 인해 주기적으로 이루어지지 못했다.

교사들 사이의 관계가 약해지는 문제를 좀 더 조직적으로 해결하기 위해 야학 교육부에서 교사들의 독서 모임을 새롭게 구성하여 진행하였다. 이 모임에서 코로나19에 대해 같이 공부하고, 코로나19에 대응하는 야학의 설명서를 만들어 보자고 했다. 공부 모임을 통해 우리가 깨달은 것은 코로나19는 자본주의 사회의 "인간의 끝없는 욕심"이 만들어 냈다는 것이다.

또, 노들야학보다 먼저 코로나19 위기를 겪은 대구 지역의 장애인 활동가를 초청해 세미나*를 진행하였다. 먼저 확진자가 발생하여 힘들게 버틴 대구 지역의 경험을 나누었고, 그 '감염병의 무게'**를 국가나 지방 정부가 아닌, 온전히 개별 단위의 활동가들이 버티어야 하는 참담한 상황에 공감하였다. 이 세미나가 끝나고 감염병이 의심되거나 확진자가 되었을 때, 자가 진단을 할 수 있

---

* 전국장애인차별철폐연대 외, 《코로나19와 장애인의 삶 - 감염병 및 재난 장애인 종합 대책 마련 토론회 자료집》, 2020년 6월 23일.
** [장호경 감독(2020), 〈감염병의 무게〉, 41분] 참고.

2부 위험은 민주적이지 않다

거나 장애인 활동 지원사가 도움을 줄 수 있는 학생, 가족 지원이
가능한 학생, 혼자 버텨야 하는 학생들의 현황을 파악하고 관련
기록 대장을 만드는 작업도 하였다. 야학에서 가장 걱정한 것은
활동 지원 시간이 적고 탈시설을 하여 혼자 자가 진단을 할 수 없
는 발달 장애 학생들이었다. 이 학생들은 코로나19, 감기, 기침, 열
등을 표현하는 방식이 다르기 때문이다. 그래서 그중 혼자서 코
로나19 증상들을 표현하는 데 취약한 학생 10명을 찾아서 개별
인터뷰를 진행하고, 학생들이 코로나19와 관련하여 표현하는 말
들을 찾아냈다. 그리고 각 발달 장애 학생에게 맞는 1인 개별 지
원표를 만들고, 교사들이 각 학생에 적합한 대처 방법을 논의하
였다.

세미나와 이후 이어진 현황 파악은 그동안 노들야학과 몇 차례
재난에 관한 교육과 워크숍을 진행한 예술가 그룹 리슨투더시티
와 공동으로 진행하였다. 코로나19에 노들야학이 대응하는 방식
은 이렇게 소규모 단위로 진지를 구축하면서 코로나19의 위기를
넘어서려는 작은 시도들이었다.

국가의 책임과 노들야학의 새로운 복원

전염병이 돌 때, 국가는 어떤 역할을 하고 어떤 책임을 질 것인
가? 코로나 바이러스 예방 조치와 관련하여 세계적인 찬사를 받

는 국가에서도 장애인과 야학은 여전히 대책에서 소외되었다. 초기에 코로나19가 발병하고 나서부터 지금까지 교육부는 장애인 야학에 대한 어떤 지침도 없었다. 휴교 권고도 없었다. 교육청에서 진행한 휴교 실태 파악이 전부였다. 8월, 사회적 거리 두기가 2단계로 격상된 후에야 장애인평생교육시설에 대한 휴교 권고 지침이 나왔다. 그러나 지침에 따른 어떤 지원도 없었다. 다만 예방 수칙에 맞게 알아서 잘 하라는 것이 전부였다. 최근에야 장애인 복지 시설 등의 휴관·휴원 시 돌봄 체계에 대한 보건복지부 지침이 제시되었다.[*]

전국 장애인 야학들의 협의회인 (사)전국장애인야학협의회는 성명서를 통해 "장애인의 학습권을 보장하고, 수업 환경을 보장하고, 지원 대책을 수립하라"[**]고 주장하였다. 전염병이 돌 때 가장 약한 곳에 있는 사람들이 장애인들이다. 먼저 돌아보고 지원 대책을 수립해야 할 곳이지만 현실은 언제나 우리를 배반한다.

노들야학에서는 코로나19가 확산되면서 야학이 있는 건물에 입주해 있는 장애인인권단체들을 모아 코로나19 대응 위원회를 만들어 여러 가지 예방 조치를 실행하였다. 야학을 방문하는 방

---

[*] 보건복지부, "[보도 자료] 코로나19 시대, 지속가능한 돌봄 체계 구축 추진", 2020년 11월 27일.

[**] 전국장애인야학협의회, "[성명서] 유은혜 교육부 장관은 코로나19 재난에 장애인평생교육시설에 다니는 중증장애인의 학습권과 방역대책 마련을 언제까지 방치할 것인가", 2020년 8월 27일.

文자, 학생과 교사들을 대상으로 발열 체크를 하고 방문록을 작성하는 것, 점심시간을 나누어서 사용하고 한 줄로 식사를 하는 것 등이었다. 저녁 식사는 각 반별로 나누어서 하되 이동이 가능한 학생들은 4층에서 식사하고 전동 휠체어를 이용하는 학생은 2층에서 식사를 하도록 지원하였다. 교사들이 당번을 정해 식탁과 칸막이를 소독제로 청소하고, 배식하고, 거리를 유지하도록 지원하였다.

하지만 코로나19를 예방하기 위해 하는 것은 노들야학이 추구하는 지향과 반대의 것이라는 데 딜레마가 있다. 전염병을 막기 위해서는 사람 사이의 관계를 분리하고 단절해야 한다. 교육은 사람이 사람을 만나 서로 배우는 것인데, 코로나19는 이러한 사람 사이의 관계를 해체한다는 점에서 야학에서 대안을 찾기가 쉽지 않다. 무엇보다 우리는 장애인을 집에 가두고 사람과의 관계를 단절하는 방식의 교육을 버리고 장애인이 지역 사회로 나오게 하는 것을 중요하게 여겼다. 지역 사회에서 사람을 만나는 것, 사람을 만나 사회를 변화시키는 것. 이것이 우리 야학이 꿈꾸는 세상이기도 했기 때문이다. 그런데 코로나19 상황에서는 이런 지향을 유지하기가 어렵게 되었다. 특히, 대부분의 장애인은 관계를 맺는 사람이 많지 않고 그나마도 제한적이다. 야학에서 만나는 교사들이 관계의 전부인 학생도 있다. 노들야학이 아니면 별로 갈 곳이 없는 학생들도 많다. 야학에서의 관계는 그렇게 오랜 시간 동안 만나면서 서로 힘들게 쌓아 올린 것인데, 코로나19로 인해 이마저도 이어지기 어렵게 된 것이다.

교사들에게도 여러모로 도전적인 상황이다. 노들야학에서 교사들은 학생들을 만나서 장애인 인권에 눈뜨고, 세상의 진실을 알게 되고, 장애인을 이해하게 되는데 야학에서 수업이 이루어지지 않기에 우리의 갈 길은 혼란스럽다. 그러나 코로나19가 장기화하는 지금, 이 상황을 우리는 조금씩 받아들이고 준비해 나갈 수밖에 없다. 노들야학의 복원은 과거 그대로의 복원이 아닌, 새로운 방식의 복원이 되어야 할 것이다.

코로나19와 함께 살아가기

노들야학에서는 2학기에 들어서면서 코로나19에 대한 예방적 조치를 실행하고, 예방에 대한 전체 안내서와 각 학생의 특성에 맞는 코로나19 설명서 및 확진자 발생 시 안내서 등을 만들고 있다. 장애 학생들의 기저 질환을 파악하고, 이를 지속해서 관리하기 위한 정보 구축도 하고, 일상생활을 파악하여 학생에게 맞는 다양한 지원 방안도 고민하고 있다. 특히, 혼자서 일상을 버티기가 힘들거나 밥을 먹지 못하는 최중증 뇌병변·지체 장애 학생들과 발달 장애 학생들의 어려움을 확인하고 가정 방문을 통해 지원도 했다. 학생들이 야학에 오는 동안 필요하지 않았던 활동 지원사 서비스 시간을 집에 머물며 사용할 수 있게 추가 시간도 확보해야 한다. 많은 수는 아니지만, 야학이 아니면 밥을 먹지 못하는 학생들에게 밥을 지원하는 방안도 찾고 있다.

수업 부분에서는 수업 참가 인원을 더 적게 하고 반을 여러 개 만들어 수업이 진행될 방법을 찾아야 한다. 지금의 반보다 소규모 모임을 더 활성화할 필요도 있다. 교사들도 작은 모임들을 활성화하고, 수업 시수가 줄어든 만큼 다양한 수업 방식을 고민해야 한다. 작은 모임을 통해 교사들의 관계도 좀 더 가깝게 만들어야 한다. 교사 회의 때 전체 교사가 모이는 모임보다는 교과별 모임으로 나누어서 모이는 방식으로 대안을 논의했다. 교과별로 수업 내용을 공유하고, 학생들의 진도와 수업 특성을 파악하고, 온라인 수업을 대비하는 논의를 하였다. 무엇보다, 야학 교사들이 배움과 투쟁의 노들 공동체 정신을 "잊지 않게" 하는 게 중요했다.

한편으로, 코로나19로 전체 교사들의 회의가 원활하게 운영되지 못하는 점, 긴급하게 휴교를 내려야 할 때 전체 교사들의 의견을 적합하게 묻지 못하고 결정되어야 한다는 점에서 교사 회의의 민주적인 의사소통과 결정 과정에 대한 고민이 많다. 코로나 시대에 맞는 민주주의 방식과 모델도 새롭게 찾아보아야 할 것이다. 사회적으로도 코로나 시대의 민주주의에 대한 성찰이 필요하다. 몇몇 진보적인 학자들이 지적했듯이, 코로나19는 권위주의 정권을 더 권위적으로 만들 것이고, 민주주의의 퇴보를 가져올 수도 있다. 대중들의 집회와 시위, 자유로운 의사 표현이 예방과 보호라는 가면으로 제한되고, 소외되고 가난한 이들이 목소리조차 외칠 수 없을 때 민주주의는 더욱 퇴보할 것이다.

11월 말이 되면서 전국의 확진자 수는 500명대 중반을 넘겼고 야학은 결국 온라인 수업으로 전환하였다. 휴교를 하는 것보다는 온라인 수업이 그나마 나은 조치라 보았다. 아직 온라인 수업에 대해 충분히 준비가 되지는 않았지만 학생들의 스마트폰과 태블릿 PC에 줌을 깔아 주고 초대하는 방식으로 수업을 진행하였다. 쉽지 않은 일이었지만 교사들은 학생들에게 차분히 하나씩 하나씩 알려주면서 같이 준비하였다. 물론, 발달 장애 학생들, 우울감을 호소하는 학생들, 학교가 아니면 밥을 먹기 힘든 학생들, 집과 시설이 아니라 야학에 나와야 "존재하는 학생들"은 대면 수업으로 진행하기도 하였다.

노들야학이 언제 온라인 수업을 멈추고 대면 교육으로 전환해야 할지는 여전히 고민이다. 한 번도 가지 않은 길, 우리가 잘 가고 있는지는 누구도 모른다. 다만, 교사들과 학생들은 이 코로나 시대에 살아가기 위해 서로 배움을 멈추지 않고 있을 뿐이다.

특성화고 학생들,
그들 각자의 고민

- 코로나19 사태, 취업 희망 학생들과 학교의 존재 이유를 생각하며

이윤승 autoki6@naver.com

서울 이화여대병설미디어고 교사, 《오늘의 교육》 편집위원

2020년 봄

온라인 개학이라는 초유의 상황이 지나가고 5월쯤 되자 학교에 학생들이 오지 않는 상황에 익숙해졌다. 교사만 그런 것도 아니었을 것이다. 그즈음 학생들과 통화하다 보면 그들도 상황에 익숙해진 것 같았다. 내가 고3 학급의 담임이라 그럴 수도 있었겠다. 지금의 상황은 자신이 어디에 속해 있는지에 따라 전혀 다르게 느끼게 된다. 교사와 학생의 처지가 다르고 교사, 학생들도 어느 학년이냐에 따라 다르다. 당시 뉴스에선 주로 고3의 일정이 가장 중요한 것처럼 나왔다. 교육부 정책 결정에 관여하는 자들의 머릿속도 고3에 초점이 맞춰져 있었을 것이다.

그런데 그 일정은 달리 말하면 '인문계 고3'의 일정이다. 취업을 목표로 하는 특성화고의 고3 학생들과는 크게 상관없는 일정이다. 인문계 고3은 수능과 함께 끝나는 일정이지만 특성화고 고3의 일정은 학생 개인마다 다르다. 진학을 희망하는 학생의 경우에는 인문계의 진학 희망자와 같지만, 취업을 희망하는 학생들의 경우에는 자신의 실습 개시일 또는 취업일이 학년의 종료나 마찬가지다. 빠르면 9월이고 늦으면 졸업식 이후일 때도 있다. 이 학생들에겐 수능을 언제 보는지, 모의고사를 몇 번 볼 수 있는지는 전혀 관심 사항이 아니다. 지금 당장 자격증이 필요한데 언제쯤 자격증 시험이 재개되는지, 기업이 과연 얼마나 채용할지가 더 큰 관심 사항이다. 그런데 이런 시선으로 보면 올해는 정말 막막한 상황이었다. 등교하느냐 마느냐는 별로 중요하지 않았다. 전염병이 시작된 후로 20대의 일자리가 가장 많이 줄었다고 한다. 보통 5월 즈음이면 채용 공고가 여럿 떴어야 하는데 올해는 거의 공고가 나지 않고 있었다. 대기업의 공채 규모도 예년보다 줄어들 것이고 중소기업은 아예 채용을 하지 않을 것 같아 걱정이 되었다. 하지만 교육부는 수능을 올해 언제 어떻게 봐야 하고 대학 입시를 어떻게 해야 할지에 대해서만 걱정하는 것 같았다. 취업을 희망하는 학생들을 걱정해 주는 교육부와 교육청은 보이지 않았다. 뉴스에서도 그런 부분은 거의 다루지 않고 있었다. 그래서 그런지는 모르지만, 학생들의 반응도 진학 희망자와 취업 희망자가 달랐다.

우리 반 학생들과 제대로 길게 대화를 해 보지는 않았지만, 1학기 초에 파악한 바로는 절반은 진학 희망자이고, 반은 취업 희망자였다. 진학 희망자는 수시 희망인지 정시 희망인지에 따라 조금 다른데 정시 희망 학생들에게는 온라인 등교 상황이 나쁘지 않은 것 같았다. 학교에 오고 가는 시간도 아깝고 학교에 와서 수능에 필요 없는 수업을 어떻게든 들어야 하는 상황을 피하니 수능 준비에는 도리어 나았다. 오히려 등교하라고 하면 지금의 '루틴'이 깨질 것에 대해 염려했다. 반면, 수시를 희망하는 학생들은 3학년 1학기 생활기록부가 텅 빌 것을 염려했다.

하지만 이런 부분들은 교육부와 교육청이 함께 걱정해 주고 있으니 어찌 됐든 나름의 해결책은 나올 것이라고 보았다. 당시 나는 최악의 경우 재학생 전형과 재수생 전형을 나눌 수도 있을 것 같다는 상상을 했다. '재수생 형평성' 논쟁도 있겠지만 원래 전형은 대학의 재량이고 지금까지도 재학생만 지원이 가능한 전형이 있었다. 그러므로 재학생은 고2까지의 성적만 반영하고 재수생만 3년 내신을 반영하여, 정원도 분리하면 될 것이다. 그러면 지금 고3이 내년 재수생이 될 때는 어쩌느냐 하면, 그들에겐 수시에서 특별 전형을 2년 정도 시행해도 된다. 정원을 조절하면 형평성의 문제도 약간은 해결할 수 있다. 전 국민에게 재난 지원금을 주는 초유의 사태인데 입시 전형도 초유의 형태에 맞는 방식을 설계할 수 있다. 우리 정부와 교육부라면 그 정도는 해 줄 수 있을 것 같았다. 그러나 겨울까지 완전히 새로운 어떤 시도도 없었다. 교육부도 한국대학교육협의회(대교협)도 원래 하던 방식에서 달라질 생각이 없었던 것인지 가을이 되면 신종 코로나 바이러스가 없어질 것이라 믿었던 것인지, 아니면 지금 유지하고 있는 틀을 바꾸어 생길 수 있는 역차별과 불공정이라는 논란에 대처할 의지가 없었던 것인지. 어쨌든 입시의 방식이 작년과 다를 바 없었다.

무관심과 편견에 마주하게 될 취업 희망 학생들

그런데 취업은 그렇지 않다. 지금 고3 학생들에게 정부가 공공 일자리를 제공해 줄 수 있을까? 특성화고가 뭔지 모르는 사람도 많은 판에, 정부에서라도 나서서 특성화고 학생들을 위한 공공 일자리를 늘려 줄까. 그럴 것 같지가 않아서 그런 기대를 할 수도 없었다. 그냥 2020년의 특성화고 3학년은 오롯이 개인이 재난의 피해를 감당해야만 할까. 우리 반도 진학 희망 학생들은 걱정이 표면에 잘 드러나는데, 세상 사람들이 걱정을 해 주지 않아서 그런지 취업 희망 학생들은 반응이 미지근했다. 속으로는 걱정이 많을 텐데 진학 학생들에 비해 잘 드러나지를 않았다. 우린 수능을 안 보니까, 모의고사도 안 봐도 되니까 하고 생각하면 좀 나은 것 같지만 그건 재난이 여름 전에 끝날 때의 이야기였다.

특성화고 졸업생들의 일자리는 비정규직이 많다 보니 늘 다음 해의 특성화고 졸업생들에게 위협을 받는다. 근속 기간이 길지 않은 일자리들이 많고 졸업 후 1년 이상 근무하는 비율이 높지 않다(정확한 수치를 대지 않는 것은 통계를 잘 찾아내지 못한 나의 게으름과 통계를 별로 신뢰하지 않는 수학 교사로서의 가치관 때문이다). 아마 올해 고3 학생들의 취업률은 작년보다 크게 낮아질 것이다. 취업을 하지 못한 학생들은 다음 해나 다다음 해의 졸업생들과의 경쟁에서 더 열악한 상황에 놓일 수도 있다. 코로나19 상황으로 온전히 학교에서 배우지 못한 채 졸업했고 실습 경험도 적어 취업

해도 적응이 어렵거나 업무 처리가 미숙할 것이라는 편견이 작동할 것이기 때문이다. 사실 올해 고3 학생이 1학기부터 정상적으로 등교를 했다 해도 더 좋은 노동자가 되었을 것은 아닐 테지만 편견에는 근거가 필요한 것이 아니니 계속 학생들의 발목을 잡을 수 있다.

취업을 준비하는 학생은 워낙 각자 준비하는 것이 많다. 학교 교육과정에서 많은 것을 한다고는 하지만 학생들이 원하는 분야와 학교의 방향이 꼭 같은 것이 아니고 자격증의 종류도 다양하니 스스로 준비해야 하는 것들이 많다. 그래서 학교에 오지 않는 것은 학생에게 실제로는 큰 손실이 아니었다. 어차피 특성화고의 취업을 담당하는 부서에선 등교를 하지 않던 시기에도 개인별로 상담과 지도를 하고 있었기에 취업을 준비하는 학생으로선 작년과 다를 것이 없었다. 다만 그렇게 준비를 해 봐야 기업에서 뽑아 줘야만 끝나는 시스템이다 보니 그 끝이 보이지 않아 막막한 상황이었을 뿐이다. 디자인을 전공하는 우리 반의 학생들은 온라인 등교 상황에서 집에서 포토샵, 일러스트레이터를 연습했다. 학교에 와서 하면 서로 도움도 주고받을 수 있어서 더 좋았겠지만 그럴 수 없어도 계속 뭔가를 했다. 그런다고 자신의 일자리가 생길 것이라고 확신하지도 않지만 하던 대로 했다. 교사인 내가 일자리를 만들어 주기는 어렵다. 재난으로 어려운 경제 상황이어도 채용은 유지해 달라고 기업에 요청해야 하나, 아니면 20대와 앞으로의 20대에게 재난 기금을 더 주고 공공 일자리를 더 늘리라고 정부에 요구해야 하나. 적어도 이 글을 읽는 사람에게라도 특성화고 학생들도 일반 인문계고의 진학 희망 학생만큼 힘든 상황이었다는 것이 전해졌으면 좋겠다.

한편으로는 특성화고의 교육이라고 해 봐야 보조의 수준을 넘지 못하는 상황이 안타까웠다. 특성화고의 교육은 취업이라는 목표가 정해져 있다. 특성화고뿐만 아니라 고등학교 교육이 모두 그렇다. 지금 학교는 뭔가를 배우고 그냥 그것으로 끝나는 학교일 수 없다. 3년을 다니지만 3년의 배움 그 자체로는 존재 이유가 될 수 없다. 그래서 역설적으로 학교를 나오느냐 아니냐가 별로 중요하지 않다. 최악의 경우를 대비하는 수시 모집과 정시 모집 방식 조정, 공공 일자리와 기업들의 한시적 채용 규모 동결 같은 정책만 나오면, 거의 불만 없이 학교에 안 나온 채로 졸업해도 될 것이다. 오히려 입시와 취업을 핑계로 권력의 위계를 만들고 인권을 침해하는 교사들의 핑곗거리가 사라지니 인권 침해도 줄어들어 학생들로서는 반가울 수도 있다. 실제로 서울시 학생인권교육센터에는 보통 3월과 4월에 인권 침해 신고가 많은데 2020년은 같은 기간 예년보다 인권 침해 신고 사례가 많지 않았다. 정부가 정책만 잘 세워 주면 이모저모 따져 봐도 상황은 고3 학생들에게 아주 최악은 아니었다.

혼자 넘기 어려울 수 있는 벽

그런데 학년마다 생각은 달랐다. 내가 고3을 담당하다 보니 고3에 관한 생각을 주로 하고 있지만, 고2, 고1 학생들은 어떨까. 초등학생이나 중학생은 전혀 접점이 없다 보니 잘 모를 수밖에 없지만, 고1과 고2의 학생들은 짐작해 볼 수 있다. 아마도 고2보단 고1이 올해 상황에 더 적응이 어려웠을 것 같다.

내 앞자리의 교사는 1학년 담임인데 2020년 새로 학교에 오셨다. 심지어 원래 있던 분이 임신한 상태에서 현 상황이 부담된다며 그만두는 바람에 4월에 부임한 분이다. 예전에 2년 정도 일했던 분이라 학교에 더 적응할 것이 많지는 않지만 그래도 낯선 환경이긴 했을 텐데 오시자마자 인터넷으로 학생들에게 담임이 교체되었다고 하고 온라인 입학식을 통해 인사를 나눴다. 그런데 얼마 지나지 않아 그 반의 학생이 전학을 가고 싶다고 했다. 아직 한 번도 등교하지 못한 학생의 전학 신청이라니(온라인 입학과 개학은 했지만 등교한 적이 없는 탓에 아직 학생들도 '등교 개시'를 개학이라고 부를 만큼 개학이 개학처럼 느껴지지 않았다). 나에게 어떡해야 할지 조언을 구하기에 '특성화고라 나름 고민하며 선택하고 입시를 치르고 온 학생인데 뭔가 시작도 하기 전에 전학을 생각할 정도라면 온라인 상태에서 느끼는 고충도 있었나 보다. 상담을 한 번쯤은 더 해 보면 어떠냐'고 조언했다. 전학 간다고 하더라도 만나서 인사라도 하면 좋지 않겠냐고. 입학 원서 내러 한 번, 면접 보러한 번, 적으면 두 번, 많아야 서너 번 학교에 와 본 게 다일 텐데 담임이 누구였는지, 이 학교는 어떤 곳이었는지 소개라도 해 주면 좋을 것 같았다.

그 학생의 고충이 무엇이었을지는 정확히 모른다. 그런데 그 학생의 사례를 보며 올해 막 특성화고에 입학한 1학년 학생들이 어떤 마음이었을지에 대해 생각해 보게 되었다. 특성화고에 오는 학생들은 처음에 엄청난 문화적인 이질감을 겪는다. 중학교 학생들이 인문계고로 진학할 때에 느끼는 것보다 훨씬 크다. 보통 인문계고의 문화나 교육과정은 중학교 때 겪은 것들과 연속성을 유지하지만, 특성화고는 아예 다른 시리즈다. 회계, 상업 경제, 기초 디자인처럼 새로운 전문 교과 과목이 생기고 학교 분위기도 다르다. 특히 취업을 목표로 하는 학교라는 핑계로 학교 규칙이나 교사들의 태도도 권위적일 때가 많다. 다른 특성화고를 다 아는 것이 아니니 단언할 수 없으나 서울의 유명 사립 특성화고들은 대개 그렇다(이렇게 말하면 "우린 아닌데" 할 학교도 있으니 내 학교만 그렇다고 말할 수도 있지만, 주위에서 만나는 유명 사립 특성화고 교사들의 모습을 보면 대개 그렇다고 할 만하다).

그러니 입학은 했지만, 학교 교사들을 대면하지 않은 채 전문교과 수업을 듣고 있을 학생들에게 2020년 초의 상황은 특성화고 진학에 대해 '현타'의 시간이었을 것 같다. 여럿이 같이 모여 회계 수업을 들으면 '아, 나만 못 알아듣는 게 아니구나' 하며 안심하고 공부할 수 있지만, 온라인으로 혼자 수업을 듣다 보면 그냥 외계어들의 나열일 뿐일 것이다. 참고로 특성화고에서 10년이나 일했지만 회계 교사들의 연구 수업은 볼 때마다 새롭다. 그래서인지 회계 교사들이 1학년 수업 초기에 가장 많이 하시는 말씀은 지금은 어렵지만 하다 보면 누구나 다 할 수 있다는 말이다. 이렇게 자신감을 심어 주는 말들이 없으면 회계의 문턱을 넘기가 쉽지 않다. 그런데 올 초의 상황은 그러기가 쉽지 않았다. 그러니 내 앞자리 선생님의 반 학생도, 다녀 보지도 않은 학교에서 전학을 생각한 것은 아닐까.

서로 비난하고 싶지 않다

아무도 겪어 보지 못한 사태라 누구도 예상이 어려운 상황이 계속되었다. 교육부에서 언제 등교한다고 발표해도 과연 그럴 수 있을까 싶고, 수능은 꼭 본다고 말해도 그것도 11월 즈음 되어야 알 것 같았다. 그렇다고 비난하고 싶지는 않았다. 학생도 교사도 서로 비난하기보단 서로 잘 지내고 있을 거라 믿으며 기다릴 수밖에 없는 시기인 것 같았다. 출석 체크를 칼같이 하겠다며 온라인 수업에서 부정행위를 단속하고 수업을 안 듣는다고 벌점을 주는 학교도 있는데 그런다고 뭐가 좋아지겠는가. 잘 버티어 살아남는 게 제일 중요하고 버티는 자들을 위한 정책이 실현되기를 바라고 요구하는 게 우리의 일이어야 한다.

정말 그랬다. 서로 비난하기보단 서로 건강하게 잘 지내는 게
목표인 한 해가 되었다. 꼭 해야 하는 것은 마스크를 쓰는 일 정도
였다. 한참 동안 등교가 중지되다 처음으로 등교했던 고3 학생들
은 거리 두기를 강제하기 어려울 만큼 반가움을 표현했다. 화장실
을 갈 때에도 점심시간에도 거리를 두라고 거듭 말해도 소용없는
순간들이 많았다. 그렇다고 화를 내거나 학생들에게 야단을 치는
일은 별로 없었다. 오랜만의 반가움은 교사도 마찬가지였으니까.
그런 모습을 지적하고 야단치기보단 그렇게 서로 손을 마주 잡
고 가까이 붙어서 대화를 나누면 위험하니 주의해 달라는 당부
를 하는 일이 많았다. 적어도 올해만큼은 너그러운 얼굴의 교사
들을 자주 목격했다. 오랜만에 등교하는 학생들에게 교복을 입었
는지, 염색이나 화장을 했는지는 그리 중요한 일이 아니었다. 매년
봄이면 학생들의 복장을 지적하고 관리하느라 바빴던 생활지도부
도 올해만큼은 웃으며 권고하는 정도였다. 언제 또 등교가 중단될
지도 모르는데 학교에서 만나고 수업하는 것만으로도 충분히 좋
았다. 반면에 3학년이 아닌 학생들은 등교를 자주 하지 못했고 담
임과도 서먹함이 오래갔다. 학교에 오는 날에는 밀린 수행 평가를
하느라 바빴다. 동아리, 학생회, 축제, 체육 대회 등 교과 이외의
영역은 거의 불가능했다. 학교에서 가장 즐거운 활동들은 사라졌
고 오직 성적을 산출하기 위한 영역만 이뤄졌다. 그래도 학교에 학
생들이 나오는 날이면 좋았다.

2020년 겨울

여름과 가을엔 확진자 수가 크게 늘지 않았다. 온라인 수업의 경우 만족도에 편차는 있었지만 그럭저럭 자리를 잡았다. 그래서 봄에는 정말 많은 것들을 준비하고 변화를 만들어야 할 것 같았지만 실제로는 관성을 바꾸지는 못했다. 교육부에선 주로 기자재를 사라고 돈을 뿌렸고 돈으로 무엇을 해야 하는지는 크게 관심을 두지 않는 듯했다. 봄에는 고3 학생들의 진학을 위해 뭔가 특별하고 새로운 시도를 해야 할 것 같았지만 어떤 사회적 거리 두기 단계에서도 고3 학생만큼은 매일 등교하는 정책과 고3의 비교과 영역을 입시에서 모두 사용하지 않는 기이한 정책만 있었다. 3월에 등교를 하지 않은 기간만큼 수능만 미루면 아무 문제 없을 것이라 판단했던 것 같다. 교육부도 대교협도 그 외에 어떤 새로운 시도와 발상도 하지 않았다. 고3은 그렇게 매일 학교를 등교했고 연기된 수능이 또 연기되지는 않을까 걱정했다. 그런데 그럴 일은 없었다. 교육부에겐 한국 최고의 공정성을 자랑하는 수능과 대학의 3월 개강이 더 중요했을 테니 수능의 연기는 12월 초까지가 끝이었다.

12월로 연기된 수능 직전까지 확진자 수는 점점 증가하고 있었다. 그럼에도 연기는 절대 없다고 했다. 수능 시험장은 예전보다 많아졌고 병실 시험장도 준비되었다. 내가 속한 학교는 지난 8년 동안 수능 시험장이 아니었지만 인근의 시험장 학교에서 확진자가 발생하여 수능을 일주일 앞두고 갑자기 시험장이 되었다. 사회적 거리 두기의 단계가 올라도 이상하지 않은 상황이었지만 수능을 마치고 나서야 단계가 상향되었다. 수능은 어떻게든 끝내야 한다는 각오가 느껴졌다. 그것만 이뤄지면 교육부의 모든 사명이 끝나는 것 같았다. 공정과 공평의 국가 고시답게 모든 응시 학생이 볼 수 있도록 했다. 교사 임용 시험도, 대학의 면접도 확진자는 응시할 수 없었지만 수능만큼은 확진자도 볼 수 있었다. 코로나19가 처음 확산되었던 3월에 대학 진학을 준비하는 학생들에게 수능은 걱정 말라고 했었는데 과연 그랬다. 하지만 취업을 준비하는 학생보다 조금 나은 1년이었을 뿐이다. 학교에 등교하면 교과 이외의 활동을 좀 더 할 줄 알았지만 거의 없었기에 3학년이 되어 비교과 활동을 더 활발하게 하여 대학 진학에 도움을 받아야겠다고 마음먹은 학생들은 그 기대를 접어야만 했고 수능을 앞두고 독서실마저 닫혀 버리자 학생들은 조용히 공부할 곳을 찾지 못해 불안해했다. 수능이 다가오며 확진자가 늘어나자 행여 수능날 아프면 어쩌나 학생과 학부모 모두 초조해했다. 그렇다고 수능이 끝나면서 초조하고 불안했던 마음이 다 사라지진 않았다. 고3 학생들을 위해 교육부에서 준비한 것은 더 이상 없다. 수능이 끝나고 마음이 가장 편했던 것은 고3보단 교육부였을 것이다. 아마 2020년을 성공적으로 마쳤다고 안도하고 있을 것이다.

진학을 준비하던 학생도 1년 동안 마음이 편할 날이 없었겠지만 취업을 준비하던 학생들은 마음을 졸이는 일들이 더 많았다.

취업 공고가 나기를 기대했던 기업이 채용을 취소하기도 하고 취업이 되었는데도 갑자기 채용 자체가 없었던 일로 되기도 했다. 특성화고 졸업생을 위한 취업 정책은 없었다. 예년보다 취업률이 반 토막이 난 상황에 특성화고 학생들은 특별한 대책을 요구하는 시위를 하기도 했다. 하지만 반응은 거의 없었다. 취업은 학교와 학생이 알아서 돌파구를 찾아야 했다. 돌파구를 찾아내지 못한 것은 경기 탓이고 그럼에도 취업한 학생들도 있으니 본인이 더 잘 준비해서 취업해 보라는 분위기였다.

가을이 되도록 한 번도 채용 원서조차 넣어 보지 못했던 학생에게 올해 만약에 좋은 결과가 나오지 않더라도 절대로 자신을 탓하지 않았으면 좋겠다고 했더니 그 말이 끝나자마자 눈물을 흘렸다. 얼마나 힘들었기에, 얼마나 자신이 뭘 더 했어야 했나 끊임없이 고민했기에 그렇게 눈물을 흘렸던 걸까. 그 힘듦의 크기를 짐작하기 어려웠다. 다행히 그 학생은 얼마 후 한 회사에 채용되어 실습을 하고 있다. 한 명, 한 명 채용 소식이 들릴 때마다 안도감을 갖는다. 한 명, 한 명의 눈물이 멈출 수 있게 되어 다행이다.

하지만 예전보다 나은 상황은 아니다. 다행히 우리 학교의 학생들은 취업이 잘 되고 있다고 하지만 전체 특성화고의 취업률은 상당히 줄었다고 한다. 코로나19로 인해 특성화고가 위기일 거라고 예상은 했지만 이 정도일 줄은 몰랐다. 우리 학교는 특성화고 중에서도 인기가 좋은 학교였기에 지금까지 신입생 모집에서 미달이 된 적이 한 번도 없었다. 그런데 이번에 1차 모집에서 미달이 되었다. 대부분의 특성화고가 미달이었다고 한다. 특성화고의 취업이 불안정한 상황이니 중학생들도 특성화고로 진학하는 것이 겁이 났을 것이다. 입학하자마자 전학을 희망했던 그 학생은 결국 전학을 가게 되었고 그 후로도 몇몇이 더 떠났다. 떠나는 마음은 조금씩 달랐겠지만 특성화고로서 우리 학교가 자랑했던 모습을 온전히 느끼지 못했으니 아쉬움도 컸다. 재학생도 불안할 정도인데 중학생들에겐 특성화고의 장점이 더 작게 느껴졌을 것이다. 1차 모집 기간이 끝나고 교장 선생님이 미달 상황은 전적으로 교장의 잘못이니 선생님들이 자책하지는 말아 달라고 했다. 마음을 졸이는 것은 취업을 준비하는 학생만도 아니었다. 교장의 발언이 끝나자 모두 마음이 무거웠다. 교직원 회의를 마치고 교장에게 가서 손을 건넸다. 악수를 하며 온기를 전해 주고 싶었다. 그리고 교장의 탓도 아니었으니 너무 마음 쓰지 마시라고 했다. 교사가 된 후로 교장에게 그런 말을 한 적이 없었다. 늘 교장의 위치는 나와 다투는 일이 많은 자리였다. 올해는 정말 모두에게 낯선 1년이었고 나에게도 그랬다.

백신은 개발되었으나 아직 2021년의 모습을 완전히 낙관하기는 어렵다. 코로나19로 인한 경기 불안은 빠르게 나아지지 않을 것 같고 내년에는 고졸 취업이 더 어려워질 수도 있다. 그렇지만 천천히 우리가 잃어버린 것들을 채워 갈 것이다. 내년 가을엔 축제도 하고 수학여행을 갈 것 같기도 하다. 부디 그렇게 되기를.

코로나19가 호출한
노동과 몸, 그리고 교육

- 코로나 시대가 드러낸 교육과 교사의 역할

이현애 redyrabbit1968@gmail.com
경기 중등 교사

TV 프로그램 〈생활의 달인〉과 〈극한 직업〉을 종종 본다. 주 5일의 노동으로 시달린 몸이 아무것도 하기 싫다는 신호를 보내는 주말에 텔레비전 앞에 몸을 늘어뜨리고 보곤 한다. TV에 방영된 내용을 가지고 수업에서 함께 이야기 나눠 보기도 한다. 경험에 의하면 이 프로그램들이 인문계 고등학교 학생들에게 주는 교훈은 하나로 압축된다. '열심히 공부해서 저런 일을 하지 않는 삶을 살아야겠다!'라는 다짐이다. 전문가란 누구인가 질문을 던져 보고, 일상 속의 고단한 삶을 사는 우리가 하는 모든 일이 고귀하고 의미 있는 것이라는 감동을 나누고 싶었던 교사의 의도와는 동떨어진 결론이다. 나의 교사로서의 전문성이 부족한 것일까? 아니다, 질문이 잘못되었다. 전문성과 노동의 정의 그리고 우리의 삶과 현실을 규정하는 구조를 바꿀 수 있는 교육을 위해 내가 할 일이 무엇인가를 질문해야 한다.

코로나 시대. 코로나19로 우리의 삶과 교육은 어떻게 바뀔 것인가? 이 또한 잘못된 질문이다. 코로나19는 우리 사회의 핵심적 문제들을 수면으로 떠오르게 했고, 변화를 가속화하고 있다. 변화의 원인은 과거 우리의 일상들 속에 촘촘히 자리 잡고 있었고, 변화의 과정은 이미 진행 중이었다. 원인에 대한 잘못된 분석은 빗나간 예측과 해법으로 나아가게 한다. 코로나19로 인해 드러나고 심화되고 있는, 우리 사회와 교육의 핵심 문제들은 무엇인가로 질문은 재정의되어야 한다. 교육의 지식교육화와 재개념화 실패, 전문성 신화, 원격 교육 신화의 안착과 교육 공공성의 위협을 중심으로 원인을 분석하고 해법을 모색할 고민의 단초들을 논의해 보려고 한다.

전문성의 신화와 지식교육의 공모

코로나19의 확산 이후 교육의 문제는 '등교 개학'이라는 사안이 가장 중점적으로 논의되었다. 학사 일정에 따른 법정 수업 일수가 가장 먼저 쟁점이 되었다. 비대면 원격 수업(온라인 수업)이라는 방식으로 어느 정도 정리가 된 후에는 고3, 중3을 중심으로 한 입시 일정으로 논의가 집중되었다. 그 정점에는 우리나라 교육의 블랙홀, 대학 입시가 있다. 모든 국민의 생명과 건강이 위험에 처해 있는 상황에서도 입시 일정과 심지어는 모의고사 일정이 정책 결정의 중요 고려 사항이 되었다. 좀 더 '합리적'인 일정 조정이 논쟁될 뿐, 고3의 개학을 우선적으로 앞당기는 계획에 자리 잡고 있는 인식 틀과 구조에 근본적인 문제를 제기하는 목소리는 쉽사리 드러날 수 없었다.

이 와중에 경북의 한 전문계* 고등학교 학생의 자살 소식**이 전해졌다. 기능대회 준비를 위한 과정에서는, 코로나19 위기의 중심에 있었던 '대구·경북'이라는 지역의 특수성도 상관이 없었다. 우리의 모든 관심이 인문계 고등학교의 입시 일정에 쏠려 있는 동안, 전문계 고등학교는 배제와 생존을 위한 절박함 속에서 교육을 포기한 '기능대회'에의 집중이라는 모순과 싸우고 있었다. 뿌리 깊은 모순으로 인한 고통은 온전히 학생의 몫이었다. 그리고 이 문제는 하나의 사건으로 떠올랐다 사라졌을 뿐, 진전된 논의와 정책적 고민으로 나아가지 못했다. 코로나19 이전이나 이후나 여전히 우리 사회에서 주된 쟁점이 되지 못하고 주변적 '사건'으로 처리되었을 뿐이다.

이 치열한 현실 속에서 '전문가가 되어야 급변하는 사회에서 도태되지 않는다'는 조언은 악의 없이 받아들여진다. 전문직, 전문가, 전문성은 노동과 노동자를 '대신하는' 긍정적 개념으로 자리 잡고 있다. 전문가라는 용어가 품고 있는 의미는 다양하다. 전문

* 고등학교의 학교 구분은 '일반고, 특수목적고, 특성화고'이다. 일반고가 지시하는 정상성의 문제와 일반의 전제로서 지식교육과 대입이라는 문제도 고민해 보아야 할 부분이다. 현실에서 널리 쓰이는 인문계와 전문계라는 용어로 이 글에서는 일단 서술하고자 한다.

** "경북 S공고 학생, 기능경기대회 준비 중 숨져", 〈대경일보〉, 2020년 4월 21일; "어느 고3 학생의 죽음… 그는 기능공이 아니라 메달 따는 기계였다", 〈프레시안〉, 2020년 5월 1일.

직의 전문은 고소득의 어떤 직업군들을 일컫고, 전문가의 전문은 노동 숙련도의 변형된 언어이며, 전문성의 전문은 노력의 또 다른 압박이다. 그 모든 것을 수행하고 있는 것은 노동이지만, 우리는 이제 노동을 노동이라고 부르지 않는다. 전문이라는 이름 속에서 노동을 서열화하고, 노동자에 대한 차별을 정당화하고, 구조의 폭력을 숨기고 있다. 노동은 버리고 넘어야 할 것으로 저물고 있고, 전문은 우리가 획득해야 할 그 무엇이 되었다. 노동이라는 용어를 고집할 필요는 없을 것이다. 그러나 핵심은 여전히 노동에 있다.

학교는 이 전문성의 신화에 대항하고 대안을 고민하기보다는 적극적 공모자로서의 자신의 위치를 강화하고 있다. 교과교육 이외의 것들은 추가되어야 할 주제교육의 '목록'으로 존재할 뿐이다. 본령은 지식교육이고 정점은 입시이다. '민주, 안전, 인권, 자치, 성평등, 통일' 등은 수업 진도표 속에 넣어야 할 법적 의무 교육 항목일 뿐이다.

교육의 재개념화 실패

법정 수업 일수 문제가 비대면 원격 수업이라는 형태로 형식적 부분에서 정리된 후 다른 한편에서 치열한 논쟁이 벌어진 건 '돌봄'의 문제였다. 재택근무 등이 보장된 직업을 가진 보호자의 경우에는 가정에서 돌봄을 하는 것의 어려움을 호소하였고, 출근을 해야만 하는 노동 환경을 가진 보호자의 경우에는 돌봄 없이 방치되는 자녀에 대한 우려를 이야기했다. 코로나19 이전부터 가정 혹은 머무르는 공간에서 돌봄을 받을 수 없는 조건에 있던 아동·청소년에 대한 문제가 위기의 상황에서 가시화된 것이다.

정부는 '긴급 돌봄'을 대책으로 제시하였고, 학교 현장으로 논쟁이 옮겨 갔다. 특히 초등학교에서 문제가 심각했는데, 법적으로 교육의 영역이 아닌 '돌봄'은 법적 근거 없이 이미 학교로 들어와 있었다. 이런 상황에서 교사에게 부과된, 법적 근거 없는 과도한 노동이라는 문제와 돌봄 전담사의 고용 불안정성이라는 문제가 맞물리면서 여러 논쟁들이 일어났다. 표면적으로 노동자 대 노동자의 갈등으로 드러났고, 감정의 골이 깊어지게 되었다.

급식 문제의 경우에는 조금 다른 형태로 우리 앞에 다가왔다. '돌봄'의 경우 '이루어져야 한다'는 전제에서 논의가 진행되었다면, '급식'은 단체 급식이라는 형태가 코로나19 확산 가능성을 높이기 때문에 '이루어져서는 안 된다'는 전제에서 논의가 진행되었다. 이는 결국 학교 급식을 책임지고 있는 급식 조리사들의 개학 후 임금 지급 여부의 문제로 구체화되었다. 이 와중에 서울시 교육감이 "학교에는 '일 안 해도 월급 받는 그룹'과 '일 안 하면 월급 받지 못하는 그룹'이 있는데 후자에 대해선 개학이 추가로 연기된다면 비상한 대책이 필요하다"고 발언했다. 이에 교사들이 반발하고, 또다시 노동자 대 노동자의 갈등, 구성원들의 감정의 문제로 논쟁이 옮겨 가면서 핵심적 논의는 봉합되었다.

돌봄이든 급식이든 문제의 핵심은, 학교 내에 다양한 사회적 역할들이 들어오게 되었지만 이 역할을 누가 담당할 것인가 하는 문제는 본격적으로 논의되지 못한 채 지금까지 유지되었다는 점이다. 전통적 학교의 역할인 수업과 상담을 전담하고 있는 교사들은 과다한 학급당 학생 수, 다양하고 무리한 행정 업무 수행 등으로 인해 오래전부터 과도한 노동에 내몰려 있다. 이 와중에 급식, 돌봄, 방과 후 수업 등이 물리적인 학교의 내부로 들어왔다. 현실에서 이 역할들을 담당하고 있는 구성원들은 무기 계약직, 단기 계약직 등의 불안정 노동의 형태로 학교와 관계를 맺고 있다. 이 역할들이 교육인지 아닌지의 문제와 이 역할들이 교사가 할 일인지 아닌지의 문제는 혼동되고 섞여 학교 내 갈등을 빚고 있다.

물리적 학교 내부로 들어와 있는 새로운 역할들이 '교육이 아니라면 왜 학교에 들어와 있는가?'라는 질문을 던졌을 때 교사들은 공포를 느낀다. '교육이라면 그 일들까지 교사가 해야 한다는 말인가?' 하는 질문으로 변형되기 때문이다. 이 공포를 교사 집단의 이기심으로 몰아가서는 문제가 해결되지 않는다. 물리적 학교 내부로 들어와 있는 새로운 역할들이 교육임을 받아들이고 학교 내에 교사 이외의 다양한 교육자들이 교육 노동을 하고 있음을 인정하는 방식으로 문제에 접근해야 한다. 교사는 학교 내 다양한 '교육자들' 중 하나의 직군이고 다양한 교육 노동 중 일부를 담당하고 있는 집단으로 재규정되어야 한다.

학교 내 전통적 직군 중의 하나인 교육 행정의 문제에 있어서
도 마찬가지의 접근이 필요하다. 교사가 교육 행정을 거부하는 이
유는 행정의 일이 교육 노동자 중 교사가 할 일이 아니고, 수업과
상담을 주된 노동으로 하는 교사가 감당하기에 과도한 업무 부담
이 있기 때문이다. 교육 행정은 학교 내 교육자 중 교육 행정을 담
당하는 노동자들이 적절하게 해내야 할 교육 노동 중 하나인 것
이다. 사실 이것은 특별한 내용이 아니다. 당연하고 원칙적인 이
야기다. 문제는 이 당위가 현실에서는 작동하지 않고 있다는 것
이다. 코로나19는 이러한 현실을 폭발적으로 드러내었고, 이는 노
동자 대 노동자의 갈등으로만 조명되고 봉합되었다.

원격 교육 신화의 안착과 지워진 몸과 목소리

원격 교육은 코로나19 이후 미래 교육의 대안으로 부상하고
있다. 교육과 기술의 연합 과정에서 변화에 대한 대응 '속도'와 '효
율'이라는 키워드가 담론을 잠식하고 있다. 교사들의 빠른 적응
은 능력 혹은 전문성과 동의어가 되었고, '구글'이니 '줌'이니 하는
초국적 자본의 이름이 거부감 없이 방법론의 핵심으로 스며들고
있다. 구글 클래스룸의 '효율적'이고 편리한 시스템은 감탄을 자
아냈고, 줌의 선도적 기술은 실시간 화상 수업을 현실로 만드는
'멋진' 도구로 회자되며 도입되고 있다. 이미 그 위력은 위기의 시

기에 문제를 해결하기 위한 임시 처방으로 논의되는 것을 넘어선 수준이다. 정부는 원격 교육을 산업으로 육성할 것이라고 공식적으로 표명한 실정이다.

기술과 속도에 대한 논의 자체를 거부할 수는 없다. 다만 '공교육이 무엇이어야 하는가?'라는 근본적인 질문 속에서 기술과 속도에 접근할 수 있는가가 문제이다. 현재 논의되고 있는 방식으로 기술과 속도를 그대로 받아들인다면 기술과 자본은 학교를 잠식할 것이고 대신할 것으로 예상된다. 기술로 포장된 자본에 의한 원격 교육이 학교교육을 장악한 모습을 상상해 보라.

콜센터화된 학교와 교사

코로나19 이후의 교육에서도 지식교육이 학교교육의 전부라고 한다면, 원격 교육을 중심으로 한 미래 교육의 모습은, 일부의 '권위 있는 유명 지식 전달 전문가'와 '콜센터화된 학교와 교사'로 정리될 것이라고 본다. 둘이 맺는 관계는 수평적이기 힘들 것이다.

개별 교사의 지식 전달의 효율이 '유명 지식 전달 전문가'가 만들어 내는 콘텐츠를 넘어설 가능성은 있는가. 〈EBS〉 유명 강사의 모습만 떠올려 보아도 이 질문에 대한 대답이 부정적이리라는 것을 쉽게 알 수 있다. 〈EBS〉 유명 강사의 강의 혹은 콘텐츠 뒤에는 수많은 비가시적 노동과 자본이 존재한다는 것을 우리는 알고 있다.

지식 전달의 교육 속에서 교사는 위계 구조 속 하위 체제로 자리 잡을 수밖에 없지 않을까? 지식 전달만을 교육이라 고집할 때 학교가 이미 경험하고 있는 교육 노동의 위계화는 가속화될 것이다. 교사는 변화된 현실 속에서 하위 노동을 점하는 '의도치 않은' 현실을 맞이하게 될지도 모른다.

무상 급식의 실현은 우리 교육의 획기적 변화 중 하나로 두고 두고 회자된다. 당시의 핵심적 주장, 대중적 지지를 받으며 정치적 싸움을 해 나갈 수 있었던 힘은 '급식도 교육이다'라는 언어였다. 그러나 그 싸움을 이겨 낸 이후, 급식은 교육이어 왔는지 솔직히 고민해 볼 필요가 있다. 무상 급식은 여전히 무상 '급식'일 뿐 교육이 되지는 못하고 있다. '밥이라도 먹으러 오는 것'은 급식이 교육이 되기 위한 출발이었다. 그런데 우리는 여전히 출발 지점에만 서 있다. 무상 급식이 학교에 자리 잡게 하기 위해 '교육'을 호출했지만, 진짜 교육으로는 자리 잡지 못했다. 급식은 급식으로 교육에서 자꾸 밀려나고 있다. 무상 급식의 정치적 승리 이후 무상 급식은 교육적 전환으로 나아가지 못하고 있다. 코로나 시대에 표면으로 떠오른 돌봄과 지식교육의 경계는, 비록 무상 급식을 학교 건물 안으로 들어오게는 했으나 교육으로 인정하지 못한 혹은 안 한 지식교육으로의 후퇴를 다른 측면에서 보여 준다.

지식 중심의 교육만을 전제한다면 장기적으로 원격 교육에서 학교와 교사는 콜센터화될 것이고, 교사의 몸이 놓이는 노동 환경은 사회 전체 노동자의 노동 환경에 종속될 것이다. 이번 집단 감염으로 드러난 콜센터 노동자들의 열악한 노동 환경이 곧 교사의 노동 환경이 될 것이라고 보는 것은 너무 과도한가? 다른 가능성이 있다면 '전문가 프리랜서'라는 이름의 특수 고용직화가 아닐까. 지식교육을 넘어서는 교육의 재개념화와 교육 공공성의 문제는 학생들만을 '위한' 것이 아니라 교사의 '노동'의 조건, 위계와도 직접 연결된 문제이다.

공간과 몸을 지운 교육

원격 교육의 화두에서 우리가 반드시 고민해야 할 또 하나의 문제는 공간과 몸이다. 현재 학교 공간이 가진 근대적 규율 체제의 특성은 오랜 세월 지적되었다. 굳이 푸코를 호출하지 않더라도 학교는 공간을 구획하고 시간을 분절하여 우리의 몸을 규율하고 감시한다.

공간과의 연합을 떨쳐 낸 원격 교육은 과연 이 규율적 성격을 해결할 수 있을 것인가. 원격 교육이 몸에 '자유'를 주었다고 말하는 것은 분명히, 너무나 문제적이다. 학교에 존재하지 않더라도 우리의 몸은 어딘가에 '존재'할 것이다. 학교에서 그 몸이 사라지게 하는 것이 해법이 될 수 없다. 학교 공간에서 사라지고 비가시화된 몸은 어디에 놓이게 될 것인가? 학교 공간의 규율 체제의 문제를 드러내고 몸의 자율과 공존을 경험하게 될 대안을 민주적으로 논의하지 않고, 삭제해 버린다면 이는 교육의 공공성을 포기하는 것이다.

이번 코로나19 상황에서 급박하게 비대면 원격 교육을 도입하면서, 당장 제기되었던 차별의 문제는 인터넷 접속과 관련된 기술 접근성이다. 정부는 제한적 수준에서 인터넷 접속 비용을 지원하고 접속을 위한 기기들을 제공하는 것으로 경제적 수준에 따른 교육 격차의 문제를 보완하고자 노력했다. 그러나 이 과정에서 기기와 기술을 사용하는 몸 그 자체는 고민되지 않았다. 학생들의 몸이 놓여 있는 공간이 어떠한 곳인지에 대한 문제는 근본적으로 고려되지 않았다. 학생들의 몸은 삭제되었고, 투명해져서 논의에서 사라졌다.

교육이 몸을 투명하게 내버려 두었을 때, 학교에서 몸이 사라지게 되었을 때 그 몸은 어디에 놓이게 될 것인가를 가장 극명하게, 충격적이고 비참하게 보여 준 사례가 있다. 바로 'N번방 사건'이다. 우리 교육이 성평등 담론과 페미니즘교육을 수용하지 못하면서, 가장 약자의 위치에 있는 몸들은 'N번방 사건'의 피해자로서 존재하게 되었다. 이 사건은 '몸'이 놓이는 물리적 공간에 대한 교육적 책임과 더불어 '몸'과 관련된 담론을 둘러싼 교육적 책임을 동시적으로 제기하고 있기에 더욱 중요하다. 몸을 안전하게 둘 공간도, 몸을 평등하게 이해할 담론도 우리 교육이 제공해 주지 못했음을 보여 주는 사건이다. '가상 현실'이라는 말장난을 넘어서지 못하고, 현실의 일부로서 기술과 공간을 구체적으로 사고하지 못했을 때, 'N번방 사건'은 반복될 수밖에 없다.

코로나19 상황으로 비대면 원격 교육이 기술과 속도로 이야기되기 훨씬 이전부터 가상의 공간은 우리 안에 들어와 있었다. 코로나19 때문에 공간과 몸에 대해서 고민해야만 하는 현실이 닥쳐오기 전에, 갈 곳을 잃은 몸과 몸에 대한 이야기는 이미 학생들 안에 들어와 있었다. 이에 대한 교육적 책임을 공공적 차원에서 논의하지 않으면 안 된다. 갈 곳을 잃은 몸과 몸에 대한 이야기는 또 다른 'N번방'으로 달려가게 될 것이다. 차별과 혐오, 폭력과 위계의 공간으로.

학생의 목소리를 지운 자치

원격 교육을 속도와 기술의 신화로서가 아니라 '교육의 본질과 몸의 의미를 품은 공공의 영역'으로 사고하기는 어떻게 가능할 것인가. 그 시작점은 바로 학생들의 목소리이어야 한다. 이번 코로나19 상황과 관련된 정책 결정의 과정에서 학생들의 목소리는 철저하게 지워져 있다. 학생들의 욕구와 고민은 '학부모'와 '교사'에 의해서 '대변'되었다고 교육부의 수장이 공식적으로 언명하였다. 과연 그러한가? 학생들이 어떠한 실질적 의사 결정권도 갖지 못하는 법과 규정을 교육부는 알고나 있는지 궁금하다. 학교 자치는 '연습'과 '모의'일 뿐이다. 실제 학교의 운영에서는 어떠한 권한도 경험할 수 없는 학생들의 진짜 위치를 교육부는 애써 보려 하지 않는다.

원격 교육을 도입하며 교육부와 언론들이 앞다투어 조명하던 실시간 수업에 대해 학생들은 구체적으로 어떤 문제를 느끼는지 직접 목소리를 들어 본 적이 있는가. 물론 교사들의 목소리도 충분히 반영되지 못했다. 그러나 학생들의 목소리는 반영되어야 하는 대상 자체로도 인식되지 못했다. 'N번방 사건'이 전 사회적 이슈로 들끓고 있는 와중에도 '왜 여성들은 화상 강의에서 카메라를 끄는가'라는 질문은 학생들의 살아 있는 언어로 받아들여지지 못했다. 학생들은 실시간 온라인 수업이 결정되면 어떤 두려움과 문제를 느끼더라도 따를 수밖에 없는 구조였다. 코로나19 상황과 관련된 긴급한 의사 결정의 과정에서 학생들의 의견은 수렴되지 못했고, 학교 밖 청소년들의 이야기는 삭제되었다. 이 사회에서 청소년들의 목소리는 지워져 있다.

집합적 학교교육의 문제점과 학교 공간의 규율성에 대한 해법이, '공간 없는 교육'으로 해결되어서는 안 된다. 원격 교육의 신화로 이 문제를 지울 수 없다. 교육의 공공성은 여전히 공간의 문제를 끌어안고 가야 하고, 학생들의 몸이 민주적 경험을 할 수 있는 기회를 제공해야 한다. 그 출발은 원격 교육의 신화에 가려진 학생들의 몸과, 몸에 대한 이야기를 살려 내는 것이다. 학생들의 생생한 언어를 경청하고, 그들에게 민주적 의사 결정 과정에서 행사할 권리를 보장하는 것에서 변화는 시작되어야 한다.

마셜 매클루언은 "미디어는 메시지다"라며 매체의 중요성을 강조했다. 원격 교육의 담론에서 미디어가 주는 메시지를 듣는 것은 중요하다. 하지만 교육과 미디어가 만났을 때 우리는 이 유명한 문장을 다시 사고해야 한다. 미디어는 메시지이지만 메시지는 미디어일 수 없다. 교육적 메시지는 미디어를 품는 것이어야 한다.

미디어 그 이상이어야 한다. 기술 그 이상이어야 한다. 미디어에, 기술에 교육이 잠식되어서는 안 된다.

코로나19가 드러낸 현실 속 교육과 교사의 역할

'사회적 거리 두기'라는 낯선 용어가 어느 순간 우리의 일상을 당연하게 규정하는 코로나 시대의 삶. 사회의 '거리 두기'를 가능하게 하지만 스스로는 '거리 두기'를 할 수 없는 노동과 노동자들이 극명하게 드러났다. 쿠팡맨의 죽음과 해고·실직의 최우선 순위가 된 비정규직 노동자의 현실은 많은 10대들의 현재이고 가능성 높은 미래이다.

아르바이트라는 이름으로 10대들이 수행하고 있는 플랫폼 노동의 위험성과 소규모 영업 현장의 불안. 불안정한 노동은 늘어가고 있는데 노동자는 소멸하고 있다. 플랫폼 노동 현실에서 보듯이 기술 발전의 장밋빛 전망과 혁신의 달콤한 언어들 속에 현실은 숨겨져 있다. 코로나19는 기술과 혁신에 근본적 질문을 해야 한다는 것을 적나라하게 보여 주었다. '배민'과 '타다'의 문제는 소상공인과 배달 노동자, 타다 기사와 택시 노동자의 갈등으로 드러났지만 본질은 사회 정책적 보완 없는 '혁신'이 가진 허구성이었다. 원격 교육의 기술적 발전 그리고 이에 학교가 빨리 적응하라고 부추기는 것에 휘말리고 교육의 공공성을 강화하기 위한 정책적 접근을 하지 못한다면 어떤 결말을 맞이하게 될지 예민하게 바라보아야 한다. 교육적 관점에서의 실천과 현장에서의 대안이 절실하다.

성공적 방역의 최전선에는 의료가 있다. 코로나19 사태의 최전선에서 목숨을 담보로 일한 의료진들의 열악한 현실은 '덕분에'와 '전문성', '희생'과 '사명'으로 포장되어 드러나지 못하고 있다. 간호사들의 열악한 노동 조건은 예전에도 '태움' 등의 문제로 조금씩 가시화되었다. 그러나 이번 코로나19 사태에서는 가려지고 있을 뿐이다. 등교 개학이 논의되면서 학교가 방역의 또 다른 핵심 공간으로 떠오르고 있다. 교사들은 방역의 '전문가'로 호명되고 있다. 이 과정에서 우리의 열악한 노동은 어떤 이름으로 포장될 것인가? 교사의 안전한 노동 환경을 확보하고, 교사로서의 역할을 하는 것에 집중하는 것이 코로나19 상황에서의 우리의 책임일 것이다.

의료라는 애매한 용어 속에 의사의 의료와 간호사의 노동과 돌봄의 위계화는 드러나지 못하고 있다. 학교에서도 교육과 돌봄은 위계화되어 있다. 무상 급식 이후 교육의 전환과 재개념화의 실패 혹은 답보는 지식교육 이외의 영역을 비교육의 영역에 머물게 했다. 이 과정은 노동의 성별 이분법, 가정 내 역할의 성별 구분이 투사된 것이다. 보육과 교육은 어디에서 구별되는가 하는 질문에는 아직 답이 없다. 하지만 구체적인 형태로 우리 옆에 와 있는 급식, 돌봄의 문제를 포함한 교육의 재개념화는 우리가 반드시 답해야 할 문제이다. 지식만으로 우리는 살 수 없고, 미래를 위해 현재의 희생을 감수하는 것을 교육이라고 더 이상 주장해서는 안 된다. 구체적 일상과 생활을 돌보고 조직하고 책임지는 것을 포괄하여 교육은 재조직되어야 한다.

인문계 고등학교 3학년 담임. 그 2년의 경험은 '나는 공교육의 실행자가 아니라 대학의 브로커이구나'라는 자괴감으로 귀결되었다. 졸업 후에 그래도 선생이라고 찾아와 주는 졸업생들에게서 듣게 되는 대학의 현실은 참담할 때가 많다. 여전히 얼차려와 물리적 폭력이 난무하고, 성차별과 성희롱이 일상화되어 있고, 취업을 무기로 학생들을 부당한 권력관계 속으로 밀어 넣는 이야기들을 들으면 죄책감이 밀려든다. 아르바이트, 학자금 대출 상환, 학점의 압박을 모두 감당하느라 무너진 마음과 몸들을 만나면 무슨 말을 해 주어야 하나 고통스럽기도 하다. 그러나 고등학교 시절에 학급과 학교, 자신의 문제를 고민하고 해결하려고 노력했던 반짝이던 시간들을 함께 이야기하며 서로 용기를 돋운다. 학교에서 민주적 의사 결정의 주체로서 자신의 목소리를 내 보고, 실제 자신의 삶과 현재를 바꾸어 본 경험. 그것을 자양분 삼아 우리가 함께 세상을 살아갈 방향을 고민하는 것. 거기에서 부끄럽지 않게 졸업생들을 만나고 사회의 동등한 구성원으로서 눈을 맞출 수 있는 작은 자신감을 조금씩 찾아 간다.

교사로서의 나의 노동이 사회 구조와 교육의 현실에서 완전히 벗어날 수는 없다. 하지만 교육의 현실을 직시하고 교육 노동자로서 주체가 되도록 노력하는 과정에 있다. 그 노력이 불러올 미래, 우리가 바라는 미래가, 어느 영화에서 보여 주는 것과 같이 '액체 속에 누워 있는 다수 대중의 몸'을 에너지원으로 하는 공간 속에서 일부 전문가의 몸만 무한 자유를 구가하는 사회는 아닐 것이다. 공교육이 할 일은 배움의 즐거움을 경험하게 하는 것이고, 민주주의의 지난함을 이해하는 시간을 주는 것이고, 역할의 차이가 권력의 차이를 생성하는 근거가 될 수 없음을 확인하도록 하는 것이라 믿는다. 그 경험을 할 공간과 기회와 권리를 보장하는 것. 그것이 교사로서 내가 하고 싶은 일이다. 코로나19 상황 속에서 우리는 또다시 많은 것을 배우고 있고 있다. 배움은 계속된다. 계속되어야 한다.

3부

재난 이후
우리가 만들어 갈
사회

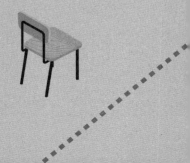

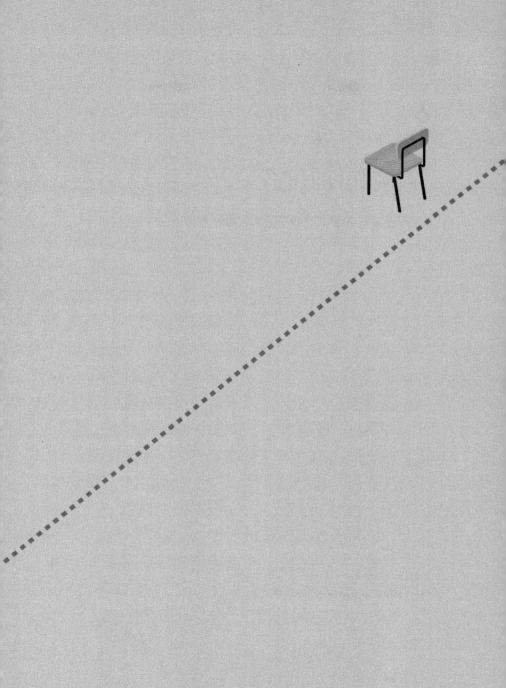

'구글리피케이션'

- 온라인 교육 시장이 공유지를 약탈하는 방법

채효정 measophia@naver.com
《오늘의 교육》 편집위원, 경희대 후마니타스칼리지 해고 강사

"뉴올리언즈의 학교는 대부분 폐허가 되었다. 이제 아이들은 여기 저기 흩어지게 되었다. 비극이라 하겠다. (……) 그러나 한편으로 교육 시스템을 전면적으로 바꿀 기회이기도 하다."*

신자유주의교의 충실한 사도였던 밀턴 프리드먼이 2005년 허리케인 카트리나가 휩쓸고 지나간 지역을 돌아보고 나서 했던 말이다. 프리드먼은 공립 학교 시스템을 복구하지 말고, 영리형 사립학교에서 사용할 수 있는 바우처를 재해민 가족에게 제공하라고 조언했다. 그리고 이것이 일시적 조치가 아니라 영구적 개혁이 되어야 한다고 덧붙였다. 우익 씽크 탱크는 이 저명한 경제학자의 제안을 수해 도시 복구 계획에 포함시켰다. 부시 정부는 이 '민간 의견'을 수용하여 뉴올리언스의 공립 학교를 차터 스쿨로 전환하는데 수천만 달러의 비용을 책정하고 지원했다. 홍수로 무너진 제방을 수리하고 주택과 전기 시설을 복구하는 과정은 아주 느렸다.

---

* 나오미 클라인, 김소희 옮김(2008), 《쇼크 독트린》, 살림Biz, 15쪽.

정반대로 학교 시스템 개혁은 일사천리로 신속하게 진행되어 공립 학교 시스템 대부분이 민간이 운영하는 차터 스쿨로 전환되었다. 그 결과는 어땠을까? 카트리나 이전에 123개였던 공립 학교는 4개로 줄었고 뉴올리언스 지역의 막강한 교사 노조는 와해되었으며 노조원 4,700여 명이 해고되었다. 기존 교사들 중 '유능한' 교사 '일부'는 더 높은 임금으로 차터 스쿨에 채용되었으나 대부분 더 열악한 조건으로 강등되거나, 실직했다. 이를 두고 당시 미국기업연구소^{AEI: American Enterprise Institute}는 "루이지애나의 교육 개혁가들이 수년 동안 못했던 것을 카트리나가 단 하루 만에 해냈다"라고 말했다.

나오미 클라인의 책, 《쇼크 독트린》에서 이 장면을 보면서 나는 온몸에 소름이 돋았다. 15년 전의 '재난 자본주의'가 팬데믹이 덮친 지금 여기서 그대로 재현되고 있기 때문이다. 재난이 벌어진 후 자본이 공공 부문에 치밀한 기습 공격을 가하는 것을 '재난 자본주의'라고 부른다. 미국에선 2001년 9.11 테러 이후, 한국에선 1997년 외환 위기 이후, 시민들이 충격에 휩싸여 있는 동안 공공 부문에 대한 자본의 약탈이 대대적으로 자행되었다. 임시적 조치라며 도입된 정책과 제도들은 재난 이후에도 영구적인 것이 되어 버렸다. 이렇게 쇼크 상태에서 수립된 정책^{doctrine}을 '쇼크 독트린'이라고 부른다. 또한 그것은 쇼크 상태에서만 도입 가능한 것이기도 하다. 미국에서 9.11 테러 이후 테러 방지를 명분으로 도입된 '애국자법'이나, 한국에서 외환 위기 이후 도입된 노동 시장

유연화 정책 및 비정규직 제도는 대표적인 쇼크 독트린이다. 영화 〈국가 부도의 날〉에는 스탠퍼드 출신의 기획재정부 고위 관료가 "이번 기회에 싹 갈아엎어 버리고 제로베이스에서 다시 시작하는 게 낫다"라고 말하는 장면이 나온다. 당시나 지금이나 관료의 책상 위에는 '갈아엎어지는' 수많은 이들의 삶에 대한 고려는 전혀 없다. 지금은 '뉴 노멀' 같은 단어가 그런 제로베이스를 상징한다. 온라인 교육은 '포스트 코로나 시대'의 뉴 노멀이 될까? 팬데믹 때문에 강제로 학교에 갈 수 없게 된 지금 상황은 낡은 교육 시스템을 갈아엎을 절호의 기회가 된 것일까?

교육을 갈아엎을 자본의 절호의 기회

세계적인 대재난을 큰돈을 벌 기회로 삼는 기업도 있다. 아마존이 대표적이다. 미국의 정책연구소IPS: Institute for Policy Studies 보고서에 따르면, 팬데믹이 덮친 2020년 아마존의 1분기 매출은 전년도 같은 기간에 비해 26% 증가했고, 코로나19 국면 속에 아마존 주가가 30% 이상 오르면서 같은 기간 CEO인 제프 베조스의 자산도 249억 달러, 약 30조 원 증가했다. 세계적인 경제 위기 속에도 '사회적 거리 두기'로 상승세를 보이는 '언택트untact 수혜주'는 유통 업체만이 아니다. 온라인 교육 시장은 코로나19가 쓸어 버린 폐허의 교실을 접수할 절호의 기회를 잡았다. 재택근무와 인터넷 강의가 확산되자 온라인 회의 및 강의 환경을 제공하는 플랫폼인 줌은 이용자 수가 크게 늘었다. 2019년 1000만 명 정도였던 줌 이용자는 2020년 3월엔 2억 명으로 무려 20배나 급증했다. 주가도 2배로 뛰었고 설립자인 에릭 위안의 재산도 팬데믹 이후 25억 8000만 달러, 약 3조 원 이상 늘어났다. 미국과 이탈리아를 석권한 구글 클래스룸도 코로나19 이전과 비교해 이용 학생 수가 5000만 명에서 1억여 명으로 2배 이상 늘어났다.

국내에서도 교육과 기술을 융합한 '에듀테크' 산업이 주식 시장에서 급반등했다. 관련 기업들은 쾌재를 불렀다. 재난 극복 프로젝트로 한국형 뉴딜 정책과 포스트 코로나 담론이 나오기 시작하면서 원격 강의와 비대면 화상 수업이 임시 조치가 아니라 코로나19 이후의 미래형 교육 모델로 부상했다. 한국무역협회 국제무역통상연구원이 내놓은 보고서[*]에 따르면, 세계 에듀테크 시장 규모는 2018년 1530억 달러에서 2025년 3420억 달러로 2배 이상 확대될 것으로 예측한다. 가상현실, 증강현실, 인공지능, 빅 데이터 등 정보 기술IT과 교육 서비스를 융합해서 새로운 학습 경험 상품을 공급하는 신산업 분야인 에듀테크 시장 규모는 2018년 이미 약 3조 8000억 원대였는데, 코로나19 사태로 비대면 원격 강의 수요가 늘면서 5조 원 이상으로 늘어날 것으로 예

---

[*] 한국무역협회, 〈에듀테크 시장 현황 및 시사점 보고서〉, 《트레이드 포커스》, 2020년 5월 10일.

측된다. 최근 에듀테크 관련 기업들은 교육을 산업 관점에서 바라보는 인식 전환이 필요하다며, '포스트 코로나 시대의 교육'에 대응할 것을 주장하고 있다. 여기에 '미래를 위한 정부 투자'가 약방의 감초처럼 따라 나온다. 교육을 산업으로 육성하기 위해서는 정부의 지원과 투자가 필요하다는 것이다. 정부도 기꺼이 맞장구를 친다. 세계 반도체 시장의 규모는 약 4000억 달러인데 교육 산업의 시장 규모는 약 5조 9000억 달러라며, 바이오, 전기 자동차, IT만이 아니라 교육 산업도 차세대 성장 동력 산업으로 국가적 지원을 통해 육성해야 한다는 이야기가 나오고 있다. 교육 산업은 '4차 산업 혁명'의 주축인 창조경제의 대표 산업이기도 하다. 에듀테크 산업계는 '한국형 에듀테크 서비스'를 구축하기 위해 정부와 논의에 들어갔다. 구체적으로는 초·중·고 원격 수업에 활용한 〈EBS〉 온라인 클래스와 한국교육학술정보원KERIS e학습터를 민간 통합 학습 플랫폼으로 대체하고, 플랫폼 사업자가 경쟁을 통해 학교에 납품 공급을 하는 방식을 검토 중이라고 한다. 그야말로 국내 교육 기업들이 수년 동안 하지 못했던 것을 코로나19가 단번에 해내고 있는 셈이다. 외환 위기 때는 기업과 은행이 글로벌 자본의 주요 침략 대상이었다면, 지금은 '학교'가 자본이 노리는 최고의 약탈지다.

최근에 전에 일하던 대학으로부터, "코로나19가 어차피 해야 할 미래 교육을 빨리 준비하도록 해서 앞당기도록 일종의 순기능을 발휘"하고 있다면서 "우리 대학은 이미 예전부터 온라인 수업 환경을 착실히 준비해 왔다"고 홍보하는 뉴스 메일을 받았다. 그 이메일은, 대학 강의가 준비 없이 온라인 강의로 대체되면서 수업의 질이 떨어지고 학교 시설도 사용할 수 없어 수업권과 학습권을 제대로 보장받지 못하고 있다는 학생들의 항의와 '등록금 반환 운동'이 벌어지고 있는 현실은 마치 딴 나라의 이야기인 것처럼, 온라인 강의를 '미래 교육'으로 둔갑시키고 있었다.

대학에서 지난 몇 년 사이에 급속히 늘어난 온라인 강의는 미래 교육을 위한 대학의 준비가 아니었다. 그것은 기업화된 대학이 수익을 최대화하고 비용을 최소화하는 것을 목표로 구조 조정을 하는 과정에서 일어난 일이었다. 대학은 강사들을 대량 해고하면서, 그만큼 정규직 교수의 초과 강의 노동 시간을 늘리고, 대형 강의 수와 온라인 강의 수를 늘려 왔던 것이다. 하지만 교육을 투자 수익 모델로 대체하는 이러한 구조 조정의 결과, 수업의 질과 노동의 질은 동시에 하락하고 구성원들의 불만도 점점 커져 갔다. 최근에는 더 이상 교수의 노동 시간도, 강의 수도 압박할 수 없을 만큼 포화될 대로 포화된 상태에 이르렀다. '온라인 강의 확대'는 대학이 비용을 최소화하면서 수익을 계속 늘릴 수 있는 남은 탈출구였다. 그동안은 방송통신대와 사이버대학 같은 원격 통신 대학들이 별도로 존재하는 상황에서 일반 대학이 온라인 강의 수를 일정 비율 이상으로 확대하는 것은 학내외 여론의 반발에 부딪힐 수밖에 없었다. 그런데 포스트 코로나 담론이 시작되고 비상조치로 도입되었던 비대면 원격 강의가 '포스트 교육' 모델로 제

팬데믹 이후 우리가 만들어 갈 사회

208

시되자, 일반 대학의 온라인 강의 확대에 대한 부정 여론은 일거에 무력화되고 큰 반발 없이 전면화되었다. 이런 논의 속에 학생과 교수 들은 여전히 배제되어 있다. 지금까지 대학에서 자체적으로 제작해서 운영해 온 부분적 온라인 수업과 달리, '에듀테크 기업'과의 공동 교과 개발은 이전과는 완전히 다른 양상으로 전개될 것이다. 이는 또한 교육 노동자들의 고용에도 영향을 미칠 것이다. 연구 개발이나 협업이란 이름으로 에듀테크 업체가 교육과정과 교육 내용의 설계에서부터 컨설팅과 제작에 참여한다면 어떻게 될까? 앞으로는 대학 강사에서도 인강 '1타 강사'가 나올지도 모른다.

지금 대학이 선도적으로 도입하려고 하는 플랫폼 대학 모델과 대학-기업 간 교육 거버넌스가 초·중·고 현장에 도입되는 것은 시간문제다. 몇 해 전 유행했던 〈근대 학교 제도를 재판합니다〉라는 동영상에서, 미국의 시장주의 교육 개혁론자들이 담았던 마지막 메시지는 "학교가 하기 어렵다면 이제 스타트업이 해도 되지 않을까요?"였다. 그 은밀한 유혹이 이제 노골적인 압박으로 현실화되고 있다. 박근혜 정부 때부터 시도되었던 '대학은 미네르바 스쿨처럼, 초·중등교육은 알트 스쿨처럼' 가자는 플랫폼 학교로의 전환 기획은 포스트 코로나 담론 속에서 가속화될 것으로 보인다. 에듀테크 기업들은 교사들을 '동반 파트너'로 추켜세우며 교사학습공동체와 프로그램 개발자의 협업을 강조하고, 마치 교사의 대변자인 것처럼 교사의 디지털 역량 강화를 위한 지원을 정부에 요청한다. 시대에 뒤떨어지는 교사를 걱정하고, 교사의 중요성을 인정하고 우대하는 듯이 보이는 이 유혹 전략 속에 숨은 의도는, 실은 학생 교육뿐만 아니라 교사 교육까지도 영리 기업이 담당하겠다는 뜻이다.

구글은 어떻게 학교를 점령했는가

플랫폼 기업이 어떻게 학교를 점령하는지 구글의 사례를 통해 구체적으로 살펴보기로 하자. 기존 교육과정에 보완적 요소로 도입된 스마트 교육 기기가 원래의 오프라인 교육 시스템을 무력화하면서 온라인 체제를 현실에서도 연장하고 지배하는 것을 젠트리피케이션에 빗대 "구글리피케이션"이라고 부른다. 기술이 현실의 연장이 아니라 현실이 기술의 연장이 되는 것, 결국 구글 속에서 모든 학습이 이루어지게 만드는 것이다. 파워포인트 프로그램을 사용할 때 그것이 강의의 보조적 수단이라고 생각하지만 결국은 PPT에서 시작해서 PPT로 끝날 수밖에 없게 되는 것과 마찬가지의 이치다.

마크 저커버그의 투자로 유명한 알트 스쿨은 '학교'라는 이름을 가지고 있지만, 실제로는 구글의 엔지니어 출신 막스 벤틸라가 개발한 프로그램이자 동시에 그 프로그램을 활용한 '사업장'이다. 벤틸라는 원래 알트 스쿨을 공립 학교와 사립 학교에 교육용 소프트웨어를 판매하기 위한 실험용 플랫폼으로 만들었다고 한다. 알트 스쿨 네트워크를 프랜차이즈로 만들어 운영하려던 것이 그의 계획이었다. 하지만 수익률이 떨어지자 벤틸라는 직접 학교를 만들어서 운영하는 모델 학교를 폐기하고 소프트웨어 플랫폼을 개발해 '파트너 학교'에 판매하는 방식으로 전환했다. 벤틸라는 맞춤형 학습 프로그램이 정착되면 소비자인 학교와 정부는 기꺼이 높은 가격을 지불할 것이라고 예측했는데, 초기 프로그램의 개선을 위해서는 데이터의 축적과 피드백이 필요했다. 이 교육 벤처 사업가는 학교 현장에서 수집되는 데이터 양이 많으면 많을수록 플랫폼의 성능은 좋아질 것이라고 자신했다. 실제로 그는 알트 스쿨에서 수집한 데이터를 바탕으로 구축된 소프트웨어를 1인당 수백 달러를 받고 파트너 학교에 판매하기도 했다. 미네르바 스쿨도 이런 방식의 기술 창업과 투자 수익 모델에 기초한 영리 학교다. 그런데도, 박근혜 정부 시절 〈EBS〉와 〈KBS〉 등을 통해 소개된 알트 스쿨이나 미네르바 스쿨은 이상적인 미래 학교의 전형처럼 묘사되었다. 왜 기업은 학교를 이런 식으로 혁신하려고 하는 것일까? 플랫폼 학교는 플랫폼 자본주의를, 디지털 교육은 디지털 자본주의를 위한 맞춤형 재생산 기관으로 학교교육의 틀을 재조직하기 위한 것이다. 산업 자본주의 시대의 학교가 공장 시스템에 적합한 공장 노동자를 생산하는 장소였듯이, 플랫폼 자본주의 시대의 학교는 플랫폼 산업에 적합한 개별 맞춤형 '자유 노동자free worker'를 생산하는 데 최적화된 장소가 되어야 한다.

유감스럽게도 오늘날 교육 전문가라는 이들은 이런 사회 경제적 변동을 무비판적으로 수용하여 공학적으로 교육 현장을 적응시키려고 한다. 미래학자들이 그리는 미래 교실의 모습은 그야말로 기술 유토피아적 이상으로 채색된 꿈같은 이야기로 가득하다. 교육에 열의가 넘치는 교사들일수록 '어떻게 재밌게 가르칠까?'를 고민하고 효과적인 교육 방법을 찾고자 노력한다. 선의와 열의에서 나온 시도라 해도, 자신이 사용하는 흥미로운 프로그램들이 얼마나 무서운 기술 통제와 연결되어 있고 정교한 감시 체제를 구축하는 데 쓰이는지를 함께 통찰하지 못한다면, 그 의도와 무관하게 반교육적 결과를 초래할 수도 있다. 우리의 교육은 교실 안에서만 이루어지지 않으며, 교실 밖의 사회적 맥락과 정치적 맥락과 연결되고 그 속에 놓여진다. 시장은 생각보다 깊숙이 교실 안으로 침투해 있다.

구글은 어떻게 교실을 점령할 수 있었을까. 내가 대학에 있을 때 일이다. 어느 날 교직원 메일 시스템이 구글의 지메일Gmail로 변경되었다. 새로 구글 계정을 만들어서 데이터 이전 신청을 해야 했다. 오래된 메일은 개인적으로 백업을 받아야 했다. 학교 홈페이지도 크롬 기반으로 재구축했다. 대학 도서관의 데이터베이스 시스템도 완전히 바뀌었다. 꽤 번거로운 과정이었고, 새로운 체제에 익숙해질 때까지 시간이 한참 걸렸다. 멀쩡한 걸 왜 바꾸는 걸까 궁금했는데 나중에 우연히 다른 기사를 읽다가 그 이유를 알게 되었다. 그것은 학교에 대한 구글의 공격적 마케팅 전략과 관련이 있었다.

2017년 5월 13일 자 〈뉴욕 타임즈〉에는 "구글은 어떻게 교실을 점령할 수 있었나?"*라는 제목의 흥미로운 기사가 실렸다. 기사는 구글이 교실에 제품을 투입하기 위해 어떤 방식으로 마케팅을 해 왔는지 잘 보여 준다. 첫 번째 마케팅 기법은 교사와 학교 관리자들이 먼저 제품을 사용하도록 만드는 것이다. 교사들에게 보급해서 프로그램 활용 모델, 비용 절감, 관리 생산성 향상 등 '성공 사례'를 만든 후에, 그 성과를 다른 학교로 소개하고 확산시키는 벤치마킹 방식이다. 이런 방식은 학교교육에 들어오는 사기업에 대해 정부 관료나 학부모들이 갖고 있는 경계심과 저항 장벽을 손쉽게 넘을 수 있는 우회 전략이다. 혁신적인 교사들에게 먼저 접근해서 제품을 사용하게 한 다음, 마치 교육 현장의 당사자들이 교육 당국에 혁신의 도입을 요구하는 것처럼 보이게 만드는 것이다. 이를 위해 구글은 먼저 교사들이 편리하게 사용할 수 있는 교수-학습 모형을 개발했다. 나아가 '구글 교육자 그룹'이라는 온라인 커뮤니티를 개설하고, 여기서 사용자들이 서로 교육적 활용 아이디어를 교환할 수 있게 했다. 교사 연수 프로그램을 운영하고 과정을 마스터한 교사에게는 인증서도 수여했다. 상품 개발

---

* www.nytimes.com/2017/05/13/technology/google-education-chromebooks-schools.html. 이 기사는 한 에듀테크 클라우드 사이트에 소개되어 있었다.(www.educloudworld.com/news)

및 확산에 참여하는 과정 자체가 교사 역량을 입증하는 증명이 되도록 만든 것이다. 이런 마케팅 기법은 주부나 노인을 대상으로 하는 주방 도구나 건강 식품 다단계 판매에서도 많이 찾아볼 수 있다. 하지만 구글 같은 대기업이, 교사를 대상으로, 주방의 요리 시연이 아니라 세련된 컨퍼런스장에서 교육 시연을 수행할 때는 전혀 다르게 보인다. 참여자들은 기업의 자발적 세일즈맨으로 동원되면서도, 마치 새로운 기술로 미래 교육을 선도하는 진취적 교사처럼 대접받으면서 그런 자의식을 자신도 모르게 주입하게 된다. 이런 구글리피케이션 모델을 수많은 에듀테크 기업들이 모범 사례로 참고한다. 다국적 의료 기업과 제약 회사가 병원과 의료 기술을 통제하고 나아가 의료 정책에까지 영향을 미치는 것처럼, 지금 교육 현장에서도 똑같은 일이 일어나고 있다.

현재 미국 내 과반수 이상의 초·중등 학생들이, 특히 3000만 명의 초등학생들이 지메일, 구글 문서와 같은 도구를 사용한다. 학생들이 어렸을 때부터 학교에서 구글 운영 체제를 사용하게 만드는 것은 미래의 잠재적 고객 유치 경쟁에서 이기는 길이다. 이 작업이 처음부터 초·중·고를 대상으로 시작된 것은 아니었다. 처음 도입된 것은 대학에서였다. 2006년 구글은 아리조나 주립대학을 시작으로 대학의 메일 서비스를 지메일과 문서 도구 패키지로 교체하도록 설득했고, 학기당 6만 5,000명의 대학생들이 구글 서비스를 활용하게 만들었다. 대학 비즈니스 모델이 성공하자, 구글은 이 마케팅을 초·중등 공립 학교로 확대하기 시작했다. 한국에서도 구글은 대학부터 차례로 '접수'했다.

구글이 교육 영역에서 기대하는 가치는 무엇일까? 당연히 교육적 가치가 아니라 '수익'이다. 구글 클래스룸은 무료 학습관리 시스템LMS: Learning Management System이다. 단, 이 무료 시스템을 이용하려면 반드시 구글 계정을 가지고 있어야 한다. 대학 도서관의 자료 검색과 다운로드까지 모두 구글 계정과 연동되어 있다는 것은 구글 계정이 없이는 리포트나 논문도 쓸 수가 없다는 의미이다. 지금 무료로 제공하는 서비스들이 언젠가 유료화되지 않는다고 장담할 수 있을까? 무료처럼 보이지만 숨은 비용으로 눈에 띄지 않게 납세자들에게 전가되는 사례도 수없이 많다. 2012년 미국에서 세 번째로 큰 시카고 교육구는 관내 공립 학교에 구글 플랫폼을 도입하기로 결정했다. 구글은 디바이스당 30달러의 유지·보수 비용을 책정했다. 시카고 공립 학교는 13만 4,000개의 크롬북을 유지·보수하기 위해 매년 3300만 달러가 넘는 돈을 지출한다. 2012년 1% 미만이던 크롬북 점유율은 4년 만인 2016년에는 미국 초·중등학교 모바일 디바이스의 58%에 이르렀다. 기기나 프로그램은 학교에서 공급하기 때문에 '무상'으로 보이고, 교사나 학부모가 각자 비용을 부담하지 않는 기기 보급을 굳이 반대할 이유는 없을 것이다. 하지만 결국 그 비용은 세금을 경유하는 방식으로 가난한 사람의 주머니에서 대기업의 주머니로 들어간다.

무엇보다 기업의 입장에서 가장 중요한 학교의 가치는 학생 사용자의 '정보 가치'일 것이다. 반대 입장에서 생각할 때는 그것이 가장 위험한 것이다. 교육의 전 과정이 기업의 데이터 채굴과 연동되기 때문이다. 구글은 처음 마케팅을 시작할 때 교육용 앱을 활용하여 대학 관리자들이 학생들의 진학·진로를 분석하고 예측하는 데 효과가 있다는 커뮤니케이션 마케팅에 주력했다. 구글은 원래 사용자들이 서비스를 활용하면서 남긴 기록 데이터를 이용해 광고 정확도를 높이는 방법을 통해 온라인 광고로부터 수익을 창출한다. 이런 비즈니스 모델에서 가장 중요한 자원은 사용자의 축적된 데이터다. 빅 데이터를 기반으로 타겟 광고를 통해 수익을 창출하는 구글이 학교에서 수집한 학생들의 온라인 활동 기록을 영리적 목적의 데이터로 가공하거나 사용하지 않는다는 보장이 있는가? 시민사회단체들은 구글이 무엇을 수집하고 왜 수집하고 어떻게 사용하는지 계속 의구심을 제기해 왔지만 구글은 공개하지 않는다. 구글이 취득한 데이터는 구글의 사유 재산으로 시민적 통제권의 영역 밖에 있다.

뿐만 아니라 이 정보들은 해킹이나 도용의 위험으로부터도 안전하지 않다. 2018년에는 페이스북 해킹으로 5000만 명이나 되는 사람들의 계정 정보가 유출된 사례가 있었고, 최근 원격 수업으로 각광받고 있는 화상 커뮤니케이션 플랫폼인 줌도 보안 대책에 골머리를 앓고 있다. 해커들은 원격 수업에 잠입하여 음란물을 틀거나 이용자의 데이터를 빼내기도 한다. 대만과 싱가폴, 미국 정부 부처는 줌 사용을 금지하거나 각별한 주의를 요청하기도 했다. 기업도 중요한 회의를 줌으로 하지는 않을 것이다. 줌에 접속할 때마다 우리는 인공지능의 언어 학습과 안면 인식을 돕는 데이터를 자기도 모르게 생산하고 무상으로 탈취당한다. 줌이 아니고 다른 플랫폼을 사용하면 괜찮을까? 경쟁사들도 상황은 마찬가지다. 학교의 온라인 교육을 '뉴 노멀'로 만들겠다는 교육부의 방침은 가명 처리만 하면 개인 정보를 기업들이 거래하고 사용할 수 있도록 만든 2019년의 소위 '데이터3법'과 맞물려 '데이터 산업 활성화'에 기여할 전망이다. 시민사회단체들이 '개인 정보 도둑법'이라 부르며 막고자 했던 이 위험한 법안은 학교가 생산하는 정보 가치의 자본화와 상품화 또한 촉진할 것이다. 구글리피케이션은 팡FAANG* 제국의 학교 식민지화 전략을 대표한다.

평등한가, 민주적인가, 공공적인가

온라인 개학 초기 디지털 격차가 사회적 불평등 문제로 대두되었다. 온라인 수업을 들으려면 컴퓨터나 태블릿 PC, 스마트폰 같은 온라인 기기가 필요한데, 모든 학생들이 그런 기기를 다 갖추고 있지는 않기 때문이었다. 이는 교육 불평등을 초래할 요인으로

---

* 글로벌 IT산업에서 독점적 지위를 차지하고 있는 다국적 기업인 페이스북, 아마존, 애플, 넷플릭스, 구글을 일컫는 용어.

지적되었고 교육부는 스마트 기기 33만 대를 확보하여 기기가 없는 학생들에게 대여 또는 지급했다. 기기 부족 사태는 일어나지 않았다. 교육 불평등은 해소되었을까? 똑같은 노트북을 가졌다고 해서 똑같은 교육 환경을 가지는 건 아니다. 똑같은 노트북이 다른 공간과 환경 속에 놓이기 때문이다. 조용히 집중할 수 있는 자기만의 방이 있는 사람도 있고 그렇지 못한 사람도 있다. 개중에는 집보다 학교가 더 편하고 안전한 학생도 있다. 하루 대부분의 시간을 보내던 학교라는 공간이 봉쇄되었을 때 다른 대체 공간이 없는 경우를, 노트북 공급보다 먼저 생각할 수는 없었을까? 영국에서는 초기 방역에 실패한 후 록다운Lockdown을 선언하고 대부분의 사업장이 무기한 휴업에 들어갈 때도 학교는 부분 개방을 했다고 한다. 부모가 코로나19 방역에 필수적인 노동자인 경우, 재택근무나 자가 격리를 할 수 없는 상태에 있는 경우에 그 자녀들에 대한 돌봄을 제공하기 위해서다. 교사도 필수 노동자로 분류되기 때문에 교사의 자녀도 여기에 포함되었다. 초기 감염 방역에는 실패했지만 아이들에겐 '대피소'로서의 학교도 필요하다는 점은 놓치지 않았던 셈이다. 한편으로는 영국에선 'IT 강국' 한국처럼 기기를 무상으로 제공하면서까지 전국적으로 온라인 수업 대체 같은 것을 할 수 없었기 때문일 것이란 생각도 들었다. 우리도 전국적 온라인 수업이라는 선택지가 없었으면 어땠을까? 다른 상상력이 생길 수도 있지 않았을까? 아마 이렇게 획일적인 온라인 수업 방침이 아니라, 지역마다, 학교마다, 교사와 학생에 따라서 다양한 방식의 대체 수업 모델이 나오지 않았을까?

2020년 3월, 코로나19 휴업 기간 동안 학교에 가지 않는 우리 집 청소년과 나는 집에서 함께 지냈다. 청소년은 컴퓨터 앞에서 인강을 듣다가 또는 숙제로 내 준 문제를 풀다가 종종 옆에 있는 나에게 툭툭 질문을 던지기도 했다. 영어 단어나 어려운 한국어 낱말 뜻에서부터 인물이나 책에 대한 것까지 수시로 질문을 했다. 무심결에 답을 해 주다가 문득 그런 생각이 들었다. 이런 것도 '엄마 찬스'가 아닐까. "엄마가 선생님이냐?"는 내 말에 이런 답이 돌아온다. "그럼 어떡해. 학교면 선생님한테 물어볼 텐데, 여긴 물어볼 사람이 없잖아, 엄마밖에." 그 말도 맞다. 그런데 누구나 대답해 줄 '엄마'가 집에 있는 건 아니다. 학교에선 어떨까. 모든 학생이 모르는 것이 있다고 다 손 들고 물어보지는 않는다. "대신 뭔가 애들이 뚱한 표정으로 멍 때리면 샘이 알아서 다시 한 번 설명해 주거나 확인을 하지." 그 말을 듣고 나는 교사들도 바로 그런 점이 답답할 것이라는 생각이 들었다. '타자의 현존'이 교육에서 얼마나 중요한 조건인지를 잊고 있었다. 눈앞에 보이는 타자의 신체는 어떤 의미를 갖는가. 미래의 스마트 교육에는 그런 고민이 쉽게 누락된다. 몸과 몸의 대면과 접촉이 사라진 공간에서는 신체의 언어가 생산되지 않으며, 신체적 소통이 불가능해진다.

인터넷 강의나 온라인 수업이 낯설어 처음에는 흥미를 보이던 아이들은 며칠 못 가 금방 싫증을 내기 시작했다. 다시 등교 결정이 내려졌을 때, 많은 부모들이 반대하며 걱정한 반면 의외로 아이들은 학교에 가고 싶어 했다. 교사 한 분이 "다시 돌려보내더라도 얼굴이라도 봤으면 좋겠다"라고 말하는 것을 들었을 때, 학교라는 공간에는 내가 논리적으로 판단하는 것 이상의 다른 공공성이 있지 않은가 하는 생각을 했다. 그 공공성이란 학교 교육과정의 공식성이나 공통의 교육과정이 아니었다. 그것은 우리가 잘 인지하지 못했던 '감각적 공통성'이었다. 시간과 공간이 감각의 공통 형식이라면, 같은 공간과 같은 시간이라는 조건은 기억과 경험의 공통 감각의 조건이다. 같은 장소와 같은 시간을 함께 체험한다는 것은 감각적 공유의 기초 아닌가? 감각의 공유지가 없이 커먼즈commons와 커머닝commoning을 홀로 어디서 어떻게 배울 수 있단 말인가. 물론 학교는 구성원들이 자발적으로 공통장commons을 만드는 것을 억압해 왔다. 평등하지도 않고 민주적이지도 않다. 하지만 그 모순과 부조리에 대한 감각 또한 구체적인 장소성이 있을 때 가능한 것이다. 그것은 공간의 불평등함까지도 현시하며 드러내고, 새로운 감각의 분할을 만들어 낼 수도 있다. 하지만 온라인 공간에서는 그것이 거의 불가능하다. 장소에 대한 공통 감각이 완전히 제거되기 때문이다. 장소에 대한 친숙함뿐만 아니라 저항감도 원천적으로 생겨날 수가 없다.

그런데 지금 많은 교사들과 교육 전문가들은 대자본에 의해 식민지화되는 교실 안에서 어떻게 하면 수업을 잘 할 수 있을 것인가 하는 고민에만 여전히 갇혀 있다. 거꾸로교실, 자기 주도 학습, 코칭 교육, 플립 러닝, 피어 러닝 등 온라인 학습과 연동된 학습 모형을 교육학적 방법론으로만 생각하는 것이다. 게다가 이것을 포스트 코로나 담론과 연결하여 미래 교육 모델로 제시하는 것은 교사 자신에게도 통제 시스템이 될 '빅 브라더 스쿨'의 도래를 자기 손으로 앞당기는 것과 마찬가지다. 알트 스쿨이나 미네르바 스쿨에서처럼 교사는 기술적 통제 속에서 학생들에게 지식을 전달하고 점검하는 데이터 입력자, 프로그램 관리자로 변해 갈 것이다. 그런데 우리는 왜 미래 교육이라고 하면 응당 이런 기술 기반의 스마트 교육이라고 상상하는 것일까? 미래가 비대면 사회가 되고 플랫폼이 뉴 노멀이 되면 교육도 그에 맞춰 플랫폼 학교가 되는 것이 바람직한 것일까? 반대로 사회가 그렇게 갈수록 교육은 더 관계 중심의 연결과 접촉에 집중해야 되는 것이 아닐까?

'교실의 구글화googlification of the classroom'는 칠판과 책상과 두꺼운 교과서와 노트로 이루어진 교실을 1세기 전과 똑같은 모습의 교실이라고 비난하며, 시대가 바뀌었으니 교실도 바뀌어야 한다고 주장하던 교육 혁신주의자들이 꿈꾸던 목표일 것이다. 코로나19 팬데믹은 시장주의자들이 꿈꾼 교육 개혁을 더 촉진하고 가속화할 것이다. 우리는 어떻게 해야 할까? 우선은 정신 차리고 재난을 틈타 속전속결로 추진되는 교육 개악을 막아야 한다. 하지만 "교육 시스템을 바꿀 절호의 기회"는 자본의 것이기도 하지만, 민중의 것이기도 하다. 교육 시스템을 근본적으로 바꿀 기회를 우리가 잡아 볼 수는 없을까? 코로나19로 인해 지금까지 사회 곳곳의 모순이 드러났듯이, 교육의 모순도 폭로되고 있다. 위기는 사회의 대전환을 위한 기회이자 교육 혁명의 기회이기도 하다. 학교를 자본의 플랫폼으로 대체하려는 '구글리피케이션'과 글로벌 대기업의 약탈로부터 학교를 공유지로 탈환할 수 있는 방법을 고민하고, 억압의 장소를 해방의 장소로 전환하는 교육적 실천으로 '다른 경로'를 만들어 내야만 한다.

재난의 비일상에서 새로운 일상의 재구성으로

- 대학 등록금 반환 운동의 의의와 한계

강석남 kim3soo91@hanmail.net

중앙대학교 사회학과 석사 과정 수료

이전의 세상은 이제 다시 오지 않는다는 방역 당국의 선언처럼, 한국 사회 그 어느 곳도 코로나19로부터 자유롭지 못했다. 대학도 마찬가지다. 개강이 연기되고 전례 없는 비대면 강의가 전면 도입되면서 이전에는 경험하지 못했던 대학교육이 수행됐다. 재난은 갑작스럽고 준비는 미흡했기에 여기저기서 파열음이 들리기 시작했다. 생소한 교육 환경에 대한 교·강사들의 호소도 없지 않았지만, 문제를 제기하는 목소리의 압도적인 지분은 단연 학생들의 몫이었다. 불성실하거나 불만족스러운 강의의 질적 문제, 비대면 시험 혹은 평가의 공정성 문제, 특히 지불한 등록금만큼의 교육(서비스)을 받지 못했다는 총체적 문제의식이 모이면서 대학을 상대로 한 '등록금 반환 운동'으로 구체화됐다.

2020년 7월 기준, 이 운동은 나름의 변화를 끌어내고 있다. 비대면 개강 당시부터 대부분의 대학들은 등록금 반환에 대한 법적 의무의 부재나 비대면 강의 시스템 구축 비용 등을 이유로 반환에 난색을 표해 왔다. 하지만 건국대가 7월 1일 특별 장학 형식으로 '수업료의 8.3%'를 반환하기로 확정하면서 하나의 사례를 만들어 냈다. 처음에는 대학과 학생 간의 문제라고 발을 빼던 교육부도 대책 마련에 나선다고 입장을 바꾸었다. 정부가 직접 반환하는 것이 아니라 등록금 반환을 하는 대학에 지원금을 주는 형태로 간접적 지원을 하는 안이 제시됐다. 그 결과 여당을 중심으로 3차 추가 경정(추경) 예산에 당초 알려졌던 2718억 원에서 1718억 원 삭감된 1000억 원의 예산이 편성됐다.

물론 확보된 예산의 규모가 학생들이 지불한 실제 등록금에 비해 적정한지, 즉 실질적으로 등록금 반환의 액수로 적당한지는 논의의 여지가 있다. 언론 보도로는 등록금 반환 지원을 위한 추경 예산은 대학생 수로 나누면 1인당 5만 원 정도라 한다. 반면 전국대학학생회네트워크(전대넷)가 대학생 1만 1,105명을 대상으로 한 설문 조사 결과, 대학생들이 적정하다고 생각하는 반환 비율은 평균 59%로 나타났다.[*] 그 타당성은 대학의 등록금을 구성하는 회계적 논리와 학생들의 효능감 사이의 어딘가에 위치할 것이다.

여기에서 어느 정도의 액수가 타당한지를 다루지는 않는다. 그보다는 등록금 반환 운동이 코로나 시대 이후의 대학교육에 갖는 시사점을 다뤄 보고자 한다. 첫째로 반환 액수가 많냐 적냐 하는 논쟁에 매몰되지 않고 다뤄져야 할 운동의 쟁점이 분명히 존재하기 때문이다. 타당한 액수를 반환받는 것은 물론 중요하지만, 그

---

[*] "與 "등록금 반환 추경 2700억"…대학생 "고작 10만 원, 허울뿐"", 〈중앙일보〉, 2020년 7월 1일.

것이 운동 자체를 대변할 수는 없다. 둘째로 이 운동은 대학생들이 만족할 만큼의 반환 액수를 보장받지 못하더라도 나름의 의미가 있기 때문이다. 비일상의 코로나 시대로부터 촉발된 운동이 다양한 쟁점을 제기하며 자연히 코로나19 이후 새로운 일상의 대학 교육을 재구성할 수 있기 때문이다.

비일상의 표상으로서 등록금 반환 운동의 의의

등록금 반환 운동의 핵심은 전대넷이 주도하고 있는 등록금 반환 소송의 법적 근거를 살펴보면 명료하게 드러난다. 전대넷 페이스북 페이지에 게시된 2020년 5월 18일 자 카드 뉴스에 따르면 그 근거는 '등록금 일부에 대한 부당 이익 반환 청구', '불완전 이행으로서 채무 불이행으로 인한 손해 배상 책임', '불법 행위에 기한 손해 배상 책임'의 세 가지다. 즉 비대면 강의로는 대학이 대면 강의와 시설물 사용을 전제한 계약 내용을 이행할 수 없기에 부당 이득을 반환해야 하고, 실제 대면 강의에 비해 그 질이 현저히 떨어지므로 계약의 불완전 이행이며, 이는 〈교육기본법〉이 보장하는 학습권을 침해하므로 손해를 배상할 의무가 있다는 의미다. 더 거칠게 요약하면 비대면 강의는 지불한 등록금과 등가교환될 수 없기 때문에 그 여분을 대학이 반환해야 한다는 논리라고 할 수 있다. 그리고 이는 비대면 강의가 등록금의 대가로서 사회적으

로 기대되었던 '대학교육'을 온전히 대체할 수 없다는 명제를 전제
한다.

비대면 강의가 대학교육을 대체할 수 없다는 것은 대학교육이
오로지 강의로만 구성될 수 없음을 의미한다. 비대면 강의의 문제
점으로 흔히 지적되듯 실습이나 실험 등의 필수적인 대면 강의·
교육을 포함해, 강의의 범주를 넘어서는 요소들 또한 대학교육의
중요한 축이다. 민주적 시민으로서 참여하고 성장하는 (학생회나
동아리 등을 포괄한) 학생 자치 활동, 교·강사와 동료 대학생들과
의 대면적 상호작용과 그로부터 파생되는 사회적 관계들, 캠퍼스
라는 물리적인 공간에서 가능했던 다양한 활동들은 비대면 강의
가 결코 대체할 수 없는 대학교육의 구성 요소다. 비록 그 활발함
이 이전 같지 않을지라도, 대학교육은 여전히 강의 외적인 영역을
포괄해야 한다는 쟁점을 등록금 반환 운동이 제기하고 있다. 무
엇보다도 이 운동 스스로가 대학교육이 열어 둔 학생운동의 공간
에서 태동했다는 점에서 더욱 그러하다.

등록금 반환 운동의 의의는 비대면 강의의 전면적 도입이 기존
의 대학교육을 대체할 수 없음을 분명히 함으로써, 비대면 강의는
어디까지나 재난 상황에서의 예외이자 비일상적 교육이라는 점을
분명히 했다는 점이다. 따라서 그 액수의 타당성과 무관하게 등
록금 반환 사례를 만들고 정부의 예산 투입을 끌어낸 것은 운동
의 분명한 성과다. 이는 비일상적 대학교육은 기존의 대학교육을
온전히 대체할 수 없고, 사회적으로 기대된 등록금과 등가교환될

수 없으므로, 예외를 가능케 했던 재난이 종식되면 다시 등록금과 등가교환될 수 있는 일상적 교육이 이뤄져야 한다는 대학생·대학·정부의 사회적 합의를 표상하기 때문이다.

문제는 코로나19 이후의 '일상적 교육'이 무엇이어야 할지에 대해서 등록금 반환 운동의 대답이 다소 모호하다는 점이다. 쉬운 답안은 코로나19 이전의 일상이었던 대면 대학교육으로의 회귀일 텐데, 정부와 대학들은 이미 '포스트 코로나19'의 대학교육이 나아갈 경로를 발 빠르게 추진하고 있다. 등록금 반환 운동이 대학교육의 비일상적 계기로부터 출발했으나, 이후 대학교육의 일상을 어떻게 재구성할 것인지는 제시하지 못한 결과다.

비대면 강의의 전면화와 재난 자본주의

'재난 자본주의'는 사회적, 자연적 재난이 지배 체제, 특히 자본의 축적 체제 재생산의 계기이자 근거로서 동원되는 현상을 일컫는 개념이다. 쉽게 말해 재난이 자본의 보다 용이한 이윤 창출과 축적을 가능케 한다는 것이다. 이 개념은 특히 코로나19 상황이 심화되며 재난 상황을 이유로 정부의 자본 친화적 의료·노동·공공 부문의 규제 완화가 현실화되면서 자주 회자되고 있다.* 교

---

* "'재난 자본주의' 심화되나…여권 내 우려 목소리 커진다", 〈경향신문〉, 2020년 5월 7일.

3부 재난 이후 리얼리티의 재구성

육 부문도 예외가 아니다. 허리케인 카트리나가 뉴올리언스 지역의 공립 학교 123개를 4개만 남기고 전면 민영화하는 기습의 계기였듯이[*] 코로나19로부터 비롯된 현재의 재난 또한 교육 부문의 규제를 완화시키는 계기이자 근거로 기능하고 있다. "이번 기회에 원격 수업을 '뉴 노멀'로 새롭게 정립해 대학교육을 혁신하는 계기로 삼아야 한다."[**] 유은혜 교육부 장관의 말이다.

그간 한국의 오프라인 대학은 〈고등교육법〉과 그 시행령에 따른 '일반대 원격 수업 운영 기준'에 의해 개설된 총 교과목 학점 수의 20%를 초과하지 않는 범위에서만 원격 수업, 즉 비대면 강의를 개설할 수 있었다. 다만 교육부가 2020년 1학기는 코로나19 때문에 이 규제를 한시적으로 풀어 주어 지금의 전면적 비대면 강의로의 전환이 가능했던 것이다. 그런데 정부는 코로나19 상황이 장기화되면서 그에 따른 비대면 산업 활성화를 위해 2020년 3분기를 기해 대학 원격 수업 운영 기준 개선을 추진한다고 나섰다. 기존의 20% 규제 해체가 예고된 것이다. 여기에 그치지 않고 사이버 대학이 아닌 일반 대학에서도 온라인 석사 학위 과정을 운영할 수 있을 전망이다. 학부와 대학원을 막론하고 비대면 강의의 전면 도입을 막아 왔던 규제들의 해체가 현실화되고 있다. 사실상 비대면 강의만으로 학·석사 학위를 취득할 수 있는 길이

---

[*] 채효정, "[세상읽기] 재난 자본주의와 사회 대협약", 〈경향신문〉, 2020년 4월 20일.
[**] "일반 대학에서도 온라인으로 학·석사 딴다", 〈한국경제〉, 2020년 7월 2일.

열린 것이다. 그리고 교육부 장관이 이와 같은 '원격 교육 혁신 방안'을 발표한 곳은 등록금 반환을 요구하는 대학생들의 앞이 아니라 주요 대학 총장 31명이 참석해 '포스트 코로나 교육 대전환'을 논의하는 자리였다.*

〈한국대학신문〉에 따르면 70명의 대학 총장들을 대상으로 한 설문 조사에서 72.9%가 '온라인 교육 시대를 본격적으로 대비해야 한다'고 응답했고, 다수가 '콘텐츠와 시설 공유 플랫폼 구축'(34.4%)과 '온라인 교육 20% 법정 비율 제한 폐지와 온라인 교육 확대'(28%)가 시급하다고 응답했다.** 실상 대학들은 꾸준히 비대면 강의 규제 완화를 요구해 왔으니 환영해 마지않을 것이다. 벌써 "원격 수업에 대한 거부감이나 편견을 불식하고 확대 가능성에 주목한 것은 이번 코로나19 사태의 부산물이다"라는 기대 어린 평가도 찾아볼 수 있다.***

재난에서 비롯된 비대면 강의 규제 완화를 대학들이 환영하는 이유는 대학들, 특히 사립 대학들이 놓인 구조적 조건에서 찾을 수 있다. 2010년 이후 대학 등록금 상한제가 제도화되면서 등록금은 법적 통제하에 사실상 동결돼 왔다.**** 동시에 한국 대학의

---

* "일반 대학 학·석사 온라인으로도 딴다", 〈매일경제〉, 2020년 7월 2일.
** "원격 수업 20% 제한 풀리나…규제 개선 추진", 〈한국대학신문〉, 2020년 6월 2일.
*** 송기창, "[시론] 코로나19 이후 대학의 과제", 〈아시아경제〉, 2020년 5월 28일.
**** 김일환(2015), 〈한국의 대학 구조 조정에 대한 재정사회학적 연구〉, 서울대학교 사회학과 석사 학위 논문.

절대다수를 차지하는 사립 대학의 등록금 의존율은 2018년 교비 회계 기준 53.8%를 차지하고 있다.* 대학 운영 비용의 과반 이상을 여전히 등록금에 의존하고 있지만 등록금 상승은 억제된 상황이다. 거기에 학령 인구 감소가 가시화되면서 입학 정원 미달이 현실로 다가왔다. 그 결과 등록금 수입 자체를 장담할 수 없는 상황에서 정부는 대학 구조 조정과 재정 지원 사업을 미끼로 대학 간 생존 경쟁을 유도한다. 수도권 대학이든 지방 대학이든 정도의 차이가 있을 뿐 거의 모든 대학이 구조적인 비용 감축의 압력에서 자유로울 수 없다. 대형 강의화와 부족한 학내 공간, 강의 커리큘럼의 획일화, 불충분한 교원 수, 비전임 교원의 확대와 시간 강사의 불안정한 지위, 대학의 수익 활동 심화 등 이미 지속적으로 문제시되었던 대학교육의 학습권 침해 문제는 이러한 대학의 비용 감축 경향과 무관하지 않다.

비대면 강의의 도입은 대학들의 고민을 일거에 해결해 준다. 교수자가 다수의 학습자를 상정한 일방향성 강의를 비대면으로 진행한다고 하자. 그것이 녹화된 영상이든 생중계 강의든 간에 이른바 강의 정원은 무의미해진다. 시공간의 물리적인 한계가 존재하지 않기 때문이다. 비대면 강의는 기존의 그 어떤 거대한 강의실도 초월하여 무한한 수강생을 수용할 수 있다. 그리고 일단

---

* 대학교육연구소, "[논평] 소모적 등록금 논쟁 종식할 근본 대책 고민해야", 2020년 1월 8일.

영상화되면 무한히 재생될 수 있다. 때문에 대학은 동일 커리큘럼의 여러 강의를 통폐합할 수 있고, 시의성이 그리 중요하다고 여겨지지 않는 강의들은 영상 콘텐츠화를 통해 반복 활용할 수 있다. 나아가 전임·비전임을 막론하고 기존 교원 규모를 증원하거나 유지할 필요도 없다. 필수적인 강의 공간이 축소될 것이기에 캠퍼스의 상업 공간으로의 전환도 용이하다. 심지어 비대면 강의를 위한 시스템 구축 비용은 일회적이다. 일단 한 번 지출하면 그 이후로는 특별한 경우가 아닌 이상에야 유지·보수 비용만 부담하면 된다.

코로나19 확산을 막기 위한 비대면 강의의 전면적 도입은 다른 방역 대책과 마찬가지로 사회적 논의가 생략된 채 대학 구성원들에게 일방적으로 주어진 것이다. 물론 재난이 급격하게 전개되는 와중에 다소간의 민주적 절차를 건너뛴 것은 어느 정도 참작의 여지가 있다고 치자. 문제는 원하든 원하지 않든 전국의 대학들이 학기 전체를 비대면 강의로 대체하는 실험이 사회적 논의와 대학 구성원들의 동의 없이 수행되었고, 실제로 일정 부분 성공했다는 것이다. 그 결과 재난에 대응하기 위한 방역의 논리임과 동시에 재난으로부터 새로운 이윤을 창출하기 위한 자본의 논리로서 교육 부문의 규제가 일사천리로 해체되고 있다. 그 과정에서 대학 운영 비용의 과반을 등록금으로 지불하고 있는 학생들의 학습권에 대한 고민은 찾아보기 어렵다. 당연하게도 대학 구성원들의 의사를 묻는 민주적 절차는 존재하지 않는다. 재난 자본주의에 대한 교과서에 소개한다면 작위적으로 보일 만큼 너무나 완벽한 예시가 아닌가?

소비자 중심적 등록금 반환 운동의 한계

정리하자면 코로나19 재난으로부터 촉발된 등록금 반환 운동의 결과 비대면 강의는 기존의 등록금과 등가교환될 수 없는 예외적 교육 형태임을 사회적 합의로 인정받았음이 분명하다. 그럼에도 불구하고 정부와 대학들은 비대면 강의 규제 완화를 통해 이 예외를 재난 이후 일상적 대학교육의 핵심으로 재규정하는 작업에 이미 착수한 모양새다. 하지만 등록금 반환 운동은 이러한 정부와 대학의 움직임에 보폭을 맞춘 대응을 보여 주지 못하는 것으로 보인다. 그 이유는 앞서 언급한 것처럼 운동이 최종 목표로 두는 등록금 반환은 예외적 비대면 교육에 대한 일시적인 대안일 뿐이며, 대학교육이 어떤 경로로 나아가느냐 하는 문제에 대해서는 답을 비워 두고 있기 때문이다. 그 결과 비대면 강의의 대체 불가능성을 이유로 등록금 반환을 요구하고 있으나 정작 대학교육이 비대면 강의로 대체되는 과정을 방관할 수밖에 없는 모순이 발생한다.

등록금 반환 운동의 성과는 비대면 강의와 등록금이 등가교환되지 않는다는 논리가 이견의 여지 없이 모두를 설득할 만큼 너무나 당연하기 때문에 가능했다. 이 논리의 핵심은 대학을 교육 서비스의 생산자로, 대학생을 교육 서비스의 소비자로 철저히 위치시킨다는 점에 있다. 대학은 비대면 강의(상품)가 등록금에 등가이니 환불의 의무도, 여유도 없다는 입장이다. 반면 대학생들은 등가가 아니니 일부라도 반환해야 하고 이를 위해 정부가 나서라고 주장한다. 정부는 비대면 강의와 등록금의 교환 문제는 계약 당사자인 대학과 대학생 간의 문제라는 입장이다. 대학, 대학생, 정부는 각각 대립하는 이해관계를 가지면서도 동시에 등록금 반환의 쟁점은 생산자인 대학과 소비자인 대학생 2자 간의 계약 관계라는 인식을 공유하고 있다.

특히 등록금 반환을 요구하는 대학생들이 이러한 인식을 적극 내면화하고 있음을 보여 주는 징후로 두 가지를 들 수 있다. 첫째로 6월 25일 발표된 리얼미터의 '대학 등록금 반환에 대한 정부 지원 찬반 의견' 조사 결과에서는 정부 지원에 반대한다는 의견이 62.7%로 25.1%의 찬성을 압도적으로 눌렀고, 특히 20대도 27.4%만이 찬성했다는 점이다. 이러한 반대 의견은 대학과 대학생 2자 간의 문제이니 정부 지원이 부당하다는 의미로 보인다. 둘째로 이러한 여론에 따라 등록금 반환을 주도하고 있는 대학생 조직들도 정부 예산을 통한 등록금 반환에 모호한 태도를 보이거나 반대 의견을 내비쳤다는 점이다.[*] 결과적으로, 적어도 형식

---

[*] "세금으로 사학 재벌 배불리면 안 돼", 〈한국일보〉, 2020년 6월 19일.

상 대학-대학생 2자 간의 문제라는 전제에 모순되지 않도록 '정부
가 대학의 등록금 반환을 유도하는 지원 예산을 우회적으로 투입
하는' 타협안이 도출되었다. 대학생 스스로가 2자 간 계약 관계에
매몰되면서 '대학교육의 공공성'은 허공을 떠도는 수사적 구호에
다름없게 된 것이다. 대학교육이 진정 공공적인 것이라면 정부의
지출과 부담의 확대를 당연히 요구했어야 한다.

  문제는 등록금 반환 운동의 주체인 대학생들에게는 소비자로
서의 자기 규정이 오히려 스스로의 권리를 축소시키는 자기 파괴
의 논리 구조라는 점에 있다. 이미 대학 서열 체제에 따라 노동 시
장으로의 진입이 학력 자격증(학벌)에 의해 결정되는 구조가 너무
나 공고하다. 때문에 입시 성적이 나온 순간 학생들이 지원할 수
있는, 즉 거래할 수 있는 대학들은 이미 결정되어 있다. 이 구조에
서 '합리적인' 소비자들의 선택은 자신들의 입시 성적의 순위에
따라 사실상 강제된다. 생산자와 소비자의 대등한 관계는 시장에
서 자유로운 각자가 선택의 자유를 누리면서 만날 때 비로소 가
능하다. 강제된 계약에서 소비자의 자유는 존재하지 않거나 매
우 협소할 수밖에 없다. 소비자로서의 대학생은 단지 대학이 제시
한 상품이 등록금과 등가인지 아닌지를 판별하는 순간에서만 최
대의 자유를 발휘한다. 등가면 소비하고 아니면 반환(환불)을 요
구할 뿐이다. 어떤 상품을 판매할 것인지는 전적으로 생산자인 대
학의 몫이기 때문이다. 따라서 소비자 중심적인 등록금 반환 운
동은 그 스스로가 가장 강력한 힘을 발휘하는 논리에서부터 한

계를 가질 수밖에 없다. 대학교육의 문제를 소비자 주권의 문제로 규정하면 할수록, 대학생들은 대학교육의 틀을 규정하는 주권자가 되지 못하고, 등록금과의 등가 여부라는 문제에만 매몰될 것이다. 애초부터 어떤 대학교육을 지향할 것인지, 재난 이후 새로운 대학의 일상을 어떻게 재구성할 것인지는 소비자 중심적인 등록금 반환 운동이 결코 대답할 수 없는 질문이다.

한편으로 교육(서비스)이 상품이냐 아니냐의 논쟁을 차치하더라도, 한국의 대학교육은 생산자와 소비자의 2자 관계로 설명될 수 없다. 한국의 대학교육 구조의 역사적이고 제도적인 변동에 대한 선행 연구들은 공통적으로 그 궤적이 국가에 의해 규정되었다고 결론짓는다. 특히 현재의 고등교육에 대한 공공 지출의 억제와 등록금 의존이 높은 사립 대학 위주의 대학 구조, 학령 인구와 무관한 대학 정원의 과잉된 팽창, 노동 부문의 수요를 초과하는 상대적 과잉 교육 등은 전두환 정권의 1980년 '7.30 교육 개혁'과 김영삼 정권의 1995년 '5.31 교육 개혁'으로부터 그 기원을 찾을 수 있다. 즉 오늘날 한국 사회의 대학교육은 생산자인 대학과 소비자인 대학생이 자유롭게 시장에서 거래한 결과 형성된 것이 아니라 철저하게 국가의 개입에 의해 구성된 것이다. 따라서 한국의 대학교육은 생산자와 소비자의 2자 관계가 아니라 대학, 학생(가계), 국가라는 3개 항의 틀에서 논의되어야 한다.

재난의 비일상에서 새로운 일상의 재구성으로

소비자 중심적인 등록금 반환 운동의 한계를 어떻게 극복할 수 있는지는 이미 대학 구성원들이 익히 알고 있는 바다. 첫째로 소비자로의 자기 규정 대신 대학 사회의 시민으로 스스로를 호명해야 한다. 등록금의 등가성과 환불 논리에서 더 나아가, 시민으로서 누가 대학교육의 비대면 강의를 결정하는지, 등록금은 어떻게 구성되고 지출되어야 하는지 물어야 한다. 무엇보다도 이 모든 것들을 결정하는 대학 내 의사 결정 구조의 민주적 개편과 제도화를 향해 뻗어 가야 한다. 구체적으로 대학 구성원 모두의 의사가 실질적으로 반영되는 민주적 총장 선출, 대학평의원회의 현실화 및 의결 기구화 등을 예로 들 수 있다.

둘째로 국가의 역할을 적극적으로 요구해야 한다. 국가는 단순히 대학들을 관리·감독하는 역할에 머무르지 않고 마땅히 대학교육을 책임져야 한다. 지금의 등록금 반환에 대한 일시적이고 우회적인 재정 지원은 말 그대로 일시적인 재난 지원금과 다를 바 없다. 그 대상이 대학생들인 것에 불과하다. 오히려 국가의 적극적인 재정 투입을 제도화함으로써 국가가 책임지는 대학교육을 추구할 필요가 있다. 즉 대학생들의 운동은 등록금의 일시적인 환불이 아니라 국가와 공공 재정에 의한 일상적인 등록금의 대체를 요구해야 한다. 공영형 사립 대학의 전면 도입, 대학 무상교육 등의 의제가 그 구체적 예다.

다만 이런 뻔하디뻔한 얘기를 반복하는 것은 별 의미 없을 것이다. 오히려 모두가 모범 답안을 알고 있음에도 지금의 운동이 왜 '등록금 반환'의 기치로 구체화됐는지를 고민할 필요가 있지 않을까. 어느 칼럼에 따르면 등록금 반환 운동은 2011년 반값 등록금 운동에 이어 약 10년 만의 "전국적 규모로 '대학 문제'를 걸고 펼쳐지는 대학생들의 운동"이다.* 학생운동이나 학생 자치의 기반이 예전 같지 않다는 징후는 차고도 넘친다. 특히나 코로나19에 따른 거리 두기 상황에서 과거와 같은 대면적이고 물리적인 집합 행동도 요원하다. 대학생들의 운동이 가질 수 있는 최악의 조건에서 등록금 반환 운동은 오랜만에 전국적 호응을 만들어 냈다. 아무도 부정할 수 없는 등가교환의 법칙이 나름의 성과를 가능케 한 원동력임은 분명한 사실이다.

그럼에도 불구하고, 국가와 대학(자본)은 재난을 핑계로 규제를 해체해 자신들이 원하는 대학의 일상을 새로이 꾸며 내고 있다. 비대면 강의의 전면화는 더 이상 재난에 대응하는 방역 대책이 아니라 코로나19 이후 대학교육의 새로운 형식이 될 것이다. 학령 인구의 감소로 가속되고 있는 대학 구조 조정도 지금까지와는 전혀 다른 양상으로 전개될 수 있다. 등록금 반환 운동의 의의는 비대면 강의가 대학교육을 온전히 대체할 수 없다는 사회적 합의를 이끌어 냈다는 점이다. 하지만 이 합의는 갑작스러운 재난

---

* 강남규, "[직설] '등록금 반환 운동'이 던진 질문들", 〈경향신문〉, 2020년 6월 23일.

과 미흡한 준비로 인한 시행착오의 부수적 결과였을지도 모른다. 국가와 대학(자본)이 비대면 강의의 질을 충분히 끌어올리겠다고 나설 때, 그래서 대면 강의를 충분히 대체할 수 있다고 주장할 때, 혹은 비대면 강의를 기준으로 등록금을 책정할 때, 그래서 재난 종식 이후 비대면 강의가 전면 도입될 때 등록금 반환 운동은 지금의 논리로도 충분히 대응할 수 있는가?

　등록금 반환 운동은 소비자로서의 자기 호명에서 벗어나야 한다. 물론 이는 자신의 가장 강력한 성공 비결을 포기하는 것이지만 동시에 스스로를 옭아맸던 근원적인 한계로부터 탈피하는 것이기도 하다. 반환의 성취가 현실화되는 동시에 재난을 핑계로 규제 완화의 물결이 밀려드는 지금이야말로 대안적 대학교육의 상을 그려 나가야 할 시점이다. 등록금 반환 운동이 재난에서 비롯된 비일상의 일시적인 사건으로만 남을지, 아니면 새로운 대학교육의 일상을 재구성하는 계기가 될 것인지를 결정해야 할 때다.

인권으로서의
어린이 · 청소년 돌봄

- 코로나 시대, 돌봄을 돌아보다

서상희 shsuh@health.re.kr
시민건강연구소 활동가

벌써 2020년도 다 저물어 가고 있다. 올해 초, 코로나19라는 신종 감염병이 전 세계를 강타하면서 말 그대로 모든 나라에 '멘붕'이 왔다. 한국도 예외일 수 없었다. 새롭게 출현한 이 질병에 대해 어떤 경로로 감염되는지 왜 감염되는지 그리고 얼마나 치명적인지, 우리는 아무것도 알지 못했다. 전문가들도 다르지 않았다. 인류가 처음 맞이한 '병'이었기 때문이다. 새로운 질병이 처음 등장한 것은 아니었기 때문에 우리는 이와 같은 상황에 대비해야 한다는 것을 진작부터 알고 있었다. 코로나19 이전에 사스가 있었고 메르스가 있었다. 코로나19와 달리 국지적 유행이었다는 차이는 있지만, 새로운 감염병 유행에 대한 대비가 필요하다는 사회적 경고는 그 당시에도 있었다.

위험은 가장 취약한 이들에게 제일 많이 전가되어 드러난다. 국가와 사회의 신종 감염병에 대한 대비 부족으로 인한 위험 부담은, 사회적으로 가장 약한 사람들에게서 마치 예외적 현상인 것마냥 개인화되어 나타난다. 중요한 것은 그것이 예외적 현상이 아니며, 개인적 상황은 더더욱 아니고, 신종 감염병은 기후 위기 시대에 앞으로도 계속 나타날 것이라는 점이다. 지금 여기서 우리가 느끼고 공감하고 있는 문제를 정면으로 직면해 다루지 않고 넘어가면, 우리는 나중에 더 큰 위험에 처하게 될지도 모른다.

사회적 위기로 인해 사회 경제적으로 불리한 위치에 있는 어린이·청소년들에게도 위험 부담이 커지고 고통이 전가되는 측면이 있다. 모든 어린이·청소년은 생존과 보호, 발달, 참여의 권리가 보장되는 적절한 돌봄을 받을 권리가 있음에도, 코로나19 감염병 유행이라는 사회적 재난과 위기 속에서 요구와 발언, 참여는 고사하고 적절한 보호와 생존조차 보장받지 못하는 상황에 처하게 되기도 했다.

특별히 감염병 유행이라는 사회적 위기 상황이기에 어린이·청소년의 돌봄이 적절하게 이루어지지 못했던 것일까? 그렇지 않다. 사회적 위기 상황에서의 돌봄 서비스는 기존의 돌봄 체계가 어떻게 구축되어 있고 작동되는지에 영향을 받을 수밖에 없기 때문이다.

긴급 돌봄의 문제는 기존 돌봄 체계의 문제

한국의 어린이·청소년 돌봄 체계는 보건복지부, 여성가족부, 교육부에서 각 부처별로 연령에 따라 구분해 보편 서비스와 선별 서비스를 나눠서 운영하고 있다. 지자체에서 개별 사업을 하는 경우가 있기는 하지만, 대부분 중앙 부처 정책을 그대로 집행하는

수준이며, 예외적으로 서울시 등 일부 지자체에서 간간이 별도의
프로그램을 운영하기도 한다.

보건복지부는 보편 서비스 프로그램으로 만 0세부터 5세까지
어린이집*을, 만 6세부터 12세(초등학생)까지는 다함께 돌봄센터
를 운영(지원)하고 있으며, 선별 서비스 프로그램으로 지역아동센
터와 드림스타트를 운영(지원)하고 있다. 지역아동센터는 소득이
가구원 수별 기준 중위 소득 100% 이하이면서 초등학교·중학교
에 재학 중인 만 18세 미만 아동이 주 대상이다. 드림스타트는 만
0세부터 12세(초등학생 이하)의 어린이와 가족이 주 대상이며 임
산부를 포함한다. 여성가족부는 보편 서비스 프로그램으로 아이
돌봄 서비스와 청소년 방과 후 아카데미를 운영(지원)하고 선별
서비스 프로그램으로 학교밖청소년지원센터 꿈드림을 운영(지원)
하고 있다. 아이 돌봄 서비스는 만 12세 이하 어린이를 대상으로
서비스를 제공하고, 청소년 방과 후 아카데미는 지자체와 함께 초
등학교 4학년부터 중학교 3학년까지의 어린이·청소년을 대상으
로 한다. 학교밖청소년지원센터 꿈드림은 만 9세에서 24세까지의
학교 밖 청소년을 대상으로 한다. 교육부에서는 보편 서비스 프로
그램으로 유치원(누리 과정 지원)을, 선별 서비스 프로그램으로 초
등 돌봄 교실을 운영(지원)하고 있다. 유치원은 보육료 지원 사업

---

* 보육료 지원 사업(www.bokjiro.go.kr/welInfo/retrieveGvmtWelInfo.
do?welInfSno=292)

을 통해 만 3세에서 5세까지의 유아 학비를 지원하며, 초등 돌봄 교실은 주로 맞벌이, 한부모, 저소득 가정의 초등학교 1~2학년을 대상으로 한다. 그리고 방과 후 연계형 돌봄 교실은 주로 초등학교 3~4학년을 대상으로 이루어진다.

한국의 어린이·청소년 돌봄 체계는 부처 간 장벽이 높고 연령별로 나누어 운영되면서 발생하는 여러 가지 문제가 지속적으로 제기되어 왔다. 연령 변화에 따라 서비스가 자연스럽게 연결·전환되지 못하는 문제, 각 부처에서 운영하는 프로그램 간 중복과 분절, 상호 연계와 조정 부재라는 문제를 고질적으로 안고 있었다. 여기에 더해 돌봄이 가장 필요한 어린이·청소년일수록 돌봄 사각지대에 빠지는 모순마저 발생해 왔다. 이러한 문제들을 해결하기 위해 문재인 정부는 '온종일 돌봄' 체계 구축을 국정 과제로 채택했으며, 김상곤 부총리는 취임 후 첫 사회 관계 장관 회의에서 온종일 돌봄 체계 구축 관련 사안들을 적극적으로 살펴보겠다고 밝힌 바 있다.* 온종일 돌봄 체계는 학교를 마친 아이들에게 '언제, 어디서나 원하는 시간에' 돌봄을 제공하겠다는 문재인 정부의 의지가 담긴 돌봄 체계 개편으로 볼 수 있다. 서울시에서는 '온마을 돌봄'이라는 이름으로 교육청과의 협업을 통해 학교 내 돌봄 자원의 확대를 추진하고, 마을 단위에 새로운 돌봄 자원인 '우리동네키

---

* 교육부, "[보도 자료] 김상곤 부총리, 취임 후 첫 사회 관계 장관 회의 개최 온종일 돌봄 체계 구축 등 사회 분야 국정 과제를 적극 챙기기로", 2017년 8월 25일.

움센터(다함께 돌봄센터)'를 확대하고 있는 중이다. 우리동네키움센
터는 2018년 시범 사업을 거쳐 2019년부터 본격적으로 자치구별
로 설치하고 있으며, 2022년까지 총 400개소를 확충할 계획이다.

아동학대 피해 아동이나 요보호 아동*에 대한 돌봄 체계를
'아동 보호 체계'라고 부르는데, 한국의 아동 보호 체계 역시 앞
서 설명한 돌봄 체계와 마찬가지로 보건복지부, 여성가족부, 법무
부, 지자체 등 각 부처가 상호 조정·연계되지 못하고 분절적으로
운영되어 왔다. 코로나19 팬데믹 이후 전 세계적으로 가정폭력이
증가하는 추세이며 한국도 다르지 않은 상황에서, 아동 돌봄 체
계는 학대 피해 아동과 요보호 아동을 대상으로 하는 아동 보호
체계를 포괄해 고민해야 할 필요가 있다. 아동 보호 체계는 큰 틀
의 아동 돌봄 체계 안에서 상호 연결, 조정, 연계되는 등으로 유연
하게 작동되어야 모든 아동이 생존, 발달, 보호, 참여의 권리를 누
리는 데 한발 더 다가갈 수 있다.

이러한 한국의 어린이·청소년 돌봄 환경 토대 위에서 코로나19
유행이 닥쳤고, 정부는 '긴급 돌봄' 운영을 통해 돌봄 공백이 발생
하지 않도록 하겠다고 공표했다. 그런데 긴급 돌봄은 특별히 어디
서 따로 만들어지는 것이 아니라 기존 돌봄 체계에서 이루어질 수

---

* 〈아동복지법〉 제3조는 요보호 아동을 "보호자가 없거나 보호자로부터 이탈된 아동
또는 보호자가 아동을 학대하는 경우 등 그 보호자가 아동을 양육하기에 적당하지
아니하거나 양육할 능력이 없는 경우의 아동"으로 정의하고 있다.

밖에 없다. 어느 날 갑자기 뚝딱 돌봄 인력을 구할 수도 없고, 그러한 시설과 자원이 생기는 것도 아니다. 즉, 모든 시설 운영을 원칙적으로 중단하되, 부득이한 경우의 아이들만 시설에 모아서 돌보겠다는 것이 '긴급 돌봄'이다. 그렇기 때문에 '긴급 돌봄'이 잘 작동하지 않았다는 말은 기존 돌봄 체계에 문제가 있다는 이야기이다.

물론, 그간 오랜 문제였던 어린이·청소년 돌봄 체계의 분절성 등의 문제를 해결하기 위한 노력들이 없지는 않았다. 진보적 시민 단체, 학계, 법조계, 정계 등에서 지속적으로 문제를 제기해 왔다. 그 결과, 2019년에는 그동안 분절적으로 이루어진 요보호 아동 지원 체계를 통합적으로 지원하기 위해 아동권리보장원*이 설립됐고, 아동 관련 정책이 아동 복지에 미치는 영향을 분석·평가하고 그 결과를 아동 관련 정책 수립·시행에 반영하기 위해 아동 정책 영향 평가도 도입됐다. 아동 정책 영향 평가는 〈유엔아동권리협약〉의 4대 기본권인 생존권, 보호권, 발달권, 참여권을 어린이·청소년이 누릴 수 있도록 공공 정책 입안 과정에 반영하는 것이 목적이라 할 수 있다. 그런데 이 평가의 주체는 지방자치단체이고, 이에 대한 강제 조항이 없어서 현재까지 형식적으로라도 이

---

* 문재인 정부는 2019년에 포용 국가 아동 정책을 발표하였고, 그동안 분절적으로 이루어진 요보호 아동 지원 체계를 통합적으로 지원하기 위해 아동 관련 중앙 지원 기관들을 통합한 '아동권리보장원'도 설립하였다. 이를 통해 아동 복지 전달 체계와 정책 총괄 지원, 사업 평가, 아동 중심의 이력 관리 전산 시스템 등의 국가 역할을 강화하고자 했다.

평가를 하는 지방자치단체는 거의 없다. 아동 친화 도시 인증을 받기 위해서는 이 평가가 의무이기 때문에 서울 성북구 등의 지자체가 예외적으로 평가를 하고 있다.

코로나19 감염병은 전 세계를 휩쓸었고, 대부분의 나라에서 '돌봄'은 중요한 문제였다. 미국, 영국, 호주, 싱가포르의 경우, 필수 노동자만 긴급 돌봄을 이용하도록 하고, 나머지는 가정에서 개인 돌봄을 하는 형태로 긴급 돌봄 프로그램을 운영했다.* 다른 나라도 한국과 마찬가지로 기존의 돌봄 체계가 어떻게 구성되고 구축되어 있는지가 사회적으로 혼란이 가중되는 위급한 시기에서의 돌봄 프로그램 작동에 영향을 미쳤다. 새로운 감염병 유행을 '완전히 안전하게' 막을 수 있는 방법이 당장 없는 것만큼이나, 어느 나라나 완전히 이 시기의 '돌봄' 문제를 해결한 곳은 없어 보인다. 그만큼 활발한 사회적 논의와 적극적 자원 투입 등의 노력이 필요한 부분이라 할 수 있다.

감염병 유행 시기에 어린이·청소년 돌봄 공백 문제가 두드러진 것은 기존의 문제가 적나라하게 드러났기 때문이다. 이미 오래전부터 '초등 돌봄은 로또'라는 불만이 학부모들로부터 있어 왔다. 아이돌보미 서비스는 대기가 너무 길고, 아이를 맡길 곳이 없다는 호소가 이어졌다. 앞에서도 언급했듯이, 부처 간 서비스가

---

* 정익중(2020), 〈코로나19로 인한 아동 돌봄 문제에 대한 해외 대응과 그 시사점〉, 《국제사회보장리뷰》, 2020(여름), 47~59쪽.

어린이·청소년을 중심으로 구축되어 있지 않다 보니 서비스 간 중복도 많고 사각지대도 많은 문제가 지속되어 왔다.

이러한 분절성은 돌봄의 지속성 문제에서도 드러난다. 돌봄의 지속성을 담보하지 못하는 문제는 노동 문제와도 깊은 관련이 있다. 돌봄 정책만으로는 아동 돌봄 문제를 해결하기 어렵다는 사실이 이번 감염병 유행 시기에 더 확연히 드러났다고 할 수 있다. 생활 임금을 보전해 주지 못하고, 고용이 불안정하며, 처우가 열악하다 보니 소진되기도 쉬워, 어린이집 교사, 초등 돌봄 교사, 지역아동센터 교사 등의 이직률은 높은 편에 속한다. 특히, 초등 돌봄 교실은 비정규직 돌봄 전담 교사를 활용하는 경우가 많아 담당자가 자주 바뀌는데, 잦은 담당자 교체는 보호자가 자주 바뀌는 것과 같아, 어린이의 정서 불안이나 기본적 신뢰감의 상실 등 심리 정서적 적응에 부정적이다.[*] 지자체별, 학교장 재량별 차이가 존재하기는 했지만 많은 학교에서 이번 긴급 돌봄 교실을 비정규직 돌봄 전담 교사를 대거 고용하여 운영했다. 돌봄 교사의 처우와 아동의 신체적, 정신적 건강을 모두 고려하지 못한 부적절한 방식이었으나, 이는 기존에 구축되어 있던 돌봄 체계에서

---

[*] 정익중·이경림·이정은(2010), 〈지역아동센터 종사자 소진이 아동의 심리 사회적 적응에 미치는 영향〉, 《한국아동복지학》, 31, 205~234쪽; 주영선·정익중·안은미·박지혜(2020), 〈지역아동센터 교사 소진이 아동의 학교 적응에 미치는 영향 : 교사의 직무 만족도와 교사-아동 관계의 매개 효과를 중심으로〉, 《한국사회복지학》, 72(1), 117~137쪽.

자연스러운 해결 방식이었다.

다시 말해서, 한국의 돌봄 체계는 '아동 최상의 이익 최우선의 원칙'을 지키는 방향으로 작동되지 못하고 있다. 앞서 계속 강조해 이야기한 바와 같이, 이는 이번에 갑자기 발생한 문제가 아니라 더욱 선명하게 드러난 문제라 할 수 있다. '아동 최상의 이익 최우선의 원칙'은 〈유엔아동권리협약〉의 기본 원칙 중 하나이다. '아동에게 영향을 미치는 모든 것을 결정할 때는 아동의 이익을 최우선으로 고려해야 한다'는 원칙으로, 어떤 정책을 결정하고 프로그램을 운영할 때, 아동을 중심에 놓고 우선적으로 생각하라는 것이다. 사실 그간 한국에서 이 원칙은 여성 노동력을 '갈아' 넣어서, 돌봄 종사자의 헌신, 또는 모성의 희생으로 작동시키려고 노력해 왔다. 그런데, 더 이상 그런 방식으로는 작동되지 않을 뿐 아니라, 오히려 궁극적으로는 아동 최상의 이익에 반하는 결과를 초래한다는 사실을 우리는 이미 여러 정책 시도의 결과를 통해 알고 있다. 더욱이 이번 '긴급 돌봄'이 아동 최상의 이익과는 관계없이 작동하는 것을 통해 더 확연히 이를 확인할 수 있었다. 정상 운영은 중지한 채, 긴급 돌봄이라는 이름하에 너무 많은 아이들이 한 공간에 있으면서 오히려 감염 위험을 높이거나 아이들에게 제대로 정서적 응대를 해 줄 수 없는 문제 등 아동 최상의 이익 최우선의 원칙을 지키려는 방향으로 우리 사회의 돌봄 체계가 작동했다고 보기는 어렵다. 더군다나 한국 사회는 코로나19 감염병 유행 상황에서의 학교 폐쇄, 긴급 돌봄 운영 등 모든 과정에서 어린이·청소년의 의견을 물어보거나 반영한 적이 없다.

돌봄 노동자의 자녀는 누가 돌보는가의 문제도 함께 고려해 봐야 한다. 그들의 자녀 역시 어떠한 상황에서도 적절한 돌봄을 받을 권리가 있는 어린이·청소년이다. 이번 코로나19 감염병 유행 시기에 돌봄 노동자가 필수 노동자에 들어간다는 것은 전 세계적으로 명백해졌다. 돌봄이 필요한 사람이 돌봄을 받지 못하면 생존과 건강에 큰 위협을 받는다는 점에서 돌봄은 선택의 여지가 없다. 감염병 유행을 포함한 사회적 재난 상황에서의 필수 노동자(보건 의료 종사자, 일선 공무원, 긴급 돌봄 등의 돌봄 노동 종사자)의 자녀 역시 안전한 돌봄이 가능해야 한다는 이유로 미국 내 사상자가 가장 많았던 뉴욕주는 아동 돌봄 프로그램을 중단하지 않고 계속 유지했다.[*] 돌봄 노동자의 자녀도 안전하게 돌봄받을 권리가 있다는 점, 그리고 그래야 다른 필수적인 돌봄 노동 또한 지속할 수 있다는 점을 고려할 필요가 있다.

어린이·청소년의 권리로서 생각되지 않는 돌봄

코로나19 감염병이 유행하면서 시작된 긴급 보육 이용률(어린이집 이용)은 초기(2월) 10%에서, 5월 72.7%까지 증가했다. 긴급

---

* 정익중(2020), 앞의 글.

돌봄 이용률은 이미 3월에 유치원은 69.8%, 초등학교는 52.8%였다. 이용하고 싶은 요구는 높지만 다 수용할 수 없다 보니, 어린이집 교사, 초등 돌봄 전담 교사, 초등 교사, 학부모 모두가 불만스럽고 걱정인 상황이었다. 우리가 여기서 고민해 봐야 할 지점은 단기간의 긴급 돌봄, 긴급 보육은 감염병 유행 시기 방역에 도움이 되는 방식으로 작동하는 것처럼 보일지 모르겠으나, 감염병 유행 기간이 길어지면 적절하게 작동하지 않을 것이라는 점이다. 생계를 해결해야 하는 양육자가 일하러 나갈 수밖에 없는 상황이 되고, 그러면 결국 지금과 같은 방식의 긴급 돌봄, 긴급 보육은 감염병 감염을 예방하기 위한 적절한 대안으로 잘 작동하지 못할 것이다.

육아정책연구소에서 2020년 3월 실시한 부모 대상의 '어린이집·유치원 휴원 장기화에 따른 자녀 돌봄 현황' 조사에서는 돌봄 공백을 경험했다고 응답한 초등 3학년 이하 부모가 36.2%로 확인됐다. 초록우산어린이재단에서 2020년 4월 실시한 '코로나19 아동·청소년 인식 조사'에 따르면, 코로나19 감염병 유행 시기에 평일 낮 시간대 보호자 없이 집에 머무른 초등학생은 46.8%였다. 또한, 2020년 7월 경기도교육연구원의 조사에서는 자녀의 학습 이외 돌봄을 위한 사교육비가 가정 경제가 나쁠수록 더 많이 증가하는 것으로 드러났다. 즉, 가정 경제 상태를 상·중·하로 나눴을 때 '상'이 22.3%, '중'이 26.4%, '하'가 34.1%로 가정 경제가 어려울수록 돌봄을 위한 사교육비가 코로나19 감염병 유행 전보다 더 많이 증가한 것으로 나타났다. 이처럼 각종 실태 조사를 통해 어린이·청소년, 그리고 양육자의 어려움이 드러난 것만 해도 이미 그 수치가 높다. 그러나 언제나 그렇듯이 사회적으로 가장 힘들고 어렵고 약한 상황에 처한 이들일수록 조사에서조차도 드러나지 않는다는 점에 주목할 필요가 있다.

가정폭력의 증가로 거리로 나올 수밖에 없는 어린이·청소년이 많아질 가능성이 있는데도 불구하고 정부에서는 이동형 쉼터에 활동 자제와 휴관을 권고했다. 그리고 코로나19 감염병 유행으로 성인들도 일자리를 많이 잃었지만, 생계형 아르바이트로 삶을 유지하고 있던 청소년들 역시 일자리를 잃어 생계에 어려움을 겪는 비율이 늘어났다. 더군다나 경계선 지능 장애를 가진 청소년의 경우에는 사회적 관계를 유지하기 어렵고 사회성이 떨어져서 고립되거나 방치되는 등 기존에 가지고 있던 문제들로 인해, 사람들이 사회적 거리를 유지하는 상황에서 더 큰 어려움에 처하기도 했다. 이런 청소년들에게 도움을 주던 활동가들은 정부가 권고하는 '비대면'이 아이들의 상황을 제대로 파악하기 어렵게 만든다고 호소했다. 통상 복합적인 어려움을 가지고 있는 아이들일수록 실제적인 어려움을 파악하기 어렵고, 언어로 자신의 어려움을 직접적으로 호소하는 경우가 드물다. 그렇다 보니, 이들을 돕는 활동가들은 아이들의 비언어적 행동을 포함해 지속적인 소통을 통해 얻는 여러 가지 정보를 조합해 아이들이 처한 상황과 어려움을 파악하고 최대한 도움을 주고자 해 왔다. 아이들은 그런 돌봄을 받을 권리가 있다. 그것이 이 아이들이 처한 상황에서 생존과 발달을 돕는 적절한 돌봄인 것이다. 그런데 비대면 권고 상황에서 전화나 영상 통화를 통한 제한적 상담만으로는 아이들이 처한 상황을 제대로 파악하기 어렵고, 도움을 주는 것도 쉽지 않아 적절한 돌봄을 제공할 수가 없었다.

생활 시설(쉼터)에서도 어려움을 호소했는데, 코로나19 확진자와의 접촉자가 발생한 경우, 시설 전체가 격리되는 문제가 있었다. 쉼터에서 확진자가 발생한 것도 아니고 접촉자가 발생했다는 이유만으로 청소년과 시설 종사자 모두가 좁은 공간에서 2주간 외부와 단절된 채 격리되어 생활해야 했다. 운영을 중단한 청소년수련원 등을 활용해 청소년 접촉자·확진자를 격리하면 좋겠다는 제안도 해 보았으나, 여성가족부는 청소년수련원의 운영 주체가 각 수련원마다 다르다는 이유로 해당 지자체와 논의하라는 답을 보냈다. 그러나 기존에 각 지자체와의 정기적 소통 구조와 거버넌스가 없던 상황에서 지역 사회 내 감염병 유행으로 여유가 없는 지자체와 이 문제를 논의하고 직접적 해결 방법을 찾기는 어려웠다.

이처럼 어린이·청소년이 적절한 돌봄을 받지 못해 어려움을 겪고 있는 상황에서, 최근 초등 돌봄 교실과 관련하여, 누가 돌봄의 주체가 되어야 할 것인가에 대한 논쟁이 뜨겁다. 교사는 지방자치단체가 책임져야 한다고 주장하고 학부모는 학교가 책임 주체가 되어야 한다고 주장한다. 교사도 학부모도 학생을 생각해서라는 근거로 각자의 주장을 펼치고 있다. 그런데 정말 어린이·청소년의 '최상의 이익 최우선의 원칙'에 따라 고민한 결과일까?

보육^{educare}이라는 단어는 교육과 돌봄을 합한 용어다. 영유아에게 돌봄은 곧 아동의 성장과 발달을 위한 교육이다. 교육학을 공부한 이 중에 이 사실을 부정하는 이는 없다. 그래서 '누리과정'이라는 보육과정까지 만들었다. 그런데 돌봄을 아동의 건강한 성장과 발달을 위한 교육과 구분하기 어려운 것이 단지 영유아에게만 해당되는 것일까?

우리는 이미 부처 간 장벽으로 인한 돌봄의 지속성과 분절성의 문제를 오랫동안 경험해 왔다. 어린이·청소년의 '최상의 이익 최우선의 원칙'에 따라 모든 어린이와 청소년은 그들이 안전하고 편안하게 느끼는 공간에서 각자 '언제, 어디서나 원하는 시간에' 건강하게 성장하고 발달할 수 있는 돌봄을 제공받을 권리가 있다. 이러한 원칙하에 어린이·청소년을 둘러싼 가정, 학교, 지역 사회는 어떻게 하면 부처 간 장벽을 허물고 지속성을 담보하며 안전하고 건강하게 돌봄을 제공할 수 있을지 함께 논의하고 모색해야 한다. 치열하게 논쟁하고 있는 와중에도 어떤 공간에서 누구에게 어떻게 돌봄을 받고 싶은지 아이들에게 물어보지조차 않는다. 실제로 돌봄을 받고 있는 아이들은 무엇을 상상하고 있을까? 상상할 수 있는 여유와 안정감도 주지 못하며 돌봄을 제공하고 있는 것은 아닌지, 원치 않는 공간과 시간을 여기저기 떠돌게 하고 있는 것은 아닌지, 우리 사회가 반성할 필요가 있다. 정작 중요한 순간에 발언권도 참여권도 주지 않는 각종 어린이·청소년 '위원회'는 대입을 위한 스펙에 불과한 것은 아닌지 안타깝다.

〈아동복지법〉 제10조에서는 국무총리 소속으로 아동정책조정위원회를 두게 되어 있다. 제10조 제1항은 "아동의 권리 증진과 건강한 출생 및 성장을 위하여 종합적인 아동 정책을 수립하고 관계 부처의 의견을 조정하며 그 정책의 이행을 감독하고 평가하기 위하여 국무총리 소속으로 아동정책조정위원회를 둔다"라고 명시하고 있다. 명백히 법적으로 존재하고 있는 아동정책조정위원회에서는 돌봄 교사의 고용을 안정적으로 보장할 수 있도록 노동 정책을 감독해야 하며, 교육부, 보건복지부, 여성가족부, 법무부가 부처 간 장벽을 허물고 돌봄 체계가 상호 조정·연계 가능하도록 감독하고 평가해야 한다. 또한 지방자치단체 간 격차를 고려한 지원이 필요하며 정부 부처와 지방자치단체, 그리고 지역 사회 내 돌봄 서비스 프로그램 운영 주체들 간에 협력적 거버넌스를 구축할 필요가 있다. 이 또한 아동정책조정위원회에서 감독하고 평가하고 지원해야 한다.

필요한 것은 좋은 정책

〈게이브리얼의 죽음 – 누구의 책임인가〉라는 다큐멘터리에서는 아동보호기관, 학교, 경찰이 각자 매뉴얼에 나와 있는 대로 '일을 해치운' 결과, 게이브리얼이 아동학대로 사망하게 된 안타까운 사건을 다루고 있다. 한국 사회도 끔찍한 아동학대 사망 사건을 수없이 겪었다. 게이브리얼의 죽음이 우리 사회와 무관한 사건이라고 자신 있게 말할 수 있나? 각 부처에서 책임을 떠넘기며 핑퐁 게임을 하고 있는 동안 어린이·청소년의 안전하고 건강하게 돌봄 받을 권리는 이 순간에도 침해당하고 있으며, 그로 인해 심지어 사망하는 사례도 발생하고 있다.

어린이·청소년 돌봄 체계, 즉, 돌봄 제도와 정책은 어린이·청소년의 신체적, 정신적 건강과 인지·정서·사회적 발달의 결과와 맞물려 있다. 어린이·청소년을 둘러싸고 있는 가족, 학교, 지역 사회는 물리적 환경, 사회적 환경, 관계적 환경을 구축한다. 그리고 이러한 환경은 아동의 건강 행태와 사회 심리적 요인, 생리적·병리적 변화에 영향을 미친다. 그리고 이를 통해 건강과 발달의 결과가 발현된다. 사회적 배제와 물질적 박탈은 가족·학교·지역 사회의 자원 불평등이 초래한 결과이면서 건강 행동, 사회 심리적 요인, 그리고 건강 결과에 직접적인 영향을 미치는 요인이다. 이러한 불평등한 결과를 완화 또는 제거하기 위해 좋은 사회 정책이 필요하고, 여기서 특히 노동, 돌봄, 교육 정책이 매우 중요한 역할을 한다.*

---

* 김동진·정연·김명희 외(2019), 《국민의 건강수준 제고를 위한 건강형평성 모니터링 및 사업개발 – 아동기 건강불평등》, 한국보건사회연구원.

부정한 동맹에서
정의로운 전환으로

- 일상으로 돌아간 이후의 교육

정용주 edcom234@gmail.com

서울 초등 교사, 《오늘의 교육》 편집위원

코로나19, 아무것도 변하지 않을 것이다!

현재 세계를 혼란에 빠트린 코로나19 팬데믹은 세계보건기구가 1948년 설립된 이후 홍콩 독감과 신종 플루에 이어 세 번째 경험하는 팬데믹이다. 그런데 코로나19는 이전의 두 차례 팬데믹과 비교할 때 세계적으로 더 큰 혼란을 일으키고 있다. 각국의 국경 폐쇄가 잇따르고 자국 내에서도 학교 및 직장 폐쇄, 출입 제한을 선언하면서 국내와 국제적 차원에서 연결된 경제의 가치 사슬 value chain이 붕괴되는 결과를 가져왔다. 지금 세계는 대공황에 버금가는 경제적 충격을 경험해 팬데믹 이후에도 경제 재건을 낙관할 수 없는 상황이다. 그런데 이번 코로나19 팬데믹이 더더욱 충격적인 이유는 국경 폐쇄와 이동 금지 등을 실행한 국가들이 선진국이라는 데 있다. 이렇게 코로나19는 인류에게 짧지만 이전의 팬데믹과는 비교할 수 없는 충격을 압축적으로 경험하게 했다. 사람들은 산업화나 근대화 이후를 고민할 때 사용하는 '포스트' 담론을 호명하여 코로나19 팬데믹이 낳은 충격과 그 다음을 고민하기 시작했다. 포스트 코로나 시대라는 담론은 이전에 유행했던 포스트 모더니즘, 포스트 산업화 담론과 견줄 정도로 담론 시장에서 이론적 고객의 눈길을 끌면서 팬데믹 이후의 미래를 고민하는 사람들이 간과할 수 없는 홍행의 보증 수표가 되었다.

그러나 중요한 것은 일상생활로 돌아간 다음 날이다. 과거 '포스트 후쿠시마', '포스트 세월호 교육'에 대한 논의는 특정한 지역과 대상의 경험을 투사하여 이루어진 교육에 대한 성찰이었지만, 이번의 포스트 코로나 시대의 교육에 대한 논의는 누구나 예외 없이 겪은 코로나19에 관한 경험을 토대로 진행된다는 점에서 차별성을 갖는다. 하지만 코로나19 사태 이후 복귀한 우리들의 일상이 어떻게 변하게 될지는 장담할 수 없다. 이전과 같이 포스트 코로나 시대의 교육이라는 담론이 새로움의 기표처럼 작용하여, 미래 교육에 대한 온갖 판타지를 만들어 낼 수도 있을 것이다. 그러나 감히 진단하건대 그것이 막상 지금까지 우리가 추구해 왔던 정치, 경제, 사회적 삶의 이정표인 사상과 주의를 '벗어던질' 수 있게 만들 가능성은 희박해 보인다.

일상으로의 복귀는 언제나 우리 기대를 좌절시켜 왔다. 일상이라는 무덤에서는 사회적 과정에 대한 '비관적' 견해와 새로움에 대한 '낙관적' 견해가 충돌하며, 가해자와 피해자의 구분도 사라지기 때문이다. 이렇게 일상으로의 복귀는 정말 어려운 물음들을 마주하고 있다. 우리의 일상 속에는 자본의 욕망, 권력의 욕망, 지배와 복종의 욕망이 득실거린다. 충족을 모르는 자본의 욕망은 우리의 은밀한 욕구의 영역까지 침식해 왔다. 일상으로 돌아온 우리는 자본의 품 안에 안주하고 싶은 유혹을 떨치기 어렵다. 모든 것이 화폐로 환산되고 교환되는 상품 경제의 사회를 살아가는 우리는 일상으로 돌아간 후 무엇을 원하는지, 원하지 않는지 너무도 잘 안다. 우리는 지구가 가진 한계를 생각하지 않고 계속해서 성장하고 풍요로워지길 바란다. 부가 소수에게 집중되는 것을 비판하지만 내 세대에서 보다 많은 부를 축적하여 내 자식에게 상속 및 증여하기를 바란다. 모두가 세금을 더 내고 약자가 먼저 보호되며 서로가 서로를 돌보는 든든한 사회적 연대를 만드는 것에 대해서는 구두쇠처럼 굴지만, 내 자식이 더 높은 지위를 획득하기 위한 경쟁에 드는 비용은 투자라고 생각하며 돈을 아끼지 않는다. 한편에서는 적당한 환경 의식을 가지고 재활용에 적극적이며 수익금의 일부가 제3세계의 굶주리는 아이들에게 기부되는 가게에서 커피를 사 마시며 흐뭇해하지만, 또 한편으로는 기후 위기의 문제를 끊임없이 빈곤국으로 아웃소싱하며 우주여행을 꿈꾸고, 유전공학으로 완벽함에 한 걸음 다가가길 바란다. 그러면서 우리가 서 있는 자연이라는 파괴된 공동의 것, 사유화된 공동의 것을 지키기 위해 싸우는 것에는 침묵한다. 결국 코로나19 팬데믹이 지나간 다음, 우리들의 삶은 아무것도 변하지 않을 것이다.

미래가 보내는 징후, 진정한 성찰의 시간

정용주 부정한 동맹에서 정의로운 전환으로

　지젝은 그의 책《멈춰라, 생각하라》에서 "중요한 것은 일상생활로 돌아간 그 다음 날이다"라고 하면서 "대안을 생각하는 게 가능해졌다는 점을 기억하자"고 제안한다.

　코로나19 이후 우리들의 삶(도시적이며, 자본주의적 상품 경제에 의존하는 삶)에 아무런 변화도 없을 것이라 진단했지만, 포스트 코로나 시대에 대한 논의가 과거의 포스트 담론과 비교해 의미 있는 점이 있다. 선진국을 빨리 따라가기 위해서 전력 질주하던 우리가, 선진국처럼 되는 것이 꿈이었던 우리가, 처음으로 바로 우리가 선진국이라는 생각을 하고 있다. 그래서 피해의식에 젖어 패전국으로서 전쟁을 성찰하는 것이 아니라 방역에 성공한 경험을 토대로 일종의 전승국으로서 우리가 발전시켜 온 우리의 제도에 대한 포스트적 성찰이 가능해졌다. 이것은 매우 중요하고 차별화된 경험이다.

　사실 우리 사회에 존재하는 대부분의 제도는 내재적 필요성에 의해 만든 것이라기보다 미군정으로부터 형성된 추격화의 결과였다. 다시 말해 냉전/분단 체제가 만들어 내고 선진국을 따라가기 위해 도입된 모방의 결과였다. 산업화를 포함해 민주적인 제도들조차 선진국으로부터 이식된, 선진국을 따라가기 위한 것이 많았다. 우리에게는 "이 제도가 왜 필요하지?"와 같은 질문과 성찰이 불가능했다. 그런데 코로나19 이후 우리 제도의 내재적 필요성에 대한 논의가 가능해졌다. 지젝의 표현을 빌자면 이제 대안을 생각하는 게 가능해졌다고 할 수 있다.

이제부터 우리에게 필요한 것은 우리가 만들어 온 우리의 제도를 진단하고 성찰하는 깊이와 방향이다. 한국 정부가 공공성, 공익성, 시민성, 공개성의 원칙들은 훼손하지 않으며 이루어 낸 성공적인 방역과 시민들이 보여 준 성숙한 시민 의식은 한국 사회가 가진 제도의 품격을 다시 생각하게 하는 계기가 되었다. 하지만 방역에 성공했다는 생각, 그래서 다음도 성공해야 한다는 생각, 우리가 서구를 이겼고 계속해서 이겨야 한다는 생각을 넘어서야 한다. 우리가 선진국보다 잘했다는 생각은 또 다른 오리엔탈리즘적 사고, 더 나아가 우리가 세계를 지배하게 될 것이라는 제국적 야망을 꿈틀거리게 하면서 대한민국은 강하게 하지만 고유명사들 하나하나는 불행하게 할 수도 있기 때문이다.

개개인이 행복하며 든든한 사회적 연대가 이루어지는 한국을 만들어야 한다는 기준을 놓고 보면, 코로나19의 성공적인 방역 모델을 만든 한국은, 건강보험 분야를 제외하면 울리히 벡의 진단처럼 아직도 아주 특별하게 위험한 사회다. 비정규직으로 대표되는 것처럼 고용 구조가 취약하고, 김용균 노동자의 사례가 보여 주듯이 사회적 안전망은 매우 낮다. 교육에서도 대학 진학률은 매우 높지만 등록금과 수업료에 대한 개인 부담률은 세계에서 제일 높은 수준이고, PISA 성적도 1, 2위를 다투지만 학생들의 행복지수는 매우 낮다. 노인 빈곤율과 자살률도 매우 높은 수준이고 출산율은 세계에서 가장 낮은 수준이다. 기후 문제와 관련해서도 경제력에 맞는 온실가스 감축 책임을 다하지 못하는 불성실 이행 국가이다. 종합해 보면 한국은 돌발형 위기에 대처하는 능력은 강하지만, 각자도생이라는 비정한 정글을 우정과 환대가 가능한 공동체와 사회로 만드는 것에는 무관심하다. 아래로 추락하지 않기 위해 교육에 집중하는 것이 아니라 아래로 추락해도 인간의 존엄이 보장되고 희망을 가질 수 있는 사회를 만들어야 하는데 이에 대해서도 무관심하다.

우리가 포스트 코로나 시대의 교육에 대한 논의에서 견지해야 할 방향이란, 대한민국에서 살아가는 한 사람 한 사람이 존엄한 존재로 배우며 살아가는 것이다. 대한민국은 강해지는데 그 속에 살고 있는 사람들의 삶은 불행해지는 것, 한국의 교육 제도는 세계적인 경쟁력을 갖추게 되었는데 그 제도하에서 공부하는 학생들은 불행한 것이 아니다.

우리 교육에 대한 반성

교육 제도는 사회와 긴밀히 연결되어 있으며, 복잡하게 얽혀 있는 사회 제도의 일부다. 그래서 교육의 개인적 의미와 사회적 의미는 깊은 호혜적 관계를 형성하고 있다. 이 둘은 어느 한쪽이 없으면 양쪽이 모두 약화되기 때문에 서로에게 기여하여 왔고 공교육 제도의 형성과 진화의 과정은 개인의 자유로운 성장과 발달 그리고 민주 시민의 양성이라는 두 이상이 결합된 과정이라고 할 수 있다. 따라서 포스트 코로나 시대의 교육에 대한 논의도 우리가 보유한 사회 경제적 자원의 분배와 흐름에 대한 배치 계획과 연결되어 있다.

나는 포스트 코로나 시대에 사회 경제적 자원의 분배와 흐름의 재배치를 고민하면서 가장 우선적으로 지구화, 도시화, 금융화, 생태화 등 네 가지 삶의 양식에 대한 근본적 재검토가 필요하다고 생각한다. 먼저 지구화에 대한 성찰이 필요하다. 현재의 자본주의 체제는 중국을 생산 기지로 하여 전 세계가 하나의 가치 사슬로 연결된 시스템이다. 이러한 가치 사슬에 국경의 개념은 없다. 자유 무역이라는 이름으로 사람과 물자가 국경을 넘나들며 세계를 하나의 경제적 플랫폼으로 통합하였다. 이런 상황에서 팬데믹은 급속도로 확장되지만 팬데믹을 막기 위해 국경을 폐쇄할 경우 세계 경제 시스템의 동반 몰락을 초래한다. 또한 국제적 분업 질서가 구축되면서 제조업이 대부분 중국으로 이전되어 마스크와 같은 필요 물자를 자국에서 확보할 수 없게 된다. 세계적 분업 질서가 위기에 대한 대응 능력을 전혀 가지고 있지 못하다는 것이 여실히 증명되고 있는 것이다.

다음으로 도시적 삶의 양식에 대한 성찰이 필요하다. 도시는 과거와 비교할 수 없을 만큼 규모가 비대해졌고, 국가를 넘어 거대 도시들끼리 긴밀한 네트워크를 형성하고 있다. 홍콩과 뉴욕,

3부 재난 이후 우리가 만들어갈 사회

도쿄와 뉴욕 사이의 심리적 거리는 서울과 충남 홍성 홍동의 심리적 거리보다 가깝다. 도시들 사이에서 정보를 공유하고 물자, 사람 들이 오고 가며 사회적 거리는 더욱 밀착되었다. 더욱이 한국의 서울과 같은 도시는 몇 개의 도시가 합쳐진 '메카시티'의 기능을 수행한다. 이러한 도시적 삶의 방식이 지속되는 한 팬데믹에 취약할 수밖에 없다.

금융적 삶의 양식에 대한 성찰도 필요하다. 산업 활동과 사회를 조직하는 기본 원리로서 금융화는 모든 생활을 단기적 투자와 자산 증식의 관점에서 조직한다. 주가, 금리와 환율에 의해 사회적 삶이 지배를 받게 되면서 과학적 예측 모델에 따라 우리의 삶이 좌우되며 실패의 가능성이 높아진다. 그만큼 삶의 변동성이 높아진다는 것을 의미한다. 그런데 팬데믹은 모델의 붕괴를 가져온다. 이러한 금융화가 만들어 내는 삶의 방식이 사회적으로 어떻게 통제되어야 하는지에 대한 성찰이 필요해지는 순간이다.

마지막으로 반反생태적 삶의 양식의 문제가 있다. 인간이 점점 자연 속으로 들어가고 야생 동물을 먹는 시장이 발달하면서, 코로나19의 사례처럼 재난은 인과를 예측할 수 없는 방법으로 확산되고 지속된다. 이제 근본적으로 자연을 이용하거나 착취할 수 없다는 것을 인식할 필요가 있다. 더 나아가 기후 위기에 국경은 없으며 재난을 예측할 수 있는 모델이 사라졌다면 이제 자연의 착취와 파괴를 기반으로 세워진 성장과 번영의 일상이란 존재하지 않는다는 것을 인식해야 한다. 여기서 더 나아가 지속 가능한 경제 성장의 토대 위에서 설계된 복지 국가 시스템도 자연의 지속 가능성을 근간으로 하여 재검토되고 재설계되어야 한다.

이러한 검토를 토대로 포스트 코로나 시대의 교육이 지향해야 할 몇 가지 원칙을 살펴보면 다음과 같다.

성장을 향한 질주endless race to growth : 시장과 부정한 동맹으로부터의 탈주

교육학이 학문으로서 지식과 이론을 체계화하고 발전해 온 역사는 국가 및 시장과 부정한 동맹을 맺어 온 과정이기도 하다. 우선 국가와 관련하여 교육학은 공교육 제도의 형성 및 발전과 궤를 같이하지만 한국의 교육학은 역사적으로 구축된 거대한 위계 사회 안에서 자신의 위치를 파악하는 것, 신분 사회 안에서 자신의 역량과 한계를 자각하고 그에 걸맞은 역할을 하는 것과 연결되어 전근대성을 완전히 벗지 못했다. 이러한 전근대성은 앎이 국가와의 관계에서 자신의 역할을 설정하고 주어진 거대한 위계적 관료제의 하부 구성원으로 자신을 어디에 위치시킬 것인지의 문제와 연결되도록 만들었다. 이는 서구에서의 앎이 평등한 인간들의 공동체에서 신이 부여한 사명을 실현하기 위해 자신의 소명을 발견하는 일에 연결되는 것과 구별된다. 한국에서 교육은, 신분제를 이해하고 그 안에서 가능한 한 높은 자리에 오르기 위해 필요한 지식을 습득하고 더 높은 지위에 오르기 위한 경쟁에서 도태되지 않기 위한 수단이 되었다. 이것은 지금도 그대로 작동한다. 사람들은 위계 구조의 높은 곳까지 오르기 위한 수단으로 교육을 이용한다. 이 점에서 한국의 교육은 학생을 시민이 아닌 자기계발의 주체, 각자도생의 주체로 만들고 있다.

시장과의 관계에서 교육학은 보다 든든한 동맹 관계를 구축한다. 자본주의 시장이 인간을 상품과 자본으로 전환하고 인간의 필요에 맞게 타자와 자연을 개조하도록 했다면, 이러한 상품화와 자본화 그리고 자연에 대한 정복을 자기실현과 앎에의 의지로 체계화하며 합리화하는 것이 교육학이었다. 특히 자본주의 체제가 작동하기 위해서는 자연에 복종하거나 자연에 의존해 온 지식을 해방시키는 것이 중요한 과제였고 교육학은 이러한 역할을 최전선에서 수행하는 청부 과학이 되었다. 자연을 기본 단위로 분해하여 원하는 결과를 낳게 될 방식으로 재구성함으로써 자연을 재정리하는 것이 교육학의 목표가 되었다. 그래서 교육학이 학문적으로 발전할수록, 인간의 사유와 지식이 깊고 넓어질수록, 자연은 인공적인 것들로 포획된 자연, 즉 인간에게 붙들린 자연이 되었다.

무엇보다 교육학은 인간을 자연의 법칙에 의해 구속되고 제약을 받는 고정적 본성을 갖는 존재가 아니라 자신의 의지와 결정에 따라 스스로의 본성에 대한 제약을 설정할 수 있는 존재로 해방시켰다. 저급한 생명체가 아니라 상위의 신성한 생명체로 나아가는 것은 오직 인간 스스로의 선택에 달린 문제라는 인식은 인간을 고등 사고력을 발달시키기 위해 노력하는 자율적 주체로 규정했다. 인간은 자본이며 상품이 되었기 때문에 인간이 어떤 본성을 가진 존재인가는 더 이상 신이나 자연의 섭리에 달린 문제가 아니며, 인간의 의지와 선택에 따라 바뀔 수 있다는 인간 향상의 생각이 지배하게 되었다. 이제 자연이 부여한 인간의 본성을 넘어서고자 하는 생각들은 자본과 부정한 동맹을 맺은 교육학이라는 틀 속에서 더욱 구체적인 모습을 띠게 된다.

포스트 코로나 시대의 교육은 국가-자본-상품-노동-교육의 위계화라는 고리를 끊는 것을 지향해야 한다. 자본에 노동력을 제공하고 국가의 전략에 의해 특정 방향으로 성장해야 하는 인간이라는 관점이 재검토되고 학생들이 매 성장 단계에서 고유한 가치를 가진다는 잊힌 사고가 복원되어야 한다.

"신성장동력"이라는 술래잡기로부터 해방

국가 및 시장과 부정한 동맹 관계를 구축한 교육학은 신성장동력이라는 술래잡기의 포로가 되었다. 특히 불확실한 미래 전망과 세계 금융 위기의 여진 속에서 수익 창출의 기대가 낮아지고, 자본주의가 재생산 위기에 처하고 아직 살아남는 방법을 발견하지 못하면서 모든 해결책은 교육 개혁으로 수렴되었다. 이 점에서 포스트 코로나 담론도 과거 창조경제, 녹색 성장 등과 같이 새로운 발전론의 아류가 될 가능성이 많다. 최근 발표된 포스트 코로나 경제 정책을 보더라도 비대면 산업의 육성을 위한 집중 투자가 핵심을 차지한다. 심지어 신자유주의가 맹위를 떨친 기간에도 한국에서는 신성장동력을 위해 국가가 경제 개입을 멈춘 적이 없다. 김대중 정부의 벤처 육성, IT 인프라 건설, 노무현 정부 시기 혁신 도

1쪽 재난 이후 우리가 만들어갈 사회

1쪽 재난 이후 우리가 만들어갈 사회

시 건설, 이명박 정부의 4대강 사업, 박근혜 정부의 창조경제, 문재인 정부의 포용과 혁신 경제 등 모든 정부는 이전 정권과 차별화되는 신성장동력을 찾기 위한 술래잡기에 주력했고 교육 개혁에서 신성장동력이라는 화두는 기업가 정신, 역량 교육, 창의성 교육 등으로 표현되었다. 그리고 이 신성장동력 찾기 술래잡기는 학생들의 행복과 존엄, 미래에 대한 희망을 희생시키는 과정이었다.

포스트 코로나 시대의 교육에 대한 논의에서도 교육이 신성장동력 찾기 술래잡기에 동원될 가능성이 많다. 레이건 정부가 추진한 '위기에 처한 국가', 김영삼 정부의 5.31 교육 개혁의 연장선상에서 코로나 시대 이후의 교육에 대한 논의가 진행되고 있다. 우리는 산업, 노동, 교육 각각의 미래에 대한 청사진을 그리면서 동등한 비중을 두고 계획을 세워 본 경험이 없다. 산업 구조의 변화가 노동 시장의 변화를 가져오고, 노동 시장의 변화가 교육과정 개정에 반영되는 논리적 형식을 취해 왔을 뿐이다. 그런데 포스트 코로나 시대의 교육에서 보다 우려되는 점은 이러한 논리에 어느 정도 브레이크 역할을 하던 혁신 교육이 미래 교육 담론에 포섭되고 있다는 점이다. 코로나19 팬데믹으로 학교가 폐쇄되어 모든 수업이 온라인 수업으로 전환되면서 기술주의와 결합된 미래 교육 담론에 모든 교육 담론이 포섭되었고 이러한 미래 교육 담론에서는 기술의 도입과 콘텐츠 제작과 활용만이 주요한 이슈가 된다.

포스트 코로나 시대의 교육 논의가 의미 있는 담론의 장이 되기 위해서는 교육이 신성장동력을 찾는 술래잡기로부터 벗어나

인간의 성장과 발달, 시민의 양성이라는 가치를 전면화해야 한다. 술래잡기로부터 벗어나면, 공교육이 추구하는 목표가 사회 속에서 살아가는 자유로운 개인과 참여하는 시민의 양성에 맞추어지기보다는 이윤을 얻는 개인과 소비자의 형성에 맞추어져 있었으며, 추구하는 인간상, 핵심 역량의 설계에서도 이러한 관점이 투영되어 있었다는 것이 드러날 것이라고 본다. 이러한 것들이 전면화되면 비로소 인간다운 삶이 무엇인지, 전면적 발달과 성장이 무엇이고 이를 위한 기반은 어떻게 마련할 수 있는지에 대한 질문들이 활성화될 수 있을 것이다.

학교 자치를 강화하는 민주적 기술의 추구

강도 높은 사회적 거리 두기가 유지될 때에도 디지털 공간에서는 활발한 활동이 이루어졌다. 그야말로 디지털 기반 비대면 전성시대가 열린 것이다. 실제로 그동안 수사에 머물거나 오프라인의 보조 공간으로 인식되던 디지털 공간은 오프라인과 연결되거나 오프라인을 보조하는 공간이 아니라 주요한 생활이 이루어지는 공간으로서의 위상을 갖게 되었다. 더 이상 디지털 공간을 "가상" 공간이라고 부를 수 없게 된 것이다. 사람들은 온라인으로 소통하면서 오프라인을 보조적으로 활용하는 생활 패턴에 익숙해졌다. 각종 회의를 비롯해 세미나와 포럼, 수업, 쇼핑, 콘서트, 영화 관람이 비대면적 방식으로 전환되어 물리적 거리와 정해진 시간이라는 한계가 사라졌다. 디지털 안에서의 시공간은 무한히 확장되며 개별화되고 있다.

이러한 비대면적 삶은 민주화의 진전을 가져왔다. 경제적, 시간적 이유로 접근할 수 없었던 콘서트나 연주회를 유튜브 생방송을 통해 무료로 시청할 수 있게 되었다. 그리고 학술 행사 등의 문턱도 사라져 충분한 정보만 주어진다면 국내외에서 열리는 다양한 학술 대회, 컨퍼런스, 포럼에 참여하여 의견을 표현할 수 있게 되었다. 여기에 더해 비대면 방식은 중간 관리자의 몰락과 권위의 해체를 가져왔다. 학생과 교사, 개인과 개인 간의 권위가 해체되어 수평적 관계가 되면서 진짜 실력만이 남게 되었다. AI를 비롯해 다양한 디지털 기술이 플랫폼으로 결합되면서 조직의 일하는 방식을 변화시켰고 중간 관리자의 기능이 급속히 위축되는 결과를 가져왔다. 이제 오프라인에서 존재하던 다양한 결재 라인, 관리자들은 디지털 공간에서 설 자리를 잃고 있다. 그리고 일하는 방식의 민주화도 진전되었다. 수직적 결재 라인, 대면 결재가 디지털 협업으로 대체되면서 기안과 검토, 결재가 쌍방향으로 이루어지게 되었고 피드백에 대한 이력도 공유되어 민주적 의사 결정이 진전되고 있다.

교육에서 비대면 생활 방식이 만들어 낸 변화는 보다 직접적이었다. 과거 컴퓨터가 학교에 보급될 때와는 비교할 수 없을 정도로 코로나19 팬데믹은 예고 없이 학교 현장을 강타했고 스마트 기기를 활용한 교사의 수업 콘텐츠 제작과 디지털 소통이 일상이 되고 있다.

이러한 비대면 방식의 원격 학습이 가져온 긍정적인 변화는 학습자의 자기 주체성이 강화되고 학습 시간의 개별화가 가능해 졌다는 것이다. 기존의 등교 수업은 시간이 상수이고 수업 내용이 변수가 되어 학습에 대한 개별화가 어려웠다면 디지털 공간에서는 수업 내용이 상수가 되고 학습 시간이 변수가 되어 자기만의 속도와 시간표대로 수업을 할 수 있게 되었다. 더 나아가 오프라인이라는 물리적 한계를 갖던 자유 학기제와 고교 학점제는 디지털 공간 안에서 과거에는 상상도 할 수 없었던 다양한 학습의 설계와 실행이 가능해졌다.

그런데 보다 심각하게 검토해야 할 문제는 비대면 온라인 학습 과정에서 발생하는 비대면 격차uncontacted devide의 문제와 국가 수준의 동일한 교육과정을 운영하면서 교사의 자율성이 획일적으로 수렴되는 현상이다. 우선 비대면 학습으로 인해 아이들이 가정에 고립되는 문제, 온라인 학습에 구속되면서 갖게 되는 활동의 축소와 건강의 문제, 또래를 통한 소통의 공동체가 사이버 취향 공동체로 축소되어 나타나는 심리적 문제에 대해서는 세심한 관심이 필요하다. 어른과 같이 인지적 재해석으로 주어진 상황을 극복하지 못하는 학생들이 어떻게 즐거움을 찾고 건강을 유지할 것인지에 대한 검토와 사회적 개입이 필요하다. 그리고 국가 수준 교육과정 때문에 자율성의 확대가 오히려 교육과정의 획일적 운영으로 귀결되는 문제에 대한 진단, 온라인 수업을 콘텐츠 중심으로 사고하여 교사가 온라인 학습 관리 및 자료 제작에 많은 시간을 빼앗겨 정작 중요한 교육과정 재구성, 디지털 환경에서 다양한 협력 학습과 학생 참여 프로젝트 학습과 같은 것을 구현하는 데에는 관심을 갖지 못하게 되는 현실에 대한 진단과 대책이 필요하다.

이러한 논의는 자연스레 우리가 가져야 할 기술에 대한 태도와 연결된다. 현재 기술에 대한 인식과 태도는 '어떻게 기기를 보급하고 그 기기를 활용하여 수업을 하도록 할 것인가?' 하는 수준에 머물러 있다. 단순히 기존의 활동을 새로운 기술을 결합시켜 다른 방식으로 하게 된다는 차원의 인식을 넘어, 기술이 삶의 형식이 되어 활동의 맥락을 바꾸고 더 나아가 우리의 존재 자체에 영향을 미친다는 관점을 가지고 포스트 코로나 시대의 교육에 대해 고민할 필요가 있다.

기술을 '삶의 형식'으로 바라본다는 것은 인간을 도구와 분리되어 존재하는 순수한 인간으로 보고 접근하지 않는다는 것을 의미한다. 인간은 늘 그 시대의 기술과 함께 새로운 삶의 형식을 만들어 왔기 때문에 우리가 받아들인 장치, 기술, 시스템은 우리 일상과 분리된 것이 아니라 일상적 존재의 맥락에 엉켜들면서 그 도구적 성질들이 우리의 인간됨 자체의 일부가 된다.

이것은 기술과 분리된 순수한 인간 존재란 있을 수 없으며, 기술 자체가 인간의 사용 방식에 따라 변용되는 중립성을 가진 것이라는 가정을 해체한다. 기술은 언제나 인간의 특정한 필요와 관점이 반영되고 있으며, 그러한 기술과 인간이 결합하면서 하나의 삶의 양식을 만들어 낸다. 그러므로 인간과 스마트폰, 인간과 컴퓨터와 같은 구분보다 세탁기가 만들어 낸 삶, 김치 냉장고가 만들어 낸 삶, 스마트폰이 만들어 낸 삶의 양식과 같은 인식으로 접근해야 한다.

포스트 코로나 시대의 교육에서 민주적 기술의 추구는 중요한 문제가 된다. 여기서 민주적 기술의 추구는 기술 발전의 과정에 시민이 무작정 참여하는 것이 아니라, 시민의 참여가 용이한 기술로의 전환이 중요하다는 것이다. 그럼 민주적인 기술의 추구는 무엇인가? 랭던 워너는 민주적 기술의 추구를 설명하기 위해 핵 발전소를 예로 든다. 핵 발전을 통해서는 대량의 전기를 생산하기 때문에 지역에 기반을 둔 민주적인 관리 체계가 형성되는 것이 불가능하다. 그래서 핵 발전소는 중앙 집권적인 권력 구조와 결합하기가 더 쉽다. 그렇기 때문에 핵 발전 기술의 발달 과정에서 관련 사회 집단이 어떤 식으로든 영향을 미쳤다 하더라도 기술의 민주화가 이루어진 것이 아니다. 기술의 민주화는 핵 발전소가 장래에 초래할 사회의 모습이 어떠한 것인지를 시민들이 함께 고민하고, 그러한 미래를 원하는지에 대해 토론과 합의가 이루어지는 것을 의미한다. 나아가 기술 민주화의 개념은 단순히 시민이 참여한다는 사실에 그치는 것이 아니라, 참여를 가능하게 하는 기술의 개발까지를 포함하는 것이다. 이런 맥락에서 볼 때 특정 기술 시스템의 환경을 특징짓는 사회적 양식patterns을 검토하는 것이 중요해진다. 예를 들어 디지털 장치나 시스템은 분산적이고 민주적인 관리 시스템과 연결될 가능성도 있지만 중앙 집권적이고 위계적인 관리 시스템으로 연결될 가능성도 많다.

그럼 교육에서 어떻게 민주적 기술을 추구할 것인가? 가장 중요한 것은 교육과정의 편성, 운영에 대한 자율성을 심화시키는 방향성을 가져야 한다는 것이다. 현재와 같이 국가 수준 교육과정, 검인정 교과서 제도가 유지될 경우 디지털 장치나 시스템은 중앙 집권적이고 위계적인 관리 시스템으로 작용될 가능성도 많다. 따라서 교육과정의 실질적인 편성과 교과서의 선정 등이 단위 학교 수준에서 이루어져야 분산적이고 민주적인 관리 시스템과 기술이 연결될 수 있다. 또한 학생들을 포함한 학교 구성원의 광범위한 참여가 실질적으로 확장되는 방향성을 가져야 한다. 이렇지 못할 경우 원격 교육이 국가 수준의 교육과정을 강화하는 경향, 학교의 자율성과 구성원의 참여를 제한하는 방향으로 왜곡될 수 있다.

마지막으로 검토할 것은 플랫폼 공개념이다. 포스트 코로나 시대에는 등교 수업과 원격 수업을 자유롭게 넘나드는 교육Smart Shifting Education이 활성화될 것이다. 여기서 핵심이 되는 것이 플랫폼이다. 현재 교육 당국은 플랫폼을 활용하도록 하고 있지만 플랫폼의 공개념에 대한 고려가 없다.

우리 모두가 우리의 노력과 무관하게 자연의 일부로 존재하는 토지에서 생활하고 있기 때문에 토지의 배타적 소유를 제한하는 토지 공개념을 자연스럽게 받아들이는 것처럼, 우리 모두는 플랫폼 공개념을 받아들여야 한다. 왜냐하면 앞으로 교육은 플랫폼을 통해 이루어질 것이기 때문이다. 그런데 플랫폼은 교사를 포함해 광범위한 사용자들의 활동에 의해 확장되기 때문에 프로그래밍한 기술자나 플랫폼에 투자한 투자자들이 배타적으로 소유해서는 안 된다. 데이터 주권이 확보되지 않을 경우, 교육 활동에서 공유되고 생산되는 마음, 욕망, 가치, 대화, 지식 들이 빅 데이터로 집적되고 자본화되어 데이터를 생산한 사람이 빅 데이터에 의해 지배될 수 있다. 따라서 플랫폼을 독점하거나 배타적으로 소유할 수 없다는 것을 분명히 해야 한다.

기후 부정의를 재생산하는 교육 체제의 전환

제인 구달은 코로나19 팬데믹 이후 한 인터뷰에서 "어쩌면 사람들이 이번에는 계산을 제대로 할 수도 있겠다"라고 말하며, '새로운 옛날'이란 화두를 꺼내 들었다. 그가 말하는 '새로운 옛날'이란 오랜 환경주의자들의 논변처럼 자연을 보존하는 것이 사회 경제적으로 더 이로울 수도 있겠다는 생각을 표현하고 있다. 도시화, 세계화 그리고 약탈적이며 자연 파괴적 개발로 인해 발생한 팬데믹으로 전 세계가 치르고 있는 천문학적 비용과 비교할 때 경제와 사회, 환경과 경제, 사람과 동물 사이의 물리적 거리 두기를 확대하여 사람은 사람대로, 경제는 경제대로, 환경은 환경대로 살아가도록 하여 비용을 발생시키지 않는 것이 경제적으로 이득이 된다는 것이다.

보다 근본적으로 포스트 코로나 시대의 교육은 인간 중심적이며 자연 정복적 근대 체제를 민주화하면서 근대 체제의 극복을 시작하는 전략을 세워야 한다. 근대 체제의 자기 한계로부터 비롯되었고 한국적 근대가 심화시킨 기후 위기에 대한 해결 없이 포스트로 나아가기는 어려운 일이며, 우리는 다음의 코로나를 기다려야 하는 운명에 처할 수밖에 없다.

이를 위해 먼저 기존의 환경 담론, 자연 보호 담론처럼 근대적 민주주의가 인간에게 머물거나 왜곡되는 것을 비판하며, 비인간 주체까지 민주주의 안에 포용해 내는 '재민주화'의 과정이 진행되어야 한다. 문제는 우리의 실천이 여기서 멈출 경우 기후 위기의 긴박성을 해결하지 못한다는 점이다. 신자유주의적 세계화로 노정된 불평등 구조 위에 저성장과 '일자리 없는 성장'이 지배하고 있는 현실, 그러나 여전히 성장을 지속해야 하는 자본주의 체제에서 민주적 자본주의를 정상화하고 분배 문제를 해결하여 함께 잘사는 사회를 만들자는 전략을 재검토하지 않고 기후 위기를 해결한다는 것은 한계에 부딪힐 수밖에 없기 때문이다.

그래서 포스트 코로나 시대의 교육은 기후 위기를 재생산하는 자연에 대한 착취와 물질적인 분배 구조의 지속적인 확대 그리고 진보를 이상으로 하는 체제 자체를 넘어서는 교육 체제의 전환을 지향해야 한다. 과잉 생산에 토대를 둔, 과잉 에너지 소비를 자극하는 생산 체계에 대한 전환을 고려하지 않고 자기 조정적 시장 원리에 따라 기후 문제를 해결한다는 것은 불가능한 일이다. 이러한 맥락에서 새로운 에너지 체제와 대안 사회를 만들어 나가는 것을 투자자 유치를 통한 금융 관리 형식으로 해결하려는 것은 재검토해야 한다.

기후 위기의 관점에서 보면, 현 상황은 코로나19 사태에도 버금가는 '전쟁에 준하는 비상 상황'이다. 따라서 기후 위기를 극복하기 위해서는 팬데믹 상황과 같이 전시에 준하는 '사회적 역량을 총동원하는 체계'가 필요하다. 한국은 세계적 기후 위기 대응 거버넌스와 협력하여 한국 사회 구조를 바꿔야 한다.

부정한 동맹에서 정의로운 동맹으로의 전환

우리가 포스트 코로나 시대에 가져야 할 정치적 비전은 모든 생명체들을 돌보고 먹이는 삶의 근원으로서 지구가 항구적 균형을 이루며 이 안의 생명체가 더불어 소통하고 조화를 이룰 수 있도록 하는 새로운 생태 사회 계약을 만드는 것이다.

인간의 입장에서는 빈곤 문제를 해결하고 모두가 잘 살며 적당히 자연을 보호하는 비전을 가질 수도 있다. 하지만 화석 연료를 사용하면서 끝없는 성장을 위한 무한 경쟁, 그리고 탐욕을 극대화하는 소비에 기반을 둔 근대적 경제 체제가 지속되는 한 지구를 손상시키는 것을 멈출 수 없고 이는 인간을 포함한 많은 종의 멸종을 가져올 것이다. 따라서 곤충, 벌레 등 생태계의 모든 구성원을 법적 권리의 주체로 인정하고 그들이 존재하고 생존할 권리, 인간의 변형으로부터 자유로운 생태에서 진화하고 생명 순환을 지속할 권리, 깨끗한 물과 청정한 공기의 권리, 평형을 유지할 권리, 오염되지 않을 권리, 유전자가 조작되지 않을 권리, 지역공동체와 생태계의 균형에 영향을 주는 개발 계획이나 거대 인프라 건설에 영향을 받지 않을 권리를 가져야 한다. 동시에 지금의 팬데믹 상황에서처럼 기후 위기의 긴급성을 인식하고 세계가 UN을 중심으로 전시 체제에 준하는 역량을 총동원하는 체제를 만들어 기후 위기에 대응해야 한다.

기후 위기의 긴급성을 인식하고 전 세계가 총동원 체제를 만들며 새로운 생태 사회 계약을 만드는 과정은 매우 긴 시간이 걸리는 항해가 될 것이다. 전환 과정에서 계속해서 전환을 가로막고 성장을 욕망하는 당사자가 저 멀리 있는 억압적 존재가 아니라 바로 욕망하는 나 자신임을 발견하게 될 것이다. 끊임없는 지역 개발의 욕구, 근대화되지 못한 전근대의 영역에서 이루어지는 강한 근대의 욕구를 만들어 낸 것도 우리임을 알게 될 것이다. 그러나 부정한 동맹을 정의로운 동맹으로 전환하려는 노력을 멈춰선 안 된다. 모든 생명체가 더불어 소통하고 조화를 이룰 수 있도록 하는 새로운 생태 사회 계약을 만들어 가는 과정을 멈출 경우, 우리가 맞이할 미래는 또 다른 바이러스에 의한 팬데믹의 연속이 될 것이다.

부록

코로나19 현장 리포트

- 코로나 바이러스가 소환한 학교와 교육

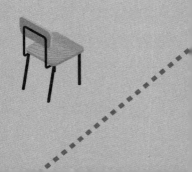

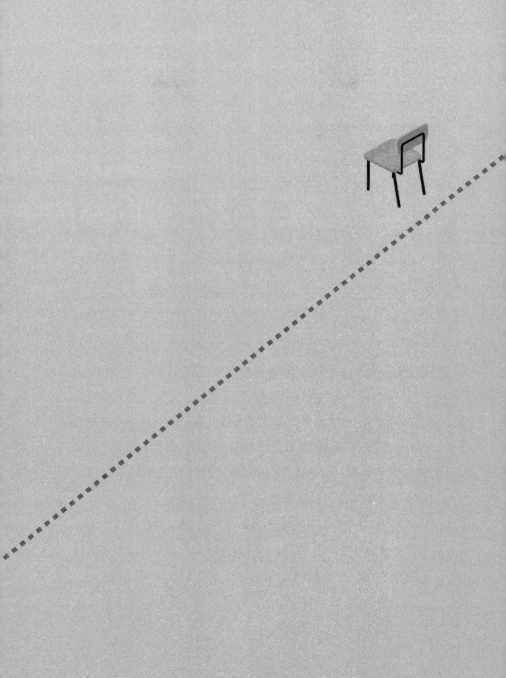

교사 노동과 학교의 의미
다시 생각하기

양서영 paneepink@hotmail.com

경기 부천 덕산고 교사

교사 노동, 어떻게 바라봐야 할까?

코로나19 유행이 시작된 초반, 출근하지 않는 교사의 노동에 대한
비난이 있었다. "교사는 학생들이 없는 학교에 출근할 이유가 없고
출근하지 않으면 노동이 없다. 노동하지 않고 임금을 받는 것은 부당
하다"는 논리로 교사들에 대한 공격이 증폭되었다.

그 이유는 무엇인가. 우리 사회는 일하지 않는 시간에 대한 임금
제공이 부당하다고 생각한다. 눈에 보이는 노동 시간이 철저하게 계
산되어 임금으로 환산되는 노동자들이 대부분이기 때문이다.

임금은 노동 시간에 대한 보상인가, 사회 구성원들의 생존 수단

인가? 모든 노동자들이 어떤 노동을 하든 최소한의 삶을 유지할 수 있는 사회, 그것을 위한 수단으로서의 임금은 불가능한가? 노동한 만큼의 임금 제공이 정당하다는 관점에서는 상황 변화에 따라 노동자의 삶의 조건이 좌지우지될 것이다. 이미 그 논리에 의해 수많은 노동자들이 코로나19로 인한 강제 휴직과 해고를 당하고 있다.

교사 노동자들은 "학생들이 없어도 일하고 있다. 충분히 임금을 받을 가치가 있다"라고 외치는 것보다 "모든 노동자는 최소한의 인간다운 삶을 유지할 수 있는 임금을 받을 권리가 있다"라고 외치는 것이 먼저여야 한다. 모든 노동자의 해고 금지를 외쳐야 한다. 그런데 교사 노동자들은 일하고 있다는 증명을 하기 위해 일부러 출근을 하고 학교에는 맞지 않는 재택근무라는 복무 형태를 받아들였던 것은 아닌가?

이것은 우리가 우리 발목을 잡고 있는 것이다. 우리는 업무 실적 보고서와 출퇴근 보고를 통해 매일 노동하고 있음을 증명하는 것이 아니라 노동의 개념에 대해 문제를 제기해야 한다. 교사의 노동은 교무실에 혹은 컴퓨터 앞에 앉아 있어야만 이루어지는 것이 아니다. 우리 스스로 교무실에 앉아 있거나 메신저에 로그인이 되어 있어야만 교사 노동을 증명할 수 있음을 인정하는 것은 교사의 존재 이유를 희미하게 만드는 일일 것이다.

학교는 왜 존재하는가?

온라인 개학이 결정되고 학교 현장은 그야말로 전쟁 같은 시간을 보냈다. 평가와 출결 등 중요한 문제가 해결되지 않은 모호한 지침, 준비되지 않은 원격 수업 환경, 하나부터 열까지 교사들 각자 알아서 해결해야 했던 수많은 문제들……. 모두 각자의 자리에서 각개전투를 벌였다. 수많은 교사들의 노력이 무에서 유를 창조했고, 우려했던 온라인 수업은 빠른 시간 안에 안정적으로 자리 잡게 되었다. 그 결과, 교육부는 코로나19 이후의 미래 교육을 언급하며 원격 교육의 전면적 도입을 꿈꾸게 되었고, 그 열망은 실시간 쌍방향 수업 확대로 이어졌다. 코로나19로 인해 우리가 맞이하게 된 모든 교육적인 문제들을 풀 수 있는 열쇠가 쌍방향 수업만이 아님이 확실한데도 교육부는 다른 대안은 고려하지 않은 채 밀어붙였다. 그러나 여전히 2020년 학교의 교육 공백은 현재 진행형이다.

이 모든 상황에서 빠져 있는 고민은 '학교는 왜 존재하는가'이다. 코로나19가 소환한 학교의 역할은 돌봄과 입시 준비였다. 먼저 그동안 학교가 제공해 줬던 돌봄의 역할이 두드러졌다. 물리적 돌봄이 필요한 초등 저학년 학생들뿐만 아니라 정서적 돌봄이 필요한 모든 학생들에 대한 대책이 절실했다. 하지만 교육부는 실질적인 해결책은 마련하지 않은 채 코로나19 상황에 따라 등교와 원격 수업만을 반복해 왔다.

그리고 감염의 위험을 무릅쓰고도 고3만큼은 먼저 등교를 해야 한다는 목소리의 배경에 있는 것은 배움에 대한 목마름이 아니었다. 학교가 제공해 줘야 하는 것은 내신 성적이었다. 학교에 가야 수업에 참여하고 시험을 보고 성적을 받을 수 있기 때문이다. 학교에 가야 각종 학교 활동에 참여하고 생기부를 채울 수 있기 때문이다.

그러나 먼저 생각해 봐야 할 것이 있다. 첫째, 내신 성적과 생기부 기록을 제공해 주는 것이 학교의 본질이었나? 모두가 동의할 수 있는 학교의 본질은 '교육'일 것이다. 교육이란 무엇인가. 배움과 성장? 만남과 연결? 다양하게 확장될 수 있겠지만, 적어도 교육이 곧 내신과 생기부는 아니다.

둘째, 사상 초유의 사태 앞에서도 학교를 멈추지 못하게 하는 '입시'는 만고불변의 진리인가? 만약 고등학교 성적으로 대학을 가고 어느 대학에 가느냐가 인생의 많은 것을 결정하는 사회가 아니었다면 학사 일정을 멈추는 것이 이렇게 어려웠을까? 1, 2점으로(때로는 0.1점으로) 등급이 나뉘고 그 등급이 대학의 이름을 바꾸는 경쟁 시스템이 아니었다면 학생들이 이렇게까지 초조해할 필요가 있었을까? 왜 학생의 안전과 생명보다 당장 봐야 할 수행 평가가 급하고 한 학기의 내신 등급 때문에 불안해하게 되었을까?

코로나19를 맞닥뜨린 학교 현장에서는 우리가 익히 알고 있었던 한국 교육의 병폐가 모두 드러나고 있다. 지금 당장 바꾸지는 못하더라도 코로나19 이후에는 달라져야 한다. 우리가 말해야 한다. 경쟁 시스템에 기반한 입시 제도가 학생들의 행복만 잡아먹는 것이 아니라 생명까지도 위협할 만큼 거대한 위력을 발휘하고 있다는 것을. 지금 당장 멈춰야 한다는 것을.

내신 성적과 생기부의 감옥이 아니었다면 우리는 많은 것을 상상할 수 있었을 것이다. 경직된 교육과정에 끼워 맞추지 않아도 된다면 수많은 가능성이 열려 있다. 우리는 왜 수업 일수와 교과서와 평가에 갇혀 있는가. 전염병 앞에서도 수업 일수와 교육과정에 갇혀 한 발짝도 벗어날 수 없게 하는 대학 입시라는 거대한 괴물을 왜 그대로 두려 하는가.

이 모든 상황에서 학생들의 목소리는 전혀 반영되지도, 수렴되지도 않고 있다. 우리는 학생이 교육의 주체라고 말해 왔지만 결국은 교육의 대상일 뿐이었음이 여실히 드러나고 있다. 현장 교사들의 목소리도 반영되지 않고 있지만 학생들의 경우는 더욱 그러하다. 학생들이 진짜 원하는 것을 우리는 알고 있는가? 교사들은, 교육부는 학생들의 목소리에 관심을 기울여 왔는가?

교실 속
섬이 되어 버린 아이들

박노해 eclipz13@naver.com
경북 구미 봉곡초 교사

2020년 6월 초, 오프라인으로 학생들을 처음 만났던 때를 생각한다. 코로나19 이후의 학교에서 발견한 가장 인상적인 변화 중 하나는 학생들의 '무반응'이었다. 교직 생활 6년 차에 접어든 나는 적지 않은 수업을 했고, 그렇기에 수업의 흐름이나 분위기에 관해 어느 정도 기대하고 예상하는 바가 생겼다. 그런데 그 예상이 무색하게 학생들이 수업에 대한 의지가 없고 수업 내용에 대해 아무런 반응을 보이지 않았다. 교실 안은 기본적으로 매우 조용했으며, 초등학교 쉬는 시간 특유의 시끌벅적한 분위기가 전혀 없었다. 마치 서로 할 말이 떨어졌을 때와 유사한 어색한 정적이 교실 전체를 휘감는 것 같았다. 질문을 던져도 대답이 없고 무언가를 해 보자고 해도 반응이 없어 수업하는 일이 난감하기 그지없었다. 내가 서 있는 곳은 분명 초등학교 교실인데 그곳 풍경은 마치 고등학교 교실 같았다.

학교에 와도 혼자만의 세계에 있어야 하는 아이들

물론 코로나19 이전에도 수업에 관해 무반응과 무관심으로 일관하는 학생은 늘 있었으며 고학년으로 갈수록 이런 경향이 심했던 것은 사실이다. 하지만 지금 말하는 특징은 과거의 상황에 비해 훨씬 보편적이기에 특수하다. 즉, 내가 가르치는 모든 학년, 모든 학생에게서 무반응과 무관심, 무기력이 관찰되었다는 것이다. 처음엔 이것을 두고 나 혼자만 느끼는 바는 아닐까 하고 생각했으나 다른 여러 교사들의 생각도 크게 다르지 않았다.

오프라인으로 몇 차례 수업을 진행한 이후였을 것이다. 교과 전담 교사인 나는 한 반의 담임에게 찾아가 그때 관찰한 이런 변화에 대해 말했고, 이야기를 나누다 보니 학생들의 상황을 어느 정도 이해할 수 있었다. 학생들의 일과는 이러했다. 학교에 오자마자 책상 위에 놓인 학습지를 푼다. 그리고 수업이 시작되면 (교사의) 수업을 듣고 혼자 할 수 있는 활동을 한다. 당연히 친구들과의 상호작용은 없다. 그리고 쉬는 시간이 되어도 계속 책상에 앉아 있거나 화장실만 조용히 혼자 다녀와야 한다. 급식 시간이 되면 서로 떨어져 앉아 말없이 밥을 먹고 집으로, 학원으로 간다. 학생들은 학교라는 곳에 모여 있지만 사실 혼자만의 세계에 있는 것과 별로 다르지 않다.

사회적 거리가 만든 마음의 거리

그래서 나는 첫 수업에서 느꼈던 당혹스러움을 학생들 입장에서 헤아려 보기로 했다. 우선 코로나19로 인해 타인에 대한 경계심이 높아져 있는 상황이 학생들에게도 예외는 아니었을 것이다. 학기가 시작된 것은 4월부터지만 다른 학생들을 직접 본 것은 6월이 처음이었을 것이고, 아직 서로 친해질 기회가 없었을 것이다. 모두가 마스크를 쓰고 있는 탓에 서로의 얼굴을 자세히 보기 어렵고 대화마저 최소한으로 제한돼 유대감이나 소속감을 가지기도 어려웠을 것이다. 집 안에 오래 머물렀기 때문에 학교라는 곳이 낯설게 느껴지기도 했을 것이다. 온라인 수업을 듣다 교실에서 선생님이 하는 수업을 듣는 것에 적응하기 힘들었을 수도 있다.

물론 지금은 많이 나아져 학생들이 '보통의 모습'을 대부분 찾아가고 있다. 나와 농담도 곧잘 하고 학생들끼리도 예전처럼 친하게 지내는 모습이 보인다. 그렇다고 해도 분명히 존재했고 지금도 여전히 남아 있는 '무관심'과 '무기력'이란 현상을 한 번쯤은 고민해 봐야 할 것 같다. 요즘은 무언가를 속단하기 어려운 시대이지만 나는 혼자서 이렇게 결론을 지어 보았다. 물리적으로 거리를 두다 보니 마음의 거리까지 멀어진 것이라고 말이다.

당연한 말이지만 학교나 학급이 제대로 운영되기 위해서는 수업 이전에 서로 마음을 열고 유대감을 쌓는 것이 중요하다. 돌이켜 보면 올해는 그럴 기회가 없었다. 밀린 진도 때문에 교사는 시간이나 여유가 없었고, 방역을 위해 학생들은 학교에서도 혼자만의 세계에

간혀 지내야 했기 때문이다. 결국 마음의 거리가 예전보다 훨씬 멀어졌는데 예전과 같은 수업, 예전과 같은 반응을 기대한 것이 욕심이었던 것인지도 모르겠다. 마스크, 체온계, 뚝뚝 떨어진 책상, 격주 등교, 정적…… 이 모든 것이 낯설고 어색한데 예전처럼 웃고, 떠들고, 질문하는 일이 당연히 어렵지 않았을까.

오프라인 개학 직후의 풍경을 묘사한 한 선생님의 말씀이 인상 깊었다. "학생들 앞에서 수업을 하고 있는데 학생들은 나를 마치 〈EBS〉 강사 보듯이 바라봤다." 온라인 강의에서 강사의 말과 행동에 일일이 반응을 보이며 수업을 듣는 학생은 없다. 코로나19를 거치면서 우리의 '현실 세계'가 마치 온라인처럼 변해 가는 것 같아 슬픈 한 해였다.

농·산촌 작은 학교에서
다른 삶의 방식을 고민하다

김석규 klsukkyu@naver.com
충북 괴산북중 교사

교육지원청으로 파견을 나갔다 올해 중학교로 복귀했다. 행복교육지구사업을 위해 파견을 나가 마을교육 활동가들과 다양한 시도들을 해 보았다. 그 3년 동안 학교 밖에서 행복한 아이들의 표정을 많이 볼 수 있었다. 그런데 코로나19로 인하여 모든 활동이 금지되었다. 안전이 최우선 과제가 되면서 비대면 원격 수업을 해야만 했다.

다행히 청소년 동아리 중에서 만화 동아리는 원격으로 수업하고 교류를 잘 해 나가는 모습을 보여 주기도 했다. 반면, '비대면'을 금과옥조처럼 지켜야 한다 하니 청소년 카페도 문을 열면 안 되었다. 전염이 좀 잠잠해지자 체온 측정기와 손 소독제를 앞에 두고 출입

자 명단을 기록하면서 문을 열 수 있었다. 간식도 먹고 쉬러 오는 아이들이 조금씩 생겼다. 하지만 학교에서 마을로 체험 활동을 나가던 버스는 멈추었다. 대신 긴급 돌봄 교실에 나온 학생들에게 전래 놀이를 가르치는 마을 활동가는 계속 활동할 수 있었다. 차츰 긴급 돌봄 수요가 늘어나서 전교생 30명이던 학교에 20명이 나오기도 했다.

전교생 30명에 원격 수업이 필요할까?

이런 상황을 지켜보면서 서너 명씩 소그룹으로 움직이면 안 될까라는 생각을 해 보았다. 비대면 접촉으로 목공 놀이 기구를 전달하면 어떨까 하는 제안도 해 보았다. 확진자가 없는 농·산촌 지역에서 이렇게까지 통제를 계속하기보다 아이들이 배우고 싶은 곳을 찾아가도록 하고 싶었다. 학교 교실이 아니라 마을의 목공소, 바느질 공방, 도예 공방, 체험 마을에 아이들이 찾아가게 하면 좋겠다는 생각을 했다. 하지만 혹시 그러다 확진자가 생기면 모두 같이 망한다는 불안감과 공포 때문에 모두들 반대하였다.

안전이란 도대체 어떻게 확보될 수 있을까? 2m 거리를 유지하며 모이면 될까? 아니면 2주 동안 외부 출입을 안 한 사람들만 모이면 될까? 아주 친밀한 가족과 같은 공동체나 서로 잘 아는 사이라면 안전할까? 멀리 이동하지 않고 생계 활동을 하고 있는 농·산촌이니 안전할까?

정부의 정책은 그냥 상황에 관계없이 적용되기 일쑤였다. 학생

5명인 농·산촌 학교 학급에서도 원격 수업을 해야 한다고 했다. 전교생이 30명인데 원격 수업을 했다. 그런데 수업을 마친 아이들은 마을 여기저기에 모여서 무언가를 하며 같이 놀았다. 접촉에 대한 욕구를 통제할 수 없었고 그럴 필요도 느끼지 못했다. 코로나19 전파 위험에서 비교적 농·산촌 작은 마을이 안전하다는 점을 확인했기 때문이다. 물론, 외부인과 접촉한 어르신 한 분 때문에 농촌 경로당 전체에 감염된 사례가 있기는 하지만 말이다.

금지와 통제가 아닌 삶의 전환으로

안전하게 무언가를 배우고 교류하는 것은 인권의 문제이다. 수업을 하고 교과서 진도를 나가고 시험 성적을 산출하는 것 말고 인간의 기본권인 학습과 놀이를 보장해야 한다. 안전한 장치를 갖추는 것도 중요하겠지만, 그 전에 삶의 단위가 작아져야 하고, 이동이 적은 긴밀한 마을공동체가 회복되어야 할 것 같다. 원격 수업을 한다고 모니터와 스마트폰 화면만 바라보게 할 것이 아니라 뒷동산에 숲 놀이터를 만들어서 아이들이 뛰어놀게 해야 한다. 물론 안전 요원을 유급 노동이나 자원봉사로 배치하는 게 필요하겠지만, 마을의 자치를 통해 그 방식을 결정할 수 있을 것이다. 이것은 지금의 산업 문명과는 근본적으로 다른 삶의 방식이다. 그런 삶의 방식을 시도해야 할 필요성을 코로나19가 깨우쳐 주고 있다. 무조건 금지하고 통제할 것이 아니라 삶의 전환을 하나씩 시도해 보았으면 좋겠다.

삶의 전환이라는 너무나 큰 화두를 한꺼번에 실천할 수 없다는 이들에게 충북 괴산이라는 농·산촌에서 교육지원청 행복교육지구 사업으로 시도한 몇 가지를 소개하면서 글을 마치고 싶다. 먼저 코로나19 시기에 긴급 돌봄이라는 형태로 학교에 나오지만 대부분의 시간 동안 친구, 보호자, 이웃 어른들과 만나지 못하는 아이들에게 "어른 친구"라 불리는 멘토와의 일대일 만남을 진행하였다. 가정 환경이 어렵거나 정서상의 문제가 있는 아이들과 청소년들에게 마을교육공동체 활동을 하는 어른들이 친구가 되어 얘기를 나누고 밥을 먹고 여행도 가는 방식이었다. 코로나19 이전에도 필요했지만 코로나 시대에 더욱 필요성을 느껴서 한 일이다. 또 하나 중학교 3학년들을 5명, 10명 단위로 모아서 사람책 찾아가기를 진행하고 있다. 그동안 학교와 학원, 집 말고는 가 보지 못한 아이들은 "괴산이라는 시골에 이렇게 훌륭한 예술가, 농부, 역사가들이 있는지 몰랐다" 라는 반응을 보였다. 면 단위에 문을 연 사진관과 자연 발효 빵집을 운영하는 분들을 만나서 왜 농·산촌을 찾아오는지 듣고 나니 자신의 이웃과 삶터를 다시 보게 된 것이다. 코로나19로 인해 공동체를 회복하는 과정을 보면서 삶의 전환을 시작할 실마리를 잡은 느낌이든다.

배우려는 아이들, 배울 수 없는 학교 1
- 수업편 : 위기는 기회가 될 수 있을까

정수연 occto@hanmail.net
광주 두암중 교사

코로나19 이후를 'AC^After Corona'라고도 부르는 모양이다. 예기치 못한 상황을 맞이하여 '역사적 전환기'라는 의미를 담은 것일 텐데, 학교는 그 변화의 파고 한가운데에 있는 곳 중의 하나다.

2020년 5월, "온라인 개학은 코로나19 위기에 대응하기 위한 불가피한 결정이었지만, 우리는 이 경험을 소중한 자산으로 삼아 미래 교육으로 도약하는 교육 혁신의 기회로 삼아야 한다"라고 밝힌 유은혜 부총리 겸 교육부 장관의 대국민 담화 이후 현장 교사들은 '장관이 밝힌 '우리'가 '우리'인가?', ''원격 수업'이 '미래 교육'인가?' 하는 당혹감을 감출 수가 없었다.

웹캠은 어디서 사야 하는지, 성능은 어떻게 다르고 온라인 툴

tool은 어떤 것들이 있는지 우선 당장 필요한 정보들을 나누고 학교
별, 지역별 상황을 공유하기도 했다. 방송이나 신문을 통한 휴업 연
기 및 교육부 지침 발표보다 늘 1~2시간, 길게는 24시간 이전에 상
황을 먼저 공유하기도 했다. 사교육 시장에 일찌감치 뛰어든 친구의
경험은 신화가 됐고, 일선 학교 교사들은 뒤처진 정보력으로 시대를
읽지 못했다는 자괴감마저 느꼈다. 단톡방은, 아마 경험해 본 사람
들은 알겠으나, 정보 수집력과 전파력이 만만치 않다.

원격 수업의 풍경

온라인 수업을 위한 경험도, 연수도 전혀 없던 현장의 교사들에
게 닥친 시련은 코로나 바이러스의 감염 위험보다 더 크게 다가왔
고, 몇몇 선배 교사들은 자기 검열과 자괴감으로 결국 버티지 못하
고 병가를 냈다는 소식도 들려왔다. 안타까운 일이다.

대다수 교사들은 당황과 혼돈을 넘어 각자도생의 길을 찾다가
함께 배우면서 그 방법을 찾아가고 있다. 학교별로 구글 도구 및 프
로그램 이용을 위한 각종 연수를 기획하고, 영상 제작과 화상 채
팅 등을 위한 자기 학습을 하고, 인공지능 더빙을 이용해서 녹화도
한다. 연구회 등을 만들어서 미래형 수업을 같이 준비하자는 학교
내 움직임도 있다. 교육청 소속 연구회 등을 통해서도 학교 간 소통
과 공유가 살아나 오히려 코로나19 시기 교사 집단에 새로운 활력
이 되기도 했다. 물론 그 소통의 대부분은 방역과 마스크, 마이크와
페이스쉴드, 천막과 급식 지도 등과 관련된 것이었지만 말이다.

처음 해 보는 온라인 개학과 수업의 피로도는 상당했다. 참여율
이 낮은 학생들을 향해 끊임없는 관리와 피드백을 하느라 상당한
시간과 노력을 들여야 했다. 낯선 도구들을 이용해 화면 너머의 보
이지 않는 아이들과 소통하기 위한 노력은 매우 힘겨웠다.

대면 상황이라면 '눈 한 번 맞추고', '조곤조곤 이야기만 해도' 끝
날 것이 무수한 쪽지와 전화, 문자와 카톡을 하게 했고, 몇 번이고
이러한 과정은 반복되어 '시작은 있되 끝이 없는 것이 원격 수업'이
라는 생각마저 들게 했다. 그럼에도 일부 학부모들의 볼멘소리가 들
렸다. '원격 수업의 질이 형편없다.' '차라리 학원이라도 제대로 보내
게 학교는 최대한 빨리 끝내 달라.'

등교 수업 이후 가장 좋았던 것 중의 하나는 그래도 내 말을 들
어 주는 상대가 눈앞에 있다는 것이었다. 비록 마스크를 쓰고 어색
한 표정으로 거리를 유지하며 앉아 있더라도 말이다. 또 하나는 시
작종과 끝 종이 있다는 것이었다. '맞아, 수업은 끝 종이 있어야지.'

방역과 돌봄 앞에 무기력한 학교

등교 개학을 앞두고 쏟아진 교육부와 교육청의 각종 지침들이
일관되게 향한 곳은 학교 내 집단 감염의 적극적 예방인데, 지침을
들여다볼수록 방역과 돌봄 이외에 학교의 교육 활동에 대한 기대
가 매우 낮음을 확인할 수 있었다. 교육과정 편성과 수업 일수, 수업
시수와 일과 운영 시간도 줄이고 최대한 비접촉 상태에서 최소한의
교육 활동을 수행하라는 내용이었다. '학생 간의 접촉을 완전히 차

단하는 게 현실적으로 가능한 일이냐?', '학교는 그저 보육 시설이
냐?', '이럴 거면 개학은 왜 하냐?' 등의 자조 섞인 푸념마저 들렸다.

상황을 이해하고 최대한 협조하려고 노력하기는 하나, 체육 및
음악 활동의 제약, 동아리나 스포츠 클럽 시간의 학급 단위 운영과
특별실 이동 수업의 제한 등은 교사의 최소한의 의지마저 꺾어 버
렸다. 우리 학교는 아이들이 자율적으로 동아리를 구성하여 지도
교사를 선정하거나, 교사가 먼저 동아리를 개설하여 아이들에게 제
안하는데 온라인 개학 중에는 꿈도 꿀 수 없었다. 그런데 막상 개학
을 하니 학급이 섞이지 않도록 학급 단위로 운영하라는 교육청의
지침이 내려왔다. 이를 무시할 수 없으니 1학기는 교사들이 각 학급
의 동아리를 한 시간씩 담당해서 자율적으로 운영하기로 했다.

학생 간 1m 거리 유지를 위해서 교실 밖으로 사물함을 들어내
고, 등교 시간과 점심시간의 발열 체크를 위해서 2~3시간을 할애하
기도 한다. 빛고을 혁신학교 운동의 일환으로 학생 활동 위주의 수
업을 디자인했던 그간의 모든 노력은 '일단 멈춤'이다. 비대면 상태
에서 학생들은 각자 정면만을 바라보고 교사와 학생 모두 마스크를
쓰고는 잘 들리지도 않는 소리로 웅얼거릴 뿐, 제대로 공부하기 위
한 활동을 계획하기 힘들다.

일부 학부모들은 방역 지침을 거부하고 나 몰라라 하기도 한다.
이러면 학교는 또 속수무책이 된다. 지침을 따르지 않을 수도 없고
나 몰라라 하는 학부모만 쳐다보고 있을 수도 없어서 일과 중에 담
임 교사나 보건 교사가 직접 학생을 데리고 보건소를 방문하기도
한다.

적응과 변화

하지만 위기는 기회가 되기도 한다. 수업과 교육의 방향에 대해 진지하게 고민한 후 기존의 익숙했던 방식을 버리기로 했다. 방법을 바꾸지 않으면 살아남을 수 없고, 옛것이 꼭 옳은 것도 아니다.

유은혜 장관이 말한 '미래 교육'이 일방향의 지식 전달 수업은 아닐 거라고 생각한다. 많은 교사들이 어려운 가운데 온·오프라인 수업을 병행하는 방법을 고민하고, 각종 온라인 툴을 이용하여 학생 활동을 계획하기도 한다. 상황이 어려워도 최소한의 개인 활동, 모둠 활동 등을 각종 온라인 도구들을 이용해서 계획하고 실행해 보는 것인데, 이 경우에도 중요한 것은 '방향'이다.

《사피엔스》의 저자 유발 하라리가 2016년 한국을 찾아 인공지능 시대의 미래 교육의 방향에 대해 남긴 메시지는 다음과 같다. "현재 학교 공부의 80~90%는 아이들이 성인이 되면 쓸모없어질 것이다. 우리가 아이들에게 가르쳐 줄 가장 중요한 기술은 '어떻게 해야 늘 변화하면서 살 수 있을 것인가', '어떻게 해야 내가 모른다는 사실을 직면하며 살 수 있을 것인가'일 것이다."

지식과 정보 위주의 교육과 문제 풀이식 수업에 익숙한 기성세대인 교사들에게 이 메시지는 다양한 고민을 안긴다. 우리가 만날 미래 세대에게 배움을 어떻게 조직하는지 방법을 가르쳐야 한다는 것이다. 그에 앞서 변화에 가장 둔감한 학교 현장의 교사들이 앞으로 어떻게 살아남을 수 있을 것인가 하는 존재론적 질문을 던진다.

지금이라도 수업을 바꾸고 변화하지 않으면 살아남기 어렵다. 코로나19 상황을 지나며 가장 뼈저리게 느낀 것은 '문제 상황에 대처하는 능력과 의지'가 무엇보다 중요하다는 것이다. 의지만 있다면 정보와 지식은 얼마든지 찾아낼 수 있고 활용하고 바꿀 수 있다고 믿는다.

배우려는 아이들, 배울 수 없는 학교 2
– 평가편 : 아이들에게 미안하다

정수연 occto@hanmail.net
광주 두암중 교사

일테면 이런 식이다. 7월 말 여름 방학을 3주 앞두고 교육청에서 강력 권고한 내용은 1주 원격 수업, 나머지 2주간은 전체 학년 학생 수의 3분의 1을 넘기지 않는 범위 내에서의 등교와 원격 수업 병행이었다. 여기에 좀 더 세밀한 옵션들이 비공식적으로 더해진다. '원격 수업의 내용을 확인할 수 있도록 등교 수업 일정을 확보하고 기말고사를 치르라.' '오전·오후로 두 개 학년이 같은 기간 동안 학교에 등교할 수 없다.' '학교별 학생 수의 단순 비교는 논외로 한다.'

중간고사가 사라진 중학교의 기말고사에서 치를 교과목의 수는 학년별 평균 11개. 게다가 1학년 자유학년제로 인해 현재 2학년 학생들에게 수치로 객관화된 1학년 평가 결과가 있을 리 없다. 그러니 앞으로의 불확실함을 염두에 두더라도 기말고사를 포기하기란 쉽지 않다. '원격 수업만으로 치르지 말고 반드시 모든 교과를 등교 수업에서 한 시간이라도 모든 반에서 고루 다룬 후 평가하라'는 지침은 누가 뭐래도 민원을 염두에 둔 대처이지만 애초 1주 이상의 학년별 등교가 아니라면 불가능한 주문이다. 원격 수업 3주간의 내용을 고작 한두 시간 안에 어떻게 다룬단 말인가. 한마디로 연목구어인 것이다. 8월 말까지 다섯 달, 1학기를 기준으로 광주 북구 중학교의 학년별 등교 수업 일수는 한 달 남짓이었다.

누구도 책임을 지고 싶어 하지 않는다

원격 수업의 내용을 평가하는 것에 가장 불안감을 느끼는 주체는 단연 교사이다. 당장 통계화된 수치를 확인할 수는 없더라도 원격 수업으로 한 학기를 보낸 학생들, 특히 초등 저학년과 중학교 1학년 학생들의 기초 학력 저하는 명약관화일 것이다. 가정 내 돌봄이나 학원의 사교육을 받을 수 있는 아이들과 그렇지 못한 가정의 아이들의 학력 격차 역시 무시하지 못할 것이다.

코로나19로 학교가 수업을 포기하고 배움의 공간으로서 자기 정체를 스스로 잃어 가는 동안, 원격 수업 중에도 공부하다가 모르는 것을 물어오는 아이들이 있다는 게 신기하다. 어쩌면 교사들에게보다 아이들에게 이 시기 배움의 상실은 더욱 뼈저리게 다가올 것이다. 일정 기간의 의무적인 배움은 아이들에게도 실존인 것이다.

교육청은 급기야 교과별 30% 이상을 권장하던 수행 평가 비율에 대한 그간의 지침을 모두 엎고 "25% 이하로 하되 학교에서 자율로 정하라. 0%만 아니면 된다"는 입장으로 바뀌었다. 이쯤 되면 공정하거나 내실 있는 평가에 대한 포기라고도 해석할 수 있으나, 입시를 염두에 두기 때문에 그것마저 여의치 않다. 차라리 이번 학기의 평가를 포기하고 수료나 이수로 처리하는 게 낫겠으나, 누구도 과감히 밀어붙일 수가 없는 일이다. 책임을 지는 일이란 쉬운 일이 아니다.

작년까지만 해도 100% 수행으로 평가했던 예체능 교과의 평가 기준도 수정에 수정을 거듭하여 50% 이상의 지필로 바뀐 지 오래다. 문제는 평가 계획이 계속 수정되어 평가가 언제 끝날지 교사 본인도 모른다는 것이다. 학기 초 학생·학부모에게 의무 공지하게 되어 있는 평가 계획은 이미 너덜너덜해졌고, 담당 부서에서는 '일을 하는 것도 아니고 안 하는 것도 아닌' 그야말로 어정쩡한 시간들이 지나고 있을 뿐이다.

잃어버린 교육의 시대

"인간이 취할 수 있는 예방책들은 불안과 불확실함으로 가득 차 있으므로 일어날 수 있는 최악의 사태에 단호한 확신을 가지고 대비하면서 최악의 사태가 반드시 일어날 것이라고는 단정할 수 없다는 사실에 약간의 위안을 얻는 편이 낫다." 이 시대에 대해 일갈하고 있는 듯한 이 문장은 1580년에 발간된 몽테뉴 수상록에 나오는 글이다.

어쩌면 역사는 인류가 불안과 불확실함을 어떻게든 헤쳐 온 기록이다. 최악의 사태를 대비해 취하는 우리의 온갖 시도들이 부디 '잃어버린 교육의 시대'를 만드는 데 일조하지 않기를 바랄 뿐이다. 무엇보다도 아이들에게 미안하다. 제대로 배울 수 없게 해서. 짧은 등교 수업으로 인해 얻은 적은 평가의 근거로 너희를 평가할 수밖에 없다는 무력한 자조에 대하여. 제대로 된 수업이 이루어지지 않는 상황에서 도대체 평가를 왜 해야 하느냐고 묻고 싶은 교사 집단의 속수무책 앞에 각자 서 있는 너희들의 삶에 대하여. 무엇보다 배우고 싶은데 배울 수 없는 학교라서 미안하다.

코로나19가 드러낸
급식 노동자의 현실과 학교의 민낯

정명옥 tarjan100@hanmail.net
경기 안양 삼성초 영양 교사

코로나19 사태로 몸살을 앓는 학교 급식 이야기를 좀 해야겠다. 나를 포함한 급식 노동자*들의 이야기다.

개학 연기와 온라인 개학으로 학교 급식 중단 상태가 지속되었다. 학교 급식을 중단한 이유는 학생들이 없어서이기도 하지만 감

---

* 급식 노동 현장에는 영양 교사인 교원과 지방공무원인 조리사, 그리고 365일형 교육공무직 영양사, 275일형 교육공무직 조리사, 275일형 교육공무직 조리실무사 등 다양한 노동자가 공존 내지 병존하고 있다. 이 중에서 방학 중 급여가 없는 직종은 당연히 275일형 노동자다. 이들은 비정규직 노동자인데 1년 근속하면 무기 계약직으로 전환되어 강제 퇴사가 불가능하므로 고용이 보장된다고 볼 수 있다. 그러나 정규직과 비정규직은 동일한 노동을 수행함에도 임금의 차이는 매우 심각하다.

염병에 가장 취약한 곳이 단체 급식소이기 때문이다. 따라서 학교 급식 조리장은 별도의 방침이 있기 전까지 폐쇄하라는 지침이 내려졌다. 이는 〈학교급식법〉은 물론 〈식품위생법〉에 의한 조치이기도 하다.

처음 개학이 연기되었을 때, 즉 방학 기간이 길어지자 275일형 급식 노동자(이하 조리실무사)의 급여가 문제였다. 이들이 속한 노동조합들은 긴급히 교육부 장관과 만나 학교장 재량 휴업일 사용, 주차 수당 지급 등을 협상해 최소한의 소득 보전을 위한 합의를 도출했다.

문제는 온라인 개학이 되고부터다. 아뿔싸! 급식은 온라인으로 할 수 없지 않은가! 무노동 무임금 원칙에 따라 조리실무사들은 학교에 출근을 하지 않으면(무노동) 휴업 수당조차 지급되지 않는다. 즉, 수입이 없다는 것이다. 생계형 조리실무사들에게는 위기를 넘어 위협이 될 수 있는 상황이었다. 따라서 이들은 학교에 출근하도록 해 줄 것을 요구했고 다행히 받아들여져 기본적인 월급을 받을 수 있게 됐다. 그러나 조리실무사들의 마음은 가시방석에 앉은 것같이 좌불안석이었다.

학교는 사회의 축소판이 맞다

영양 교사인 나는 "우리는 급식 노동자다. 급식을 하지 않으면 일이 없는 것은 어쩌면 당연하다. 너무 불편해하지 말고 '엎어진 김에 쉬어 간다'는 말처럼, 그동안의 노동 강도에 대한 보상이라 생각하고 편히 쉬자. 코로나19나 조심하자"라고 그들에게 당위성을 알려 주고자 애썼다. 그럼에도 불구하고 여기저기서 들려오는 소식을 들어 보면 안타깝기 그지없다.

'조리실무사들 나와서 뭐 하나? 일도 없이 월급 타려고 학교 나와 있는 것 아닌가? 그렇다면 너무한 것 아닌가?',* '일 없으니 학교 구석구석 청소해라', '학교 텃밭에 물을 줘라', '김을 매라', '교직원에게 급식할 수 없나' 등 호기심 어린 단순한 질문부터 비아냥대는 말 그리고 교육공동체 구성원에서 소외시키는 발언까지 그 내용도 매우 다양하다. 특히 급식을 요구하는 학교장과 교직원들의 무리한 요구로 인해 구성원 간에 갈등과 반목이 생겨 힘들어하는 일도 발생했다. 앞서 말했듯이 급식소 폐쇄는 단체 급식과 학교 급식의 특성으로 인해 교육부와 교육청이 결정한 것이다. 영양 교사 개인의 좋고 싫음의 문제가 아니라는 점을 정당한 이유를 들어 설명해도 수긍하지 않는 건 무슨 경우인가. 학생들이 등교를 하지 않고 집에서 온라인 수업을 듣는 것은 사회적 거리 두기(생활 속 거리 두기)를 실천하기 위한 방편이며 '감염 예방'이 목적이다. 그런데 감염 예방에 가장 취약한 급식소를 개방하라니, 참으로 무리한 요구

---

* 조희연 서울시 교육감이 코로나19 상황에서 소외되는 교육 노동자들과 관련해서 '학교에는 일 안 해도 월급 받는 그룹과 일 안 하면 월급 받지 못하는 그룹이 있다'라고 한 '말실수'에 대해 많은 교사들이 분노했던 것을 기억한다면, 급식 노동자들에 대한 교직원의 '말실수'를 이해하는 것도 어렵지 않을 것이다. 급식 노동자들은 자본주의 사회의 차별 제도에 묶인 일종의 피해자가 아닐까. 평등 사회, 민주 사회의 기본 조건 중 하나는 급식 노동자도 교사도 그 인권의 무게는 같다는 전제일 것이다.

가 아닌가.

이번 기회에 학교공동체 구성원으로서 한번 생각해 보면 좋겠다. 그동안 동료로서 급식 노동자의 눈동자를 얼마나 따뜻하게 바라봤는지, 급식 노동의 힘겨움에 얼마나 공감하고 있었는지를 말이다.

비고츠키에 따르면, 교육은 인간의 고등 정신 기능을 발달시켜 주체적 인간으로 성장시키는 것, 즉 '인간 발달' 그 자체를 목표로 한다. '사회적, 역사적 관계 속'에 태어나서 몸과 정신(마음)이 자라면서 궁극적으로 주체적인 '개인'으로 성장하게 하는 것이 교육의 본질이라고도 했다. 그러나 우리 아이들에게 학교는 사회적 관계로부터 소외된 인간이 많음을 경험하고 심지어 자기 소외 현상까지도 생기는 곳이 되고 있다. 우리 사회에서 '교육'은, 혹은 아이들의 '성장·발달'은 어쩌면 이루어지고 있지 않은지도 모른다. 학교 안에서 함께 살아가고 있는 다양한 사람들과의 관계 맺기를 시도하지 않거나 관계 맺기에 실패하는 것이 그것을 방증한다.

어쩌면 대부분의 학생들은 매일 점심시간에 따뜻한 음식을 나누어 주는 급식 노동자를 자신과 아무런 관계가 없는 사람으로, 전혀 상관이 없는 사람으로 생각할지 모른다. 아니 그럴 시간적 여유, 마음의 여유가 없는 것인지도 모른다. 어떤 학생이 급식 노동자와 친밀한 관계를 맺으면 도리어 그 학생이 자신의 그룹에서 소외되는 기이한 현상이 발생하기도 한다. 교육 현장에서, 민주주의를 가르쳐야 하는 학교에서 일어나서는 안 되는 일이 버젓이, 아무렇지도 않게 일어나고 있는 것이 현실이다. 이처럼 학교에서조차 노동자들, 특히 비정규직 노동자들의 존재에 대한 인식이 없으면(자신도 모르게 소외시키면) 기본적인 '인간에 대한 존중'이라는 가치관을 익히기 어렵지 않을까 싶다.

나는 코로나19 상황에서 온라인 개학 기간 동안 일부 지역에서의 공공연한 교직원 급식 요구 사태를 보면서 이런 의심을 하게됐다. 그것을 요구하는 교장과 교사는 학생 건강과 성장 발달을 위해 일하는 급식 노동자에 대한 존중과 동료 의식이 약하거나 아예 없는 건 아닐까?

미흡한 학교 급식 대책

답답하고 안타깝고 불안한 마음에 속상한 일이 하나 더 있다. 교육부의 코로나19 대응 매뉴얼에는 학교 급식 대책에 대해 고민한 흔적이 전혀 보이지 않았다는 것이다. 그들에게는 학생 건강보다 대학 입시가 더욱 중요한 것 같다. 어느 공중파 뉴스에서도 학교생활에서 가장 걱정스러운 시간으로 급식 시간을 꼽고 있는데 교육부에서는 제대로 된 가이드라인을 제시하지 못했다.

겨우 몇 줄의 학교 급식 관련 방역 지침에는 급식 노동자(조리 종사자)의 건강 상태(발열 상태)를 매일 두 차례 확인, 기록하고 식사하는 자리를 띄어서 앉고 (임시) 칸막이를 설치하는 방안을 제시하였다. 그러나 초등학교에서 칸막이 사용이 얼마나 실효성이 있을지, 위생적으로 관리될 수 있을지 담당자로서 걱정이 앞섰다. 실제로 많은 학교들이 투명한 가림 판을 앞다투어 설치했지만, 투명하기 때문에 자칫 눈에 띄지 않아서 학생들이 지나가다가 부딪히기도 하고, 가림 판에 음식이 묻을 경우 잘 닦는다 해도 얼룩이 져서 오히려 지저분해지기도 했다.

또 하나, 불가피하면 일회용 식기를 사용할 수 있게 지침을 내린 것에도 우려가 매우 컸다. 물론 대다수의 초등학교는 일회용 식기 사용 지침이 있다 하여 마구 일회용을 사용한 것 같지는 않았다. 그러나 다른 집단 급식소에서는 그러한 방역 지침에 따라 일회용 용기를 많이 사용하고 있을지도 모른다. 이미 코로나19 상황에서의 방역과 위생 수칙에 따라 일회용 마스크와 비닐장갑을 많이 사용하고 있어서 주변은 쓰레기로 넘쳐나고 있다. 신종 코로나 바이러스의 발생 원인 중 하나로 환경 파괴 문제가 대두되는 상황에서 일회용 식기 사용의 허용은 너무 근시안적인 판단이 아닐까. 아무리 일시적이라 할지라도 이는 명백히 심각한 생태 위기, 환경 위기에 봉착한 이 시대에 역행하는 지침이라 생각한다.

민간 영역에서는 방역 단계에 따라 생계가 달린 영업의 통제도 엄격한데, 학교 급식소의 집단적 음식 섭취 행위, 더구나 어린 학생들의 단체 급식은 얼마나 위험한지에 대한 연구는 별로 이루어지고 있지 않고 즉흥적인 땜질식 방역으로 모든 책임을 단위 학교, 그리고 개인에게 떠넘기는 것 같아 매우 불안한 나날이 이어지고 있다.

신종 코로나 바이러스는 학교를, 학부모를, 교사를, 아니 교육부를 당황하게 했다. 교육부의 일련의 코로나19 대응 지침 발표를 보면서 당국의 교육 철학이 무엇인지 의심하지 않을 수 없었다. 모든 대책이 대학 입학 시험을 최우선 순위에 두고 진행하는 것처럼 보이는 것이 그러하다. 학교란 학생들의 삶이 녹아드는 공간이며 수많은 교육 노동자가 함께 머무는 곳인데 오직 대학 입시 준비, 지식 전수의 장으로만 규정한 것은 아닌가. 학부모의 눈치를 보기에만 급급했던 코로나19 대책의 허술함은 교육부와 학교의 민낯, 즉 교육 철학의 부재와 교육 이념의 상실을 고스란히 드러냈다. 나는 코로나19 사태를 겪으면서 교육부에 교육이 없고, 학교에 교육이 없음을 다시 한 번 깨달았다. 교사들은 무엇을, 어떻게 가르쳐야 할지 몰랐다. 지속 가능한 사회를 위해 개인과 사회의 문제를 해결하는 힘을 기르는 행위가 교육이라면 더더욱 우리 사회에서 교육이 이루어지고 있었는지 의심하지 않을 수 없었다.

코로나19 이후 가장 먼저 등교한 고3 학생들이 "우리가 무슨 학도병이냐!" 하며 비아냥댔다는 우스갯소리가 있었다. 이것은 한낱 농담이 아니라 오늘날 엄혹한 코로나 시대를 건너고 있는 학생들의 현실 인식이고 사회 풍자임을 간과하지 말아야 할 것이다.

작은 학교이기에
할 수 있었던 것들

김인순 lbskis@hanmail.net
전남 장흥 장평중 교장

"○○이가 어제 첫 과제를 보냈어요"

온라인 수업 기간 도중, 취약 계층에게 방역 물품을 배포하도록 예산이 내려왔을 때였다. 매일 아침 열리는 비상 교직원 회의에서 누구에게 무엇을 어떤 방법으로 배부할지 협의를 하였다. 대상을 기초생활 수급자나 차상위 계층으로 하면 어떻겠냐는 의견이 나왔다. 그렇게 선별하면 오히려 받으면서 기분이 나쁠 수 있다는 의견도 나왔다. 그러면 희망하는 아이들에게 주는 것이 어떻겠냐는 의견도 나왔다. 학생 수가 30명도 안 되니 그냥 전교생에게 배포하되 개수에 약간의 차등을 두면 어떻겠냐는 의견이 최종 합의되었다.

한 개에 5,000원이 넘는 마스크와 손 세정제 등을 다행히 이틀 만에 구입하여 어떻게 배부할까 다시 협의하였다. 전원 택배로 보낼까, 담임이 출장 배달을 할까? 학교에 등교하라고 할까? 갑론을박 끝에 도보로 등교가 가능한 학생은 직접 가져가고, 원거리 학생은 택배를 이용하거나 출장 배달을 하기로 했다. 아직 학급 학생들의 얼굴도 못 본 담임들과 함께 방역 물품을 가지고 택시를 탔다. 담임은 그렇잖아도 한번 가 보고 싶었는데 잘됐다고 반긴다.

　작년 내내 학교 오는 날만큼 교사들이 가정 방문을 해야 했던 ○○이 집에 제일 먼저 방문했다. 담임이 매일 점검하는 과제로부터 유일하게 자유로운 학생이기도 했다. 1학년 담임이 일찍이 교과서는 배달했지만 컴퓨터가 없어 과제를 못 하고 있었다. ○○이는 부스스한 모습으로 슬리퍼를 끌고 나왔다. 내 나름 마음을 써서 몇 차례나 가정 방문을 했던 집이어서 반가워할 모습을 은근 기대했다. 그런데 나는 거의 본 듯 만 듯하더니 담임 앞에서 고개를 90°로 숙이며 인사를 한다.

　"잘 있었어?"

　"네."

　"학교 안 오는 기분은 어때?"

　"가끔 가고 싶어요."

　"그래? 다행이네."

　"아, 그런데 선생님, 공부를 어떻게 해서 보내면 돼요?"

　"숙제하게? 교과서 보고 네가 공부한 걸 간단하게 정리해서 보내면 돼."

"해 볼게요."

그냥 해 본 소리려니 하면서도 우리는 엄청 칭찬 샤워를 하고 돌아섰다. 보내는 인사도 담임에게 깍듯했다. 며칠 뒤 ○○이 담임이 자랑을 한다. "○○이가 처음으로 공부를 했어요." 모두 박수를 쳤다. 담임의 가정 방문이 효과가 컸다고 했다.

작은 학교이기에 할 수 있었던 것들

학생 원격 학습 지원을 담임 교사가 일일이 점검하기로 협의는 했지만, 가능할까 확신이 서질 않았다. 11시가 넘어도 일어나지 않는 학생들도 허다하고, 컴퓨터가 없는 학생도 있고 휴대전화가 없는 학생도 있다. 그런데 거의 대부분의 학생들이 시간은 각자 달리하지만 공부를 하고 결과를 보내고 있다고 한다. 교육청 지침만으로 의무적 시행을 했다면 가능하지 않았을 것이다. 학교 실정에 맞게 어떻게 학생들을 지원할 것인가 끊임없이 논의하고 보완하는 과정을 거친 덕일 테다. 학생 수가 적으니 선생님들이 수업 외 시간까지 붙들고서라도 모든 아이들을 돌보는 것이 가능했기 때문이기도 하다. 우리 학교 학생들은 공부를 하고 있다.

5월 20일부터는 등교 개학을 하여, 12월 말 현재까지 정상 수업을 했다. 아침, 점심 발열 체크를 한다거나, 마스크를 쓰고 생활을 하며, 급식을 테이블당 한 명씩 먹는 등 섬세한 방역 활동을 하면서 매일 등교를 하여 수업을 한 것이다.

주변에 문화 시설이 하나도 없어 방과 후에는 집에서 휴대전화만으로 여가를 보내는 학생들이 많다. 이들을 지원하기 위해 희망하는 학생들에게 저녁 식사와 통학 택시를 지원하며 야간 공부방을 운영하기도 했다. 공부 내용은 영어 등 교과 보충 수업과 자율 학습뿐 아니라, 독서, 미술, 운동 등 학생들이 원하는 내용으로 꾸렸다.

매달 전교생이 모여 다모임을 하면서 학생들의 의견을 수렴하여 교육과정을 운영했다. 체험 학습이 줄어서 아쉬웠다는 학생들의 1학기 평가를 바탕으로 2학기에는 짬짬이 하루 체험 학습, 운동회, 연날리기, 직업 체험을 열어 학생들의 갈증을 해갈했다. 텃밭에서 사계절 생태 체험을 하며, 직접 키운 배추로 김치를 담가 지역의 경로당과 독거노인에게 전달했다. 학생회가 한글날, 학생의 날 계기 교육 등을 주관하기도 했다.

2020년 한 해 동안 우리 학교는 체험 학습만 줄였을 뿐, 거의 모든 활동을 할 수 있었다. 규모가 큰 학교들에서는 꿈꾸지 못할 일들이 작은 학교이기에 일상적으로 이루어질 수 있었던 것이다. 한 학급에 20명 이하의 학생 수면 20평 남짓한 교실에 전원이 등교해도 사회적 거리 두기가 가능하다. 현재 농어촌 학교, 60명 이하의 학교 대부분은 정상적인 등교 수업이 가능했다. 작은 학교에서는 학생들 모두가 주인공이다. 모든 학생들이 존중받으며 그를 유지할 수 있는 시스템을 만들어 가는 데 보다 적극적일 수 있다. 한 명도 놓치지 않는 배움을 위해 교사들은 쉬는 시간까지 몰려오는 아이들의 질문을 받느라 여념이 없다. 이런 상황에서 경제적 효율성만을 위해 학교를 통폐합하고 교원을 감축하려는 정책은 매우 위험한 시도라는 생각을 하지 않을 수 없다. 일상적 재난의 시대, 학교는 더 작아져야 한다.

코로나19가
학생들에게 남길 흔적

안정선 nuribyul@hanmail.net
서울 경희중 교사

스스로 공부한다는 그 엄청난 일

처음 원격 수업을 시작할 때는 교사고 학생이고 모두 함께 헤매는 대혼돈의 시간을 겪었지만 이제는 어느 정도 적응이 된 것 같다. 원격 수업에 얼마나 적응했는지 묻자 1학기 때는 힘이 들었지만 이제는 스스로 공부하는 방법을 터득했다는 학생들이 많았다. 원격 수업의 어려움이 무엇인지 묻고 저마다의 사연을 확인하면 공부가 쉽지만은 않겠구나 이해가 되기도 한다.

학교에서 태블릿 PC를 빌려주었지만 기기 사용이 서툴고 낯설어서 수업을 듣거나 과제를 제출하기 어렵다는 학생들도 꽤 있었다.

와이파이가 형 방에서밖에 안 되는데 그 시간에 고등학생 형도 수업을 듣기 때문에 정작 자신은 제 시간에 수업을 거의 들을 수 없는 학생도 있었다. 등교 수업을 할 때는 그냥 멍 때리더라도 듣는 척이라도 하면서 수업을 극복해 나가던 아이들이 원격 수업을 하느라 하루에 적어도 3, 4개의 과제를 해내야 한다는 것도 어려운 점이다. 교사들은 이 정도 분량은 많은 분량이 아니라고 생각하며 과제를 내지만 학습지 한 장이든 교과서 두 바닥이든 뭔가를 해서 일일이 사진을 찍거나 첨부 파일을 만들어 올려야 하는 그 과정이 기초 학력이 부족한 아이들에게는 어마어마하게 힘든 일일 것이다.

9시가 되면 출석 체크를 하고 수업을 시작하지만 많은 학생들이 겨우 출석만 확인하고 도로 잠자리에 들기도 하는 것 같다. 밤낮을 바꿔 생활하는 아이도 많다. 늦게 일어나 밥을 챙겨 먹고 수업을 듣(는 둥 마는 둥 하)고 게임을 하면서 정신이 맑아지는 늦은 오후부터가 학생들의 시간이 열리는 때일 것이다.

학생들 성장 지형이 바뀌는가

그런 학생들을 만나면서 깨닫는다. 원격 수업을 통해 학생들 성장의 지형이 바뀌겠구나⋯⋯. 상위권 학생들은 짧은 영상 수업, 과제 수업에서 거를 것과 챙길 것을 추려 압축적인 공부를 할 것이다. 하루 6교시 이상 학교에 붙어 앉아서 해야 했던 수업을 단 2시간에 챙기고는 남은 시간을 선행 학습, 학원 과제에 매진했을 것이다. 중상위층의, 공부를 열심히 할 생각이 있었지만 몸이 늘 따라 주는 것은 아니었던 학생들, 이참에 각성하면서 스스로 공부하는 패턴을 익힌 학생들은 이 시기를 계기로 발전할 것이다.

그러면 일주일 넘게 수업도 안 듣고 과제도 못 따라 오는 학생들은? 교사들은 안다. 교실에서 수업을 한다고 해서 모든 학생들이 공부하는 것은 아니라는 사실을. 얌전히, 단정히 앉아 교사 얼굴을 바라보고 있는 그들의 '해맑은' 뇌 속에는 다른 상상들이 나래를 펴고 있다는 것을. 그런 학생들에게 원격 수업은 또 다른 방식의 공부 지평을 열어 주지는 않을까? 교실 수업에서 교사는 한 시간 수업을 진행하기 바빠서 멍 때리고 있는 게 분명한 학생들이 보여도 일일이 그들을 불러 지도할 수 없었다. 하지만 원격 수업을 하는 도중에는 메일도 보내고 전화도 한다. 등교 수업 때에는 관심 밖이던 '학력 부진 학생'들이 이토록 집중적인 담임 및 교과 교사들의 애정 어린 잔소리를 들을 기회가 있었을까? 어쩌면 혼자 공부하기 어려워하는 학생들에게는 교사의 관심을 받는 특별한 경험의 시간이 될지도 모르겠다. 우리 학교 1학년 담임들은 등교를 못 할 때도 조심스럽게 학생들을 하나씩 불러 못 따라잡은 수업을 듣도록 개별 지도를 했다. 진정한 '기초 학력 부진 개별 지도'가 빈 교실 여기저기서 이루어졌다.

집에 갇힌 아이들

온라인 수업 기간 중 학생들에게 과제를 들고 학교에 들르게 했다. 점심은 누가 챙겨 주는지, 주로 무얼 먹는지, 집에서 동생들이

나 엄마랑 갈등은 없는지 물었다. 남자아이들 셋만 남아 각자 원격 수업을 듣느라 점심을 거른다는 학생도 있고 아빠와 단둘이 사는 학생 하나는 아침에 아빠가 차려 놓고 간 밥을 점심에 먹는다고도 한다. 하루 두 끼만 먹는다는 학생들도 많았는데, 15%쯤은 오히려 살이 찐 것같이 보였다. 학교에서 여러 차례 식료품 등을 집으로 배송하기도 했지만 배달 음식, 냉동식품으로 때우는 학생들이 많을 것이다.

점심 식사나 건강만 문제가 아니다. 봄에 담임들이 전화로 상담을 대신할 무렵 상담실에서도 가정 통신문을 통해 전화로나마 위클래스 상담실이 열려 있음을 알렸다. 곧바로 걸려 온 전화에서 한 어머니는 집 안에서만 지내는 형제들 간에 다툼이 너무 심하다고, 중1 아들이 전화 상담을 받을 수 있겠느냐고 문의하셨다. 부모의 이혼으로 고모 집에 형제들과 얹혀살던 학생이 원격 수업일 때 엄마 집에 가서 엄마 얼굴 보는 것으로 낙을 삼는다는 이야기를 들으면 왜 그 학생이 제때 수업을 못 듣는지 이해할 수밖에 없다. 어떤 학생은 수업을 하도 안 들어서 전화를 했더니 "낮에 엄마가 컴퓨터를 하셔서 저는 밤에 일어나 수업을 들어요" 한다. 여름 방학 직전에는 새엄마에게 욕을 하고 친엄마에게 가 버린 학생, 가출해서 떠돌아다닌다는 중3 학생 등의 사건이 발생했다. 학교에 나와도 집 안에 쌓인 갈등에 하루 절반은 노출되어야 했던 학생들이 이제 24시간을 고스란히 '지옥 같은 집'에서 보내야 한다.

지난달에는 아빠랑 누나를 때려 주고 싶어 미치겠다면서 비비탄과 총을 샀는데 외부에서 온 상담 교사에게 교사도 그걸로 쏘고 싶다고 말한 학생 때문에 대책 회의를 열었다. 학교에 나오는 시간이 적어 학교폭력은 거의 일어나지 않는다. 마스크를 쓰고 대화도 자제해야 하고, 쉬는 시간이든 급식 시간이든 매 분초 교사가 교실에 상주하고, 복도에 방역 도우미들이 있는 학교에서 학생들은 뛰어놀 일도, 싸울 일도 없다. 그래서 학교는 조용한 듯 보이지만 억눌린 학생들의 답답함과 분노는 집에서 터지는 것이다. 동생에게, 엄마에게, 누나에게.

흔적을 남길 것이다

등교 수업이 시작되었을 때 교사들은 몹시 긴장했다. 학생들이 마스크 쓰란다고 쓰고 있을지, 진짜 대화를 안 나눌지 반신반의했다. 그런데 학생들은 생각보다 얌전했다. 상담실에 방문해서 책 이야기를 나누던 학생들에게 음료수를 주었는데 빨대로 한 모금을 마시고 다시 마스크를 쓴다. 저렇게 얌전한 중3 남학생을 보는 일은 흐뭇하지가 않다. 친구끼리 엉기지 말아라, 마스크를 코끝까지 올려 써라, 끊임없는 교사들의 잔소리에도 학생들은 짜증 한번 내지 않는다. 나는 학생들이 너무 얌전해서 좀 슬프기도 했다. 반항하지 않는 남자 중학생들은 낯설다. 소리를 빽빽 지르지 않는 열네 살 소년은 너무 이상하고 불쌍하다.

아이들을 한둘 키우며 그들이 하는 이상한 짓을 볼 때는 '저런 행동 안 하고 순하게 커 주면 얼마나 좋을까' 싶지만 교사가 되어 오랜 세월 많은 학생들을 만나다 보면 '아이들은 그렇게 행동하는 게 당연하고, 그러면서 크는 거다' 싶은 생각을 하게 된다. 다투고 미워하고 짜증 내고 궁금해하고 웃고 우는 모든 행동이 아이들로서는 다 크느라 애쓰는 과정에서 나오는 것들이다. 중1 남자아이들은 많이 싸운다. 싸우는 과정에서 친구에게 상처를 줄 수 있다는 것을, 서열을 짓는 게 얼마나 유치한지를, 혹은 어둡지만 받아들여야 하는 삶의 질서란 것을 알아 나가기도 하는 것이다. 축구를 하면서 몸으로 보내는 교류의 신호를 읽을 줄 알게 되고 급식실 가는 길에 새치기를 하거나 그런 행동을 하는 아이들을 보면서 사회적 시선 속에 자신을 벼리는 경험을 한다. 사춘기를 맞으면서 다정하던 가족들과 거리 두기를 경험하며 자연스럽게 독립의 과정을 겪는다. 그럴 수 있도록 돕는 것이 바로 친구이고 학교다. 그런데 이 모든 걸 못하고 있다. 이들이 겪은 일들이 앞으로 수년 후 어른이 된 아이들의 몸과 마음에 분명 어떤 흔적을 남길 것이다. 이들 세대에, 그리고 사회에 흔적을 남길 것이다. 정말 괜찮을까?

장애 학생에게도
'평범한' 오늘은 올까

윤규식 raonsky@gmail.com
경기 김포 양도초 특수 교사

그냥 '평범한' 오늘의 일상

'오늘은 어느 학년이 등교 수업일이지?' 학생들의 등교 시간보다 1시간 일찍 온 나는, 매일 아침마다 오늘 등교하는 학생들을 다시 점검한다. 5명의 특수 학급 학생과 2명의 완전 통합 학생(일반 학급에 배치된 특수교육 대상 학생), 합쳐서 7명뿐이지만 5개 학년으로 골고루 퍼져 있는 데다가 매일 등교하는 학생들이 다르다. 1학년인 A는 수, 목요일, 5학년인 B는 화요일, 6학년인 C는 목요일, 뭐 이런 식이다. 그래서 매일 등교하는 학생들의 조합이 다르고, 또 등교하는 날이지만 개인적인 불안감으로 등교를 못 하는 학생이 생기기도 해서, 아침마다 다시 점검을 하는 수밖에 없다.

여기서 끝이 아니다. 누군가가 등교 수업을 하면 누군가는 원격 수업이다. 2학년 D는 등교 수업일이지만, 나머지 학생들은 원격 수업을 해야 한다. 학생에 따라서, 교과에 따라서 각 학생들의 수업을 지원한다. 각 통합 학급의 상황과 진도를 감안해서 통합 학급 원격 수업 중 각 학생에 필요한 수업 지원을 해야 한다. 동시에 특수 학급 원격 수업도 진행해야 하는 건 당연하다.

예를 들자면, 이런 식의 일과가 된다. A는 등교 수업을 하고 1, 2교시를 특수 학급에서 수업을 받는다. 그럼 A의 등교 수업을 위한 학습을 보장해야 한다. 동시에 B, C, D, E 네 학생의 통합 학급 수업을 살피고, 교과와 활동에 따라서 지원해야 하는 항목이 있으면 통합 학급 교사와 협의를 하기도 한다. 이제 1, 2교시가 지났다. A가 통합 학급에서 등교 수업을 하는 동안 필요한 지원(보조 인력, 혹은 활동 수정)을 하면서, 원격 수업을 받아야 하는 B, C, D, E 학생들을 위한 지원도 해 가며 하루가 지나간다.

1학기에는 우리 반의 원격 수업을 위해서는 각 학생마다 학습 꾸러미를 제공하고 꾸러미의 활동을 안내하거나 학습 꾸러미의 활동을 일상생활로 연계하고 확장시켜 나갈 수 있는 영상들을 만들었다. 매일 1시간 촬영, 1시간 편집으로 끝날 수 있는 짧은 영상들을 만들고 유튜브를 통해 아침마다 아이들에게 전했다. 아이들이 할 수 있다면 더 확장시키는 활동을 하고, 하기 힘들어하면 다시 한 번 안내를 하는 영상들을 전하며 하루하루를 보냈다. 하지만 그것도 아이들의 등교 일정이 앞에 말한 것처럼 복잡해진 탓에 지금은 등교한 아이들에게 더 집중하고, 원격 수업을 받는 아이들에게는 기본 생활 습관을 안내하는 쪽으로 방향을 틀어서 운영을 하고 있다.

여기까지가 학교 생활의 절반에 해당하는 수업과 관련된 것이고, 그 외 담당 업무도 진행해야 한다. 개별화 교육 지원 팀 회의, 원거리 통학비 선정, 지체 장애 학생 보조 공학 기기 지원, 장애 인식 개선 교육 등. 접수해야 하는 공문, 또 계획을 세워야 하는 것들이 줄줄 이 기다리고 있다.

열려 있지만 닫혀 있는 돌봄

"선생님, 우리 ○○이 학교에 하루만 더 보내면 안 될까요? 제 정신 건강이 안 좋아질 거 같아서요."

우리 반(특수 학급) 어머님의 말이었다. 학교에서는 기존의 돌봄 교실도 운영하면서 '긴급 돌봄'도 운영했지만 우리 반 아이들의 참여는 어려웠다. 아니 차마 참여를 시도해 보지 못했다. 여러 이유가 있지만 두 개만 꼽자면 우선, 부모님들의 불안 때문이다. 학습뿐만이 아니라 일상생활의 여러 장면에서 도움이 필요한 내 아이가, 학교에 가서 적절한 도움을 받을 수 있느냐에 대한 안심이 되지 않는다. 특히나 돌봄 교실처럼 익숙하지 않은 아이들과 같은 환경에 있다는 것은 도움을 받는 것은 둘째 치고 다른 학생에게 위해를 가하거나 반대로 피해를 당할 수 있는 상황에 놓일 수 있다는 의미이다. 자신이 하루 종일 아이를 돌봐야 하는 스트레스가 미지의 영역으로 아이를 보내며 생기는 불안보다는 덜 부담이 되는 것이다.

지난 3월과 6월, 각각 제주와 광주에서 발달 장애를 가진 자녀와 함께 삶을 마감한 어머니들이 있었다. 누구나 각자 나름대로의 짐을 짊어지고 살아가지만, 장애를 가진 자녀가 있다면 그 짐의 무게가 좀 다르고 혹독한 외로움을 동반하는 경우가 상대적으로 많다고 생각한다. 특히 "내 아이보다 하루만 더 살고 싶어요"라는, 익히 알려져 있는 이야기는 처절한 고통의 목소리이자 나 아니면 이 짐을 질 사람이 없다는 고독한 삶의 고백일 테다. 코로나 바이러스가 가져온 불안감은 삶이 그저 삶이 아니라 "살아 냄"으로 버티는 현실 속에 있는 부모님들의 어깨를 짓눌러 버린 건 아닐까.

둘째, 그런 특수교육 대상 학생이나 장애를 가진 학생의 참여 가능성을 열어 두고 일을 처리하지 못하는 학교 시스템이다. 돌봄 교실이든 긴급 돌봄이든 몇 가지 조건에 맞는다면 누구나 신청을 하고 이용할 수는 있다지만, 대상이 장애 학생일 경우까지는 대비하지 못한다. 돌봄 인력을 채용하면서, 신청 여부가 미지수인 대상까지 모두 감안해서 채용을 하고 신청을 받는 것은 어렵다. 반대로 신청을 먼저 받아서 필요한 인력을 파악한다고 쳐도 그런 인력이 돌봄 교실에 채용되길 희망할 것이냐의 문제도 있다. 몇 해 전, 1학년인 특수 학급 학생의 부모가 돌봄 교실에 신청하겠다고 했다. 당연한 권리이기에 신청하시라고 안내를 했고, 며칠 후 학교에서 "아니 특수 학급 애가 돌봄을 신청했는데, 그럼 누가 봅니까?"라는 소리를 들을 수 있었다. 전형적인 '특수니까 특수가 해야지'라는 논리. 돌봄 교실에 대한 신청은 열려 있으나 지원에 대한 대책은 없었다. 결국은 특수 교사 혹은 특수교육 보조 인력이 돌봄 교실로 가서 지원하는 방식으로 이뤄지긴 했다. 그러다가 특수 교사의 수업 혹은 업무가 있거나, 보조 인력이 지원해야 하는 다른 학생의 수업이 있으면 '운영의 묘'를 발휘해서 시간을 채워 가며 해결을 했다. 객관적으로 보자면, 양립할 수 없는 상황에서 꾸역꾸역 버텨 내며 지냈다. 지금은 다를까? 아니다. 특수 교사 커뮤니티 내에서는 돌봄 교실 대신 특수 학급으로 등교를 하는 사례를 쉽게 찾을 수 있고, 돌봄 교실 교사와의 신경전에 대한 다양한 호소가 가득하다.

앞서 이야기한 어머님과의 대화는 잘 끝냈다. '가뜩이나 마스크도 제대로 착용하지 못하는 아이지만, 가정에서 돌보기엔 양육 스트레스가 너무 커서 학교에 보내고 싶다. 하지만 돌봄 교실은 이용할 수 없고 또 다른 불안 요소가 있으니 특수 학급에 보낼 수 있느냐'는 어머니와 '이 학생 외의 다른 학생들의 원격 수업, 등교 수업을 챙기면서 돌봄의 역할을 맡는 것은 쉽지 않지만 아이가 하루라도 더 학교에 나와야 아이든, 어머님이든 스트레스가 덜할 수 있다면 그렇게 하겠다'는 나의 의견이 잘 만났다. 그러나 확진자의 증가와 아이의 등교 거부(자폐 성향을 가진 아이에게 불규칙적인 등교 패턴은 받아들이기 쉽지 않았다)라는 상황이 맞물려서 실현이 되지는 못했다.

돌봄도, 원격 수업도 불충분했다는 교육부에 부탁

10월, 교육부는 특수 학급 학생들에 대해서는 원격 수업과 돌봄 모두 불충분했다며 사과를 했다. 그래 부족하다. 그러나 어쩌나. 나는 몸이 하나인 것을. 1, 2, 4, 5, 6학년 각각 한 명씩 있는 우리 반 학생들의 특수 학급 원격 수업을 진행하며, 5개 통합 학급 각각의 원격 수업 시 필요한 각 학생별 지원을 하는 것은 나 하나다. 또한 원격 수업과 등교 수업을 매일 병행해야 하는 상황에 놓인 것도 이 학교에서 딱 나 한 사람이다. 마음이야 모두를 만족시키고 싶으나, 내가 하나뿐이어서 모두가 덜 만족스럽다. 다행히 나는 우리 반 부모님들의 지지를 받고, 관리자든 통합 학급 교사든 애처롭게 대해 주고 있어서 잘 버텨 내고 있다. 잘 버텨 내고 있는 나 자신이 혹시나 버텨 내지 못할 수도 있는 미래의 나, 그리고 지금 이 코로나 시대를 버텨 내고 있을 다른 특수 교사들을 위해 교육부에 이런 부탁을 하고 싶다.

불안의 삶을 살아가고 있을 학생들의 학습과 부모들의 양육을 받쳐 줄 지원책들도 마련해 주라. 그리고 수업만으로도 허덕이고 있을 특수 학급 교사들이 업무에까지 치이며 지내고 있으니 업무도 좀 정리해 주라.

코로나19로 멈춰진 일상에서 학교를 생각하다

최영미 takara1970@naver.com
응급의학과 전문의

나의 학교에 대한 이상은 무엇일까. 등수를 매기지 않는 학교, 협동과 배려를 가르치는 학교, 아이들 각자의 개성을 존중하고 재능을 발견하고 기다리고 격려해 주는 학교, 배우고 싶은 것을 선택할 여지가 있는 학교, 철학과 고전을 가르치는 학교, 학생을 가르치는 일뿐 아니라 자신의 배움에도 성실한 선생님들이 많은 학교이다. 이러한 학교가 있기는 하되 많을 것이라고는 생각하지 않았기에, 첫딸이 초등학교에 들어가기 전부터 어떤 학교에 보내야 하는가를 고민하기 시작했다. 다양한 시도도 해 보았다. 스쿨버스를 태워 멀리 사립 초등학교에 보내기도 했고, 서울에 남편만 남긴 채 두 아이를 데리고 제주 서귀포로 가서 2년 동안 '느린 삶'을 추구하기도 했다. 첫째를 1년 동안 덴마크 에프터스콜레에 보내기도 했고, 둘째를 1년 간 대안학교에 보내기도 했다. 또한 내가 선택한 고전으로 집에서 아이들에게 '인문학 교육'을 시키기도 했다. 그 어느 곳도, 그 어떤 방법도 내 '학교의 이상'에 근접하지 않으리라는 것은 알고 있었다. 단지, 내 바람은 이런 시도를 통해 내 아이들이 지금의 학교라는 공간에서 이루어지는 교육에 매몰되어 아무 생각 없이 경쟁, 시험, 성적만 좇는 학생이 되지 않기를 바랐다. 배움은 친구와 책을 함께 읽고 고민하고 토론하면서 얻을 수 있다는 것을, 공부의 재료는 길바닥에 떨어진 전단지에서 고전에 이르기까지 다양할 수 있다는 것을, 배움의 장소는 시장, 지하철, 산과 바다, 그리고 공동묘지일 수도 있다는 것을 알았으면 했다. 이런 생각으로 지내는 동안 아이들은 쑥쑥 자라 중학교 3학년, 중학교 1학년이 되었다.

이쯤 되면 나로서는 '꿈을 깰 시간'이다. 아니, 어쩌면 너무 늦었는지도 모른다. 학교에서 경쟁을 하고 성적을 잘 받는 것에 의문을 던져서는 안 될 때이다. 물론 이 모든 것은 '대학 진학'이 전제가 되었을 때의 일이다. 내가 아직 꿈에서 깨지 않을 수 있는 것은, 스스로에게 이런 질문을 던지기 시작했기 때문이다.

"대학은 꼭 가야 하는가?"

학교에 가지 않는 상황이 꼭 나쁘지만은 않았다

코로나19로 학교 개학이 미뤄지고 아이들이 집에 있는 동안, 나는 의료 현장에서 일을 해야만 했다. 2020년은 '자칭' 안식년 삼아

푹 쉬자며 일하던 병원에 사표를 던졌었다. 하지만 한 달 반 만에 보건소 선별 진료소에 지원하여 2주 동안 일을 하고 나서, 3월부터는 사표를 냈던 병원에 다시 들어가 지금까지 일을 하고 있다. 국가적인 재난에 혼자만 집에 있다는 것이 내 마음을 아주 불편하게 만들었기 때문이다.

그런데 아이들이 하루 내내 집에 머무르게 되면서, 삼시 세끼를 챙겨야 하는 것이 쉽지 않았다. 매일이 주말 같은 상황이 되었다. 그렇다고 지방에 계시는 친정어머니나 다른 누구에게 도움을 청할 수 있는 상황도 아니어서 어쩔 수 없이 좀 더 부지런해져야 했다. 제주에 있는 직장으로 출근하는 날 아침에는 새벽같이 일어나 밥과 반찬을 준비해 놓고 나가고, 내가 없는 동안 끼니는 남편이 책임지기로 했다. 물론 남편도 바빠서 챙기지 못하는 날도 생겼다. 아이들도 이런 날 저런 날을 겪고 다양한 궁리를 하더니 점차 뭔가를 직접 만들어 먹기도 하고, 잘 뒤져 보지도 않던 냉장고 구석의 반찬까지 찾아 꺼내 먹는, '진화'된 모습을 보여 주었다. 이렇게 변화에 적응해 가는 동안 개학은 점점 미뤄져 갔고, 개학을 기다리는 마음도 느슨해지면서 문득 아이들이 학교에 가지 않는 상황이 그리 나쁘지 않다는 생각이 들었다.

일단 학교에서 배우는 것이 재난의 상황에서도 습득되어야 할 만큼 절실하지 않다는 생각이 들었다. 단지 나중에 몰아서 배우는 일이 좀 버거울 것 같기는 했다. 또한 친구들과 갈등할 일도, 싸워서 다칠 일도, 왕따를 당할 일도 없을 테니 조바심 낼 일이 없었다. 물론 아이들끼리 갈등을 잘 풀어 나가며 성장하는 것도 중요하다.

하지만 학교 시스템이 언제 아이들의 갈등에 관심을 가진 적이 있으며, 그 갈등 해소에 드는 시간을 허용한 적이 있었던가. 그리고 오랜만에 집에서 아이들과 북적거리니 재미있기도 했다. 그동안 서로 '각자의 인생'을 살아가느라 얼굴 마주하는 일이 적었는데, 하루 종일 같이 식사하고, 거실에서도 마주치고, 하나밖에 없는 집 욕실도 줄 서서 쓰는 등 종일 부대끼니 좀 불편하기도 했지만 '가족의 정'을 오랜만에 느낄 수 있었다.

학교는 우리에게 무엇이었나, 무엇이어야 하는가

이렇게 가족 모두 잘 적응된 생활을 하고 있던 어느 날 교육부가 '온라인 개학'을 한다고 했을 때, 내 마음은 온통 '저항'으로 가득했다. 아이들에게 'TV 보지 않기', '스마트폰 사용하지 않기' 운동을 펼쳐 온 내 노력이 한순간에 무너지는 느낌이었다. 아이들은 하루 몇 시간씩 온라인 학습을 할 것이고, 그러는 동안 자신도 모르게 '컴퓨터 오래 사용하기'를 몸에 익히게 될 것이다. 이런 '숨겨진 해악'을 인지하지 못한 채 얻는 것이라고는, 매일 담임 선생님께 댓글을 남겨 결석을 면한다는 것, 그리고 주어진 진도대로 학습을 완료한다는 것이었다.

느슨한 날들을 좀 느슨하게 보낼 수는 없는 것인가? 책도 읽고, 스스로 공부도 조금 하고, 뒹굴뒹굴 방바닥을 구르기도 하고, 심심하면 바둑을 두거나 자전거도 타고. 물론 단기간 내에 원래 일상으로 돌아갈 것이라는 전제로 생각한 것일 수도 있다. 그리고 어쩌면

난 아이들을 위해 시간을 벌고 싶은 것인지도 모른다. 어차피 '내게'
이상적이지 않은 학교, 잠시 그곳으로부터 벗어나 아이들을 놀게 하
고 싶어 했는지도 모르겠다. 어차피 다시 돌아가야 할 학교, 그 '소
풍'이 좀 더 길게 가도 괜찮다고 생각하고 있었는지도…….

　재난으로 인해 우리가 '일상'이라고 부르는 모든 것이 멈출 때, 우
리는 찾아야 할 것이다. 그 정지된 것들 중에서 진정 소중한 것이 무
엇인지를. 모든 것이 멈춰도 너는 지속해야 한다고 외칠 수 있는 것
이 무엇인지를. 난 그것이 '학교'였으면 좋겠다. 내 아이들이 자신을
존중해 주고 고민도 들어 주시는 선생님을 만나러 가고 싶다고 말
했으면 좋겠다. 옆자리 친구가 그립고, 다시 만나 밥도 먹고 숙제도
같이 하고 싶다고 말했으면 좋겠다. 학교 도서관에 가서 읽다가 만
소설책을 다시 꺼내 읽고 싶다고 말했으면 좋겠다. 학교 뒤뜰에서
지저귀는 참새 소리가 그립다고 말했으면 좋겠다. 운동장 모래 위
먼지를 폴폴 날리며 뜀박질하고 싶다고 말했으면 좋겠다.

교육공동체 벗

교육공동체 벗은 협동조합을 모델로 하는 작은 지식공동체입니다.
협동조합은 공통의 목적을 가진 사람들이 모여서 만든
권력과 자본으로부터 독립된 경제조직입니다.
교육공동체 벗의 모든 사업은 조합원들이 내는 출자금과 조합비로 운영됩니다.
수익을 목적으로 하지 않기에 이윤을 좇기보다
조합원들의 삶과 성장에 필요한 일들과
교육운동에 보탬이 될 수 있는 사업들을 먼저 생각합니다.
정론직필의 교육전문지, 시류에 휩쓸리지 않는 정직한 책들,
함께 배우고 나누며 성장하는 배움 공간 등
우리 교육 현실에 필요한 것들을 우리 힘으로 만들고 함께 나누고 있습니다.

조합원 참여 안내

출자금(1구좌 일반 : 2만 원, 터잡기 : 50만 원)을 낸 후 조합비(월 1만 5천 원 이상)를 약
정해 주시면 됩니다. 조합원으로 참여하시면 교육공동체 벗에서 내는 격월간 교육전문지
《오늘의 교육》과 조합통신을 받아 보실 수 있습니다. 출자금은 종잣돈으로 가입할 때 한
번만 내시면 됩니다. 조합을 탈퇴하거나 조합 해산 시 정관에 따라 반환합니다. 터잡기 조
합원은 벗의 터전을 함께 다지는 데 의미와 보람을 두며 권리와 의무에서 일반 조합원과
차이는 없습니다. 아래 홈페이지나 카페에서 조합 가입 신청서를 내려받아 작성하신 후
메일이나 팩스로 보내 주세요.

홈페이지 communebut.com
카페 cafe.daum.net/communebut
이메일 communebut@hanmail.net
전화 02-332-0712
팩스 0505-115-0712

교육공동체 벗을 만드는 사람들

후쿠시마 미노리, 황지영, 황정일, 황정인, 황정원, 황이경, 황윤호성, 황순임, 황봉희, 황기철, 황규선, 황고운, 홍정인, 홍용덕, 홍순성, 홍세화, 홍성구, 홍석근, 홍미영, 현복실, 현미열, 허효인, 허창수, 허성균, 허보영, 허기영, 허광영, 함점순, 함영기, 한약범, 한채민, 한지혜, 한은옥, 한영욱, 한영선, 한소영, 한성찬, 한봉순, 한민혁, 한만중, 한낱, 한길수, 한경희, 하인호, 하승우, 하승수, 하순배, 하광봉, 탁동철, 최희성, 최현숙, 최현미, 최진규, 최주연, 최정윤, 최정아, 최은희, 최은정, 최은영, 최은숙, 최은경, 최윤미, 최원혜, 최영식, 최영미, 최연희, 최연정, 최애영, 최승훈, 최승환, 최승복, 최선영, 최선경, 최붕선, 최보람, 최병우, 최미영, 최미선, 최류미, 최대현, 최기호, 최광옥, 최정미, 최경련, 최강토, 채효정, 채종민, 채유, 채옥업, 채민정, 차종숙, 차용훈, 진현, 진주형, 진용용, 진영효, 진영준, 진낭, 지정순, 지수연, 주유아, 주순영, 조희정, 조형식, 조현민, 조향미, 조해수, 조진희, 조지연, 조준혁, 조주원, 조정희, 조용현, 조은경, 조은성, 조원배, 조용진, 조영현, 조영숙, 조영실, 조영선, 조여은, 조여경, 조수진, 조성희, 조성실, 조성대a, 조성대b, 조석현, 조석영, 조상회, 조문경, 조남규, 조경애, 조경아, 조경삼, 조경미, 제남모, 정희영, 정희선, 정홍윤, 정혜령, 정현진, 정현주, 정현숙, 정혜레나, 정태회, 정춘수, 정철성, 정진영a, 정진영b, 정진규, 정종현, 정종민, 정재학, 정이든, 정은희, 정은주, 정은균, 정유진, 정유숙, 정유섭, 정원탁, 정용석, 정용주, 정예슬, 정영현, 정영수, 정수연, 정선영, 정보라a, 정보라b, 정미숙a, 정미숙b, 정명옥, 정명영, 정득년, 정대수, 정남주, 정광호, 정광필, 정광일, 정관모, 정경원, 전혜원a, 전혜원b, 전정회, 전유미, 전세란, 전병기, 전민기, 전미영, 전명훈, 전난희, 장홍월, 장현주, 장진우, 장인하, 장은하, 장은미, 장윤영, 장원영, 장시준, 장상욱, 장병훈, 장병학, 장근영, 장군, 장경훈, 임혜정, 임향신, 임한철, 임지영, 임중혁, 임종길, 임정은, 임전수, 임은우, 임수진, 임성빈, 임성무, 임선영, 임상진, 임동헌, 임덕연, 이희옥, 이회연, 이효진, 이호진, 이혜정, 이혜린, 이현, 이혁규, 이향숙, 이한진, 이태영a, 이태영b, 이태구, 이충근, 이초록, 이진혜, 이진주, 이진숙, 이지혜a, 이지혜b, 이지현, 이지향, 이지영, 이중석, 이준구, 이주희, 이주탁, 이주영, 이종찬, 이종은, 이정희a, 이정희b, 이재형, 이재익, 이재영, 이재두, 이인사, 이온희a, 이온희b, 이은향, 이은진, 이은주a, 이은주b, 이은영, 이은숙, 이윤정, 이윤엽, 이윤선, 이윤미, 이윤경, 이유진a, 이유진b, 이원님, 이용환, 이용석a, 이용석b, 이용기, 이영혜, 이영주, 이영아, 이영상, 이연진, 이연주, 이연숙, 이승현, 이승태, 이승연, 이승아, 이슬기a, 이슬기b, 이순임, 이수정a, 이수정b, 이수연, 이수미, 이수경, 이소형, 이성원, 이성숙, 이성수, 이설희, 이선표, 이선영, 이선애a, 이선애b, 이선미, 이상훈, 이상화, 이상직, 이상원, 이상미, 이상대, 이병준, 이병곤, 이범회, 이민주, 이민경, 이미옥, 이미숙, 이미라, 이문영, 이명훈, 이명형, 이매남, 이동철, 이동준, 이도종, 이덕주, 이노민, 이남숙, 이난영, 이나경, 이기규, 이근희, 이근철, 이근영, 이광연, 이계삼, 이경화, 이경's, 이경옥, 이경언, 이경림, 이건희, 윤홍은, 윤지형, 윤종원, 윤우람, 윤영훈, 윤영백, 윤상역, 양상진, 안효빈, 안찬원, 안지현, 안지혜, 신충일, 신창호, 신장복, 신중휘, 신금식, 신은정, 신은경, 신유준, 신소희, 신미옥, 신관식, 송호영, 송혜란, 송현주, 송정은, 송인혜, 송용석, 송승호, 송명숙, 송근희, 손호만, 손혜아, 손진근, 손은경, 손성연, 손민정, 손미숙, 소수영, 성현주, 성현석, 성유진, 성나래, 설은주, 설원민, 선휘성, 선미라, 석옥자, 석경순, 서혜진, 서지연, 서정오, 서인선, 서이슬, 서은지, 서우철, 서예원, 서명숙, 서금자, 서강선, 상형규, 변현숙, 백현희, 백인식, 백영호, 백승범, 배희철, 배희숙, 배주영, 배정현, 배정원, 배이상현, 배영진, 배아영, 배정내, 방득일, 방경내, 반영진, 박희진, 박희영, 박효수, 박환조, 박혜숙, 박형일, 박현경, 박현주, 박현석, 박춘애, 박철호, 박진환, 박진수, 박진교, 박지희, 박지홍, 박지혜, 박지인, 박지아, 박정미a, 박정미b, 박은하, 박은정, 박은아, 박은경a, 박은경b, 박유나, 박옥주, 박옥근, 박영실, 박신자, 박시영, 박상대, 박세정, 박세영, 박선영, 박복선, 박명선, 박명숙, 박동혁, 박도정, 박덕수, 박대성, 박노해, 박내현, 박나실, 박고형준, 박경화, 박경진, 박경주, 박경이, 박건형, 박건진, 민은식, 민애경, 민병성, 문정용, 문용석, 문영주, 문순옥, 문수현, 문수영, 문수경, 문성철, 문불선, 문미정, 문경희, 모은정, 마승희, 류형우, 류창모, 류지남, 류정희, 류재향, 류우종, 류도향, 도방주, 데와 타카유키, 노상경, 노미경, 노경미, 남효숙, 남주형, 남정민, 남윤희, 남유경, 남원호, 남예린, 남미자, 남동현, 남궁역, 날맹, 나규환, 김희정, 김희옥, 김홍규, 김훈태, 김효승, 김환희, 김홍규, 김혜영, 김혜순, 김혜림, 김형렬, 김현진a, 김현진b, 김현주a, 김현주b, 김현영, 김현경, 김헌택, 김필임, 김태훈, 김춘성, 김찬영, 김진희, 김진옥, 김진명, 김진, 김지훈, 김지욱, 김지연b, 김지미a, 김지미b, 김지광, 김중미, 김준연, 김주영, 김종협, 김종원, 김종숙, 김종성, 김정회, 김정주, 김정식, 김정삼, 김정기, 김재황, 김재민, 김인순, 김이은, 김이민경, 김은파, 김은영, 김은아, 김은식, 김은숙, 김윤주a, 김윤주b, 김윤주c, 김윤우, 김원석, 김영업, 김우, 김윤상, 김요란, 김요한, 김영희, 김영진b, 김영진c, 김영진a, 김영순, 김영삼, 김연경, 김연일, 김연오, 김연미, 김애숙, 김애령, 김아현, 김승규, 김순천, 김수현, 김수진a, 김수진b, 김수정a, 김수정b, 김수경, 김소희, 김소영, 김세호, 김성탁, 김성진, 김성숙, 김성보, 김선희, 김선우, 김선미, 김선구, 김석준, 김석규, 김상회, 김상정, 김상일, 김빛나, 김봉석, 김보현, 김병희, 김병기, 김민호, 김민선, 김민근, 김민결, 김미향a, 김미향b, 김미진, 김미숙, 김미선, 김무영, 김묘선, 김명희, 김명섭, 김동혁, 김동춘, 김동일, 김동원, 김도석, 김다희, 김다영, 김남철, 김나혜, 김기용, 김기연, 김규태, 김광민, 김고종호, 김경호, 김경일, 김경업, 김갑용, 김가연, 기세라, 금현옥, 금명순, 권희중, 권혜영, 권태윤, 권자영, 권노원, 공현, 공영아, 고춘식, 고진선, 고은정, 고은미, 고윤정, 고유은, 고영주, 고병헌, 고병연, 고민경, 강현주, 강현정, 강현이, 강한아, 강태식, 강진영, 강준희, 강인성, 강이진, 강은영, 강윤진, 강영일, 강영구, 강순원, 강수미, 강수돌, 강성규, 강석도, 강서영, 강병용, 강경모

※ 2020년 12월 22일 기준 801명